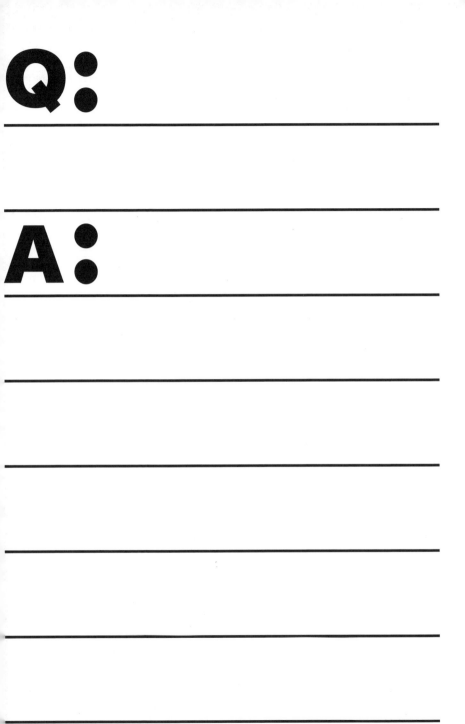

Q:

A:

일러두기

1   본문 속 위첨자로 표기한 주석은 옮긴이 주입니다.

2   본문에서 언급된 도서는 『 』 잡지는 « » TV 프로그램은 ‹ ›로 표기했습니다.

결국엔 정직함이 이긴다

리나 시스코 지음

고영훈 옮김

차례

6   추천의 글

14   들어가며

---

22   1장
언제나 '친절한 사람'이 이긴다고?

---

34   2장
계획, 준비 그리고 연습!

---

57   3장
5분 안에 신뢰 관계 만드는 방법

---

76   4장
그의 동인, 동기, 욕구는 무엇일까?

---

93   5장
질문 기법 마스터하기

---

129   6장
말하지 말고 질문할 것

---

142   7장
정보를 요구하지 말고 끌어내기

---

161   8장
대화에서의 갈등을 극복하는 법

176 9장
공감을 이용한 협상 기술

204 10장
한계점 대응법

212 11장
보디랭귀지 분석 방법

237 12장
기만적인 진술과 대답

277 에필로그

279 부록 A. 11단계 전략적 인터뷰 흐름도

282 부록 B. 인터뷰 체크리스트

293 부록 C. 모범 답안

310 감사의 말

312 찾아보기

추천의 글

**"이 책은 모든 형사 사법 과정, 법 집행기관,
인사 부서의 교과서가 되어야 한다."**

2013년 10월 28일, 버지니아주 알렉산드리아에 있는 춥고 작은 호텔 컨퍼런스 룸. 리나가 그곳에 들어왔을 때, 기만 탐지detecting deception 자격을 받기 위해 모여 있던 7명의 수강생은 그녀에 대해 나와 같은 느낌을 받았을 것이다.

리나는 매력적이고 세련되었으며 전문성이 느껴지고 침착한 데다 영화배우 제니퍼 애니스톤을 빼닮은 사람이었다. 로드아일랜드 억양을 빼고는 말이다. 보스턴 출신인 나는 리나의 억양을 바로 알 수 있었다.

우리 둘 다 굉장히 좋은 일을 표현할 때 위키드wicked라는 단어를 사용했다. 그래서인지 내게 리나는 마치 몇 년 동안 만나지 못한 고등학교나 대학 친구처럼 느껴졌다. 조금 전까지만 해도 전혀 모르는 사람이었던 리나가 마음이 따뜻하고, 현실감각이 있으며, 현명한 사람임을 알기까지는 얼마 걸리지 않았다.

이런 일을 경험해본 사람들이 있을 것이다. 국내나 해외로 여행을 다닐 때, 또는 출퇴근할 때나 휴가 중에, 카페에서 같은 커피 메뉴를 좋아하는 사람과 스스럼없이 이런저런 이야기를 나누게 되는 우연 말이다. 처음 본 사람이어도 자신과 비슷한 구석을 발견하면 금세 친밀한 관계를 맺게 될 수도 있다.

자기도 모르게 경계를 풀고 낯선 사람을 신뢰하게 되는 것은 우리 안의 무언가가 그 사람이 친구가 될 만한 사람이며 안심해도 된다고 말하기 때문이다. 그런 일이 벌어지면 평소에 이웃이나 동료와도 이야기하지 않는 것들을 '새로 사귄 친구'에게 털어놓기도 한다!

어떻게 이런 일이 가능할까? 내가 리나와 바로 교감하게 된 것은 어떤 이유에서였을까? 나는 리나 시스코라는 사람의 자서전을 읽은 것도 아니고, 페이스북이나 인스타그램 친구도 아니었다. 내 지인이 리나의 성격에 대해 보증한 것도 아니다. 하지만 단 몇 분 만에 리나와 평생 우정을 나눌 친구가 되겠다는 느낌이 왔다.

당시에는 몰랐지만 리나는 이미 나의 심리적인 경계를 누그러뜨리고 우리 사이의 벽을 허물게 하는 기술들을 사용하고 있었다. 그리고 그녀는 이 책에서 그 지식을 공유하고 있다.

- 매우 친밀한 관계와 신뢰를 구축할 수 있는 단계별 과정을 습득할 수 있다면 어떤 일이 가능할지 상상해보자.
- 진실을 말하지 않으려 했던 사람의 입을 열게 만드는 간단하고 익히기 쉬운 체계를 당신이 알고 있다면 사람들을 인터뷰할 때 어떤 결과가 나올지 상상해보자.
- 당신이 개인적 또는 직업적 삶에서 인터뷰 대상자person of interest, POI의 경계심을 풀어서 상대가 안심하고 당신이 원하는 것, 즉 '정직한 대답'을 해준다고 상상해보자.

이게 바로 당신이 이 책을 사야 하는 이유다. 이 책을 읽은 당신은 곧 사람들을 설득해서 '정직한 대답'을 얻게 될 것이다. 그리고 그보다 훨씬 더 많은 것들 또한 얻을 수 있을 것이다.

내가 누구인지, 그리고 왜 리나 시스코의 캐릭터나 전문성에 대한 내 의견이 독자에게 의미가 있는지 이야기하고자 한다. 내 이름은 재닌 드라이버Janine Driver이고, 앤더슨 쿠퍼와 NBC의 〈투데이 쇼〉에서는 나를 '인간 거짓말 탐지기'라고 소개했다. 나는 비언어적 인간 행동에 대한 연구를 통해 사람들이 자신의 커리어를 개발할 수 있도록 돕는 사업인 보디랭귀지 인스티튜트Body Language Institute의 CEO이며, 리나가 2013년에 수강했던 속임수 탐지 고급 과정의 강사였다.

나는 17년간 ATF(주류담배화기폭발물단속국)의 조사관으로 근무하면서 총기 밀매 및 불법 폭발물 제조 사건을 조사했다. 서른여덟 살에 은퇴해 14개 언어로 번역된 뉴욕타임스 베스트셀러 『당신은 생각보다 많은 것을 말하고 있다You Say More Than You Think』를 출간했다. 몇 년 후에는 9개 언어로 번역된 워싱턴 포스트의 베스트셀러 『거짓말을 간파하는 기술You Can't Lie to Me』을 출간했다. 그리고 수십 년간 FBI, CIA, ATF를 비롯한 수많은 주 및 지방 법 집행기관의 특수 요원과 변호사, 판사, 치료사, 교도관, 순찰대 경관을 교육하고 있다. 마이크로소프트, 애벗 래버러토리스, 세일즈 포스, 코카콜라, 록히드 마틴, 컴캐스트, EPM 등의 영업, 리더십, 인사, 커뮤니케이션 컨설턴트이기도 하다.

공식적인 소개는 여기까지 하고 잠시 2013년 강의로 돌아가보자. 당시 나는 리나 시스코란 사람이 누구인지 전혀 몰랐고, 그녀가 나의 인터뷰와 진상 조사 기술, 사람들의 마음을 읽는 기술을 놀라운 속도로 빠르게 활용하고 내 인생에 이처럼 깊이 있게 영향을 미치리라고 상상도 못 했다.

수업이 시작된 지 1시간쯤 지나서야 나는 리나가 전직 미 해군 정보 장교이자 해병대 공인 심문관이라는 것을 알게 되었다. FBI, DIA(미 국방부 정보국), ONI(해군 정보국), NCIS(해군 범죄수사대)와 같은 기관에서 일하고 있다는 것도 그제야 알았다.

가족 중에 군인 출신이 없어서인지 내가 NCIS에 대해 아는 것이라곤 마크 하먼이 출연하는 텔레비전 드라마 몇 편을 본 것이 전부였다. NCIS 드라마에는 살인, 스파이, 테러 수사 특수 요원 팀이 등장했다. 나는 리나에 대해 알고 들뜨지 않을 수 없었다.

기존 트레이너들을 대상으로 한 교육 과정이었기 때문에 각 참가자들은 1~2시간 동안 속임수 탐지를 위한 독특하고 역동적이며 상호작용하는 프로그램을 발표해야 했다. 리나는 두 번째 비행기가 세계 무역 센터에 충돌하는 사진을 보여주며 발표를 시작했다. 그녀는 4초 정도 잠시 멈추었다가 심호흡하며 말했다. "잠에서 깨어보니 제게 주어진 일은 이런 참사가 누구의 소행인지 알아내는 것이었어요. 제 이름은 리나 시스코이고, 전직 국방부 공인 군사 심문관으로 관타나모 수용소에서 알카에다와 탈레반 대원들을 인터뷰했습니다." (이 대목에서 완전히 반했다.)

수업에 있던 모든 사람이 리나가 하는 말을 경청했다. 당신도 우리처럼 이 책을 열중해서 읽게 될 것이다. 그녀는 우리의 관심을 한 몸에 받았다. 2시간 동안 우리는 조금이라도 더 잘 듣기 위해 의자를 앞으로 당겨 앉으며 그녀의 발표를 경청했다.

리나는 수업에서 배운 내용을 그녀가 가지고 있던 인간 행동에 대한 광범위한 지식과 속임수를 탐지하고 진실에 도달하는 기술과 잘 결합했다. 나는 동료인 크리스 울리히에게 메모를 건넸다. 그는 18년 이상 정부 고위 관리들과 긴밀히 협력해온 보디랭귀지 전문가이다. "세상에, 대박이네요! 바로 우리 보디랭귀지 인스티튜트 과정의 강사로 초대해야겠어요."

이것이 거의 10년 동안 이어지고 있는 친구이자 동료로서의 우정의 시작이었다. 그 이후로 나는 리나가 사람들의 거짓말을 자연스럽게 중단시키고 '정직한 대답'을 이끌어낸 인터뷰들을 녹화했다. 그리고 그녀가 수업하는 것을 지켜봤다. 리나는 이 책을 읽는 당신과 같은 사람들을 훌륭한 인터뷰 진행자로 변화시켰다. 그녀가 기조연설과 TEDx 강연을 마칠 때 나는 수천 명의 사람들과 함께 일어나 박수를 쳤다.

리나와 나는 또한 셀 수 없이 많은 텔레비전 프로그램에 전문가로 출연해 진실을 밝혔다. 그리고 우리는 사람의 마음을 읽는 두 명의 전문가와 함께 ‹프로파일러 태스크포스 Profiler Task Force›라는 인기 팟캐스트를 진행했다. 우리는 거기서 대법관 루스 베이더 긴즈버그와 같은 영향력 있는 지도자들과 케이시 앤서니, 크리스 와츠, 배리 모퓨, DC 스나이퍼스 같은 악명 높은 범죄자들을 정밀 분석했다. 텔레비전 채널 A&E에서 새 프로그램의 진행을 맡을 뻔하기도 했다. (하지만 아쉽게도 새로운 임원이 취임하면서 준비 중이던 모든 프로그램이 무효화됐다).

소중한 친구이자 동료인 리나는 나의 개인 간 및 내적 커뮤니케이션 기술을 크게 변화시켰을 뿐 아니라 자신의 기법을 공유한 모든 사람에게 영향을 주었다. 우리 모두는 사람들을 해독하는 방식, 사람들과 일하고 협상하는 방법 등에 대해 여러 변화를 겪었다. 우리는 예전보다 훨씬 자신 있게 전달하고자 하는 바를 명확히 말하고 있으며, 감정 조절 또한 더 잘하고 있다. 그리고 이제 리나의 인간 정보 기술을 통하지 않고도 정보를 얻을 수 있다.

영광스럽게도 리나가 내게 추천의 글을 부탁했다. 원고를 받아 든 나는 책을 내려놓을 새도 없이 단번에 읽어내려갔다. 이어지는 감흥의 여운으로 나는 눈 깜짝할 사이에 12페이지 분량의 원고를 작성했다. 이전에 배운 것과는 다른 방식으로 사람들을 해독하는 법을 이 책을 통해 다시금 알게 되었다. 리나를 거의 10년 동안 보았음에도, 여전히 이 책을 읽으면서 새로운 기법들을 배웠다(사다리 기법, 비난하지 않는 언어를 효과적으로 사용하는 법, 개인적인 동인, 동기, 욕구 이해하기 등).

이번에는 당신이 『결국엔 정직함이 이긴다』이라는 진실 도출 프로그램의 맨 앞자리에 앉을 차례다. 앞으로 베스트셀러가 될 이 책을 소개할 수 있다니 매우 설렌다. 이 책을 읽는 순간 당신은 자동으로 진실을 추구하는 우리와 연결될 것이다.

이 책을 산다면 다음과 같은 이점을 얻을 것이다.

- 언어와 비언어적 접근 방식을 통해 사람들을 정확하게 읽어내고 신뢰를 구축하는 법을 익히며 궁극적으로 영업

이익을 성장시키는 법을 배울 수 있다.

- 사람들이 속임수를 쓰지 않고 진실을 말하도록 할 수 있다. (그리고 고용 실수의 89퍼센트 이상을 방지할 수 있다.)
- 정직함, 상호 존중, 심리적 안전감이 있는 문화를 구축함으로써 당신의 조직 내 이직률을 줄일 수 있다.

리나는 모든 페이지마다 인터뷰에서 친절과 존중, 권위를 유지하는 인터뷰 기법에서부터 당신이 새로 배운 기법들까지 쉽게 계획하고 준비하여 연습하는 방법까지 모든 것을 아낌없이 알려주고 있다. 연습 과제들을 통해 5분 안에 신뢰 관계를 형성하고, 개인적인 동인, 동기, 욕구를 이해하고, 질문 기술을 숙련하는 법을 익히게 될 것이다. 리나는 당신이 공감을 기반으로 한 협상 기술을 익히는 가운데 정보를 요구하기보다 이끌어내고, 대화 중 갈등 상황을 극복하는 모든 과정을 응원할 것이다. 어느새 당신은 한계점을 다루는 방법도 알게 될 것이고, 보디랭귀지를 정확하게 해독하며, 마치 특수 요원처럼 상대의 기만적인 진술을 발견하는 경지에 이를 것이다!

나는 지난 한 달간 세 아들을 대상으로 이 책에 있는 리나의 기술을 연습했고, 효과가 크다는 것을 몸소 체험했다. 그다음 나의 모든 고객들에게 전화를 걸거나 이메일을 보내 그들이 자신의 영업, 리더십, 인사를 위해 이 책이 출간되자마자 사서 읽어보기를 권했다. 내가 교육을 한 이래로 사람들로부터 '정직한 대답'을 얻

는 방법에 대해 이 책보다 더 가치 있는 책을 읽은 적이 없기 때문
이다.

재닌 드라이버
보디랭귀지 인스티튜트 CEO이자 설립자,
뉴욕타임스 베스트셀러 작가

들어가며

미 해군 첩보 전문가로 근무하던 1999년, 나는 미 해병대 전쟁 포로 심문 학교Marine Corps Interrogation Prisoners of War School에 입학했다. 졸업 후 국방부 공인 군 심문관이 됐고, 2003년에 관타나모 수용소Camp Delta(쿠바 남동쪽 관타나모만에 설치된 미 해군 기지 내 수용소)로 파견되어 알카에다와 탈레반 정권에 연루된 용의자들을 심문하면서 학교에서 배운 심문 기술들을 처음으로 실전에서 사용하게 됐다. 그때 나는 인간 본성의 소중한 면을 발견했다. 내가 친절하게 대하고 존중하면, 자신이 처한 상황에 상관없이 상대방도 나를 같은 방식으로 대한다는 점이다. 관타나모 수용소에서 나는 진실을 얻어내기 위한 심문으로서는 다소 의외의 방법을 사용했다. 존중하고, 친밀한 신뢰 관계rapport(라포르, 서로의 감정과 생각을 이해하며 신뢰하는 관계 혹은 친밀도)를 구축하며, 희망을 불어넣는 방법이었다. 그들의 두려움을 자극하고 이용하는 대신, 나는 믿는 방법을 택하고 이용했다. 라포르를 토대로 거짓 없는 정보를 얻어내기 위해 비난하지 않는 직간접적인 심문 기법을 사용하기 시작한 것은 이때부터였다. 이제 내가 사용한 방법들을 이 책을 통해 나누고자 한다.

이 기법들에 통달하면 인터뷰는 굉장한 기술이 될 것이다. 당신은 상대방의 신뢰를 얻는 가운데 어떤 대화든 적절하고 자신감 있게 통제할 수 있다. 이 방법들을 사용한다고 해서 호락호락한 상대가 되거나 잘 속아 넘어가는 사람이 되는 것은 아니다. 오히려 정반대로, 미소 짓되 위엄과 단호함을 보일 수 있다. 나는 군 심문관으로 복무하면서 많은 성공 경험을 쌓았고 유용한 고급 첩보들을 수집했다. 사람들과 어떻게 이야기를 나눠야 하는지 알고 있었기 때문이다. 특히 내가 알아내고 싶은 사실을 절대 이야기해주지 않는 사람에게 내가 선택하는 단어, 음조, 말투, 자세, 표정의 아주 미묘한 차이가 엄청난 영향을 미친다는 점을 파악했다.

관타나모 수용소 복무를 마치고 나서 나는 매우 다양한 환경에서 많은 이들을 대상으로 협상하고 인터뷰하며 타인을 설득하여 필요한 자료를 수집하는 나만의 전략을 만들어갔다. 오랜 시간 시행착오를 거치며 인터뷰와 협상에서 진실한 정보를 얻기 위한 최선의 효과적인 커뮤니케이션 방법을 구축했다. 당신이 이 책을 다 읽을 때쯤이면 내가 가진 모든 지식과 경험을 고스란히 얻게 될 것이라 확신한다.

본격적으로 시작하기에 앞서 당신에게 익숙하지 않을 몇 가지 용어를 소개하고자 한다. 이 용어들은 앞으로 계속해서 보게 될 것이다. 먼저, 이 책에서 '인터뷰 대상자(POI)'는 당신이 인터뷰, 면접, 심문 또는 협상하는 사람을 말한다. 인터뷰 대상자는 증인, 용의자, 억류자, 정보원, 인질, 환자, 취업 지원자, 친구, 동료, 이해관계자, 당신의 사춘기 자녀가 될 수 있다.

다음으로는 '시스코 방법SISCO method'이라는 인터뷰 및 협상법을 간략히 설명하고자 한다. 시스코는 '전략적 인터뷰 기술 역량Strategic Interviewing Skills and Competencies'의 줄임말이다. 내 이름의 성姓이기도 하다. 이 방법은 당신이 진행하는 모든 인터뷰에서 지켜야 할 행동을 나타내는 역량이다. 6가지 핵심 역량은 다음과 같다.

1   체념이 아닌 희망을 가지고 라포르를 형성함으로써 인터뷰 대상자가 안심하고 사실을 이야기할 수 있는 환경을 제공하고, 도출 기법elicitation을 비롯해 비난하지 않는 질문 기법을 적용하자.

2   자백을 얻어내는 데 그치지 않고 진실한 정보, 동기, 의도를 얻기 위해 전략적으로 생각하자.

3   억측과 편견, 주관성을 배제하고 집중력과 감정 조절, 관찰 기술을 높이기 위해 객관성과 자기 인식을 유지하자.

4   오정보 효과misinformation effect(사건이 일어난 후의 정보들로 인해서 원래 사건에 대한 회상이 왜곡되는 현상)와 거짓 자백에 현혹되지 말자.

5   '말하지 말고 묻기' 기술을 사용하자. 당신이 모르는 내용에 관해 인터뷰 대상자에게 그가 무엇을 했는지, 왜 했는지를 짐작해 말하지 않는 것이다.

6   언어적, 비언어적 속임수 지표deceptive indicator를 최대한 감지하고 평가하자.

내 방법은 우선 인간 대 인간의 관계에 우선 집중하는 게 핵심이다. 정보를 얻어내는 것은 그다음 일이다. 당신이 인간 행동을 정확히 이해하면 당신이 얻고자 하는 정보는 자연히 따라올 것이다. 친밀한 관계 형성 과정에서 당신을 적대시하는 인터뷰 대상자는 무너지게 될 것이다. 비협조적인 인터뷰 대상자와의 대화는 정신적인 스파링 게임과도 같다. 인터뷰 진행자가 인터뷰 대상자로부터 적절한 정보를 얻는다면 인터뷰 진행자가 이기는 게임이 된다. 반대로 인터뷰 대상자가 적절한 정보를 내주지 않는다면 인터뷰 대상자가 승리하는 게임이다. 하지만 나의 방법은 인터뷰 대상자의 적대적인 스파링 자세를 제거해 서로에게 도움이 되는 상황, 또는 적어도 인터뷰 대상자에게 서로가 '윈윈'으로 보이는 상황을 목표로 한다. 많은 협상가들이 성공적인 협상을 위해 서로에게 윈윈이 되도록 대화에 임하라고 말한다. 내가 원하는 것과 상대방이 원하는 것을 모두 고려하여 양측이 원하는 것을 얻을 수 있도록 하라는 것이다. 인터뷰는 곧 협상이다. 내가 진실을 얻어내길 원할 때, 인터뷰 대상자 역시 진실을 내어주는 대가로 원하는 무언가가 있다. 인터뷰 대상자의 개인적인 동인動因과 욕구에 대해서는 4장에서 배우게 될 것이다.

이 책에서 소개된 기법들은 다양한 상황과 환경에서 사용될 수 있다. 직원을 채용하기 위해 면접을 볼 때, 직장 내에서 혐오발언이나 차별적인 문제가 발생했을 때, 산재보험 처리를 위해 직원을 면담할 때, 잠재 고객으로부터 유효한 성과를 얻기 위해 정보를 도출해낼 때, 회계감사 시 회사의 회계 담당자에게 질문할 때, 판매자와 가격을 협상할 때, 범죄 용의자에게 질문할 때 등 다양한 환경에서 대화를 다루고 통제하는 데 매뉴얼로 이 책을 사용할 수 있다. 또한 치료자나 상담사가 환자 혹은 내담자를 괴롭게 하는 원인이 무엇인지 판단하기 위해 필요한 사실을 이끌어낼 때도 사용할 수 있다.

나는 다양한 역할로 인터뷰와 협상에서 이 6가지 핵심 역량을 적용해오고 있다. 심문관, 소송인을 면담하는 감정인expert witness(법정 심리 때 전문가의 입장에서 감정·증언을 하는 사람), 진상 조사 임무를 맡은 공인 조직변화관리organizational change management, OCM전문가, 비공식적인 코칭을 제공하는 코치 등 다양한 임무를 수행해왔다. 6가지 핵심 역량은 사람들에게 코칭을 제공할 때 도움이 된다. 코칭은 문제를 해결하거나 정답을 제시하는 일이 아니기 때문이다. 당신이 누군가를 코칭할 때, 대부분의 경우에는 그 사람의 분야에 대한 전문지식이 없을 것이다. 따라서 이때 코치의 역할은 코칭을 받는 사람이 상황을 탐구하고 규정해서 스스로 최선의 해결책을 도출할 수 있도록 일련의 질문을 통해 생각을 자극하는 것이다.

나의 인터뷰 기술이 예기치 않은 큰 성과를 가져다준 일화를 소개하고자 한다. 한 기관이 어느 대형 정부 기관의 조직변화관리를 위해 갭 분석(비즈니스, 프로젝트 등의 희망 성과 수준과 실제 성과 수준을 비교하여 차이의 원인과 목표 달성을 위한 해결 방안을 모색하는 기법)을 하도록 내게 의뢰했다. 이 기관은 중대한 문화적 변화를 겪고 있었다. 고객의 입장에서 이제는 기존에 받던 기금을 지속적으로 지원받기 위해 고객 서비스를 제공하는 변화 과정에 있었다. (이름만 대면 모두가 알 만한 곳이라 여기서는 구체적인 기관명을 언급할 수 없다.) 나는 조직변화관리에 대한 구성원들의 세부적인 정보를 이끌어내기 위한 계획을 세웠다. 기관의 중역들에게 내 생각을 전달하자 그들은 내가 직원들을 면담할 수 있도록 일정을 짰다. 내가 최대한 많은 직원을 만날 수 있는 시간은 단 나흘뿐이었다. 대면을 통해서 만날 수 있는 직원들과 인터넷 및 전화로 인터뷰할 수 있는 직원을 전부 포함해서였다. 한정된 짧은 기간 동안 내게 주어진 일을 마쳐야 했기 때문에 하나하나가 모두 효과적인 인터뷰가 되도록 진행해야 했다. 그러려면 내가 건네는 말이 분명하고 간결해야 했고, 적절한 정보를 이끌어내기 위해서는 내가 대화의 주도권을 쥐어야 했다. 나는 비난하지 않는 전략적 인터뷰 기법을 사용해 직원들과 가까워지고 그들의 신뢰를 얻을 수 있었다. 결과적으로, 나는 그들이 나를 신뢰하고 민감한 주제에 대해서도 마음을 열며 내게 정보를 제공하는 것을 보고 크게 놀랐다. 나는 정해진 기간을 지키려 질문을 분명하게 했고, 인터뷰를 하는 이유를 잘 설명하여 직원들이 이해할 수 있게 했다. 나는 그들의 이야기를 주의 깊게 들었고 그들이 어떤 질문을 하건 소홀히 하지 않고 마음을 열고 정직하게 답했다. 그들과 라포르를 형성하고 나니 처음에 내가 맡은 업무 범위를 넘어 차기 프로젝트로 확장되는 결과까지 얻었다.

이러한 경험을 통해, 나의 인터뷰 기법이 당신의 삶을 변화시키리라 믿는다. 현재 내가 진행하고 있는 대부분의 인터뷰 교육이 법 집행기관에서 이루어지고 있긴 하지만, 다른 많은 분야에서도 성공적이었기 때문에 당신이 원하는 분야에서도 틀림없이 적용 가능할 것이다. 한 가지 사실을 분명히 알아두기 바란다. 정직하고 싶은 마음이 들지 않는데 정직하게 털어놓을 사람은 없다. 정직한 대답을 얻기 위해서는 인간 행동과 관련해 이 책에서 소개할 기법들을 사용해야 한다. 당신은 정보를 공유하지 않으려던 사람이 기꺼이 사실을 털어놓게 하는 기법들에 대해 배우게 될 것이다.

이 책이 안내서가 될 수 있도록 각 장이 끝날 때마다 당신이 해볼 수 있는 과제를 실었다. 새로 배운 기법들을 연습하는 데 도움이 될 것이다. 인터뷰 또는 협상을 계획하고, 준비하며, 실행할 때마다 이 과제들을 활용하기를 권한다. 제안한 과제들은 당신의 정서 지능emotional intelligence을 높일 뿐 아니라 전반적인 대인관계 커뮤니케이션 기술을 향상시키는 데에도 도움이 될 것이다. 인간으로서 우리는 이러한 것들을 부단히 배우고 익혀야 한다.

이 책의 내용을 읽고 나서 당신이 실제로 필요한 분야에서 어떻게 적용할 수 있는지 궁금할 것이다. 가장 중요한 부분이다. 이에 도움이 되고자 이 책 말미에 있는 부록 A에 인터뷰 흐름도Interview Flow를 수록해 인터뷰 과정을 개괄할 수 있도록 했다. 그동안 어떤 흐름으로 인터뷰를 진행하기에 수많은 성공적인 결과를 얻었는지 그 과정에 대해 질문을 많이 받아왔다. 부록 B는 인터뷰에 앞서 확인해야 할 체크리스트를 담고 있다. 부록 C는 각 장의 과제에 대한 모범 답안이다.

이 책에서 소개하는 인터뷰 기법들은 그동안 내가 다른 이들을 훈련하고, 가르치며, 멘토링 하는 데 도움이 되었다. 이를 통해 나는 사업적으로도 성공했고 나아가 다른 이들의 성공을 도울 수 있었다. 또한 범죄자들을 감옥에 보내 시민들을 안전하게 하는 데에도 중요한 역할을 하였다.

당신은 배움의 영역을 확장하기 위해 이 책을 읽고 있을 것이며, 이 여정에서 목적을 이룰 것이다. 어떤 형태의 정보든 성공적으로 주고받는 데 도움이 되기를 바란다. 어떤 말을 해야 할지, 어떻게 말해야 할지, 어떻게 정직한 대답을 얻게 될지 지금부터 알게 될 것이다.

"나는 내게 주어진 상황의 산물이 아니라,
내가 내린 결정의 산물이다."
-스티븐 코비-

1장

언제나 '친절한 사람'이 이긴다고?

한평생 나는 나 자신이 상황을 통제하기를 좋아하고 다른 이들에게 내가 원하는 바를 잘 요구하는 성향이라고 느꼈다. 리더 역할에 익숙하며 때로는 둔감한 면도 있다. MBTI 성격유형검사Myers-Briggs Type Indicator personality assessment에 따르면 나는 ENTJ 성향의 사람이다. E는 외향Extroverted, N은 직관Intuitive, T는 사고Thinker, J는 판단Judging을 의미한다. 내 동료들을 포함해 MBTI가 정확하지 않다고 말하는 사람들도 많다. 그러나 나는 이 검사가 말해주는 바를 믿으며, 인간 행동에 대한 나의 지식을 확장해주었다고 생각한다. MBTI를 믿고 안 믿고의 문제는 각자가 내릴 결정이다. 하지만 내 경우 ENTJ가 정확히 내 성격을 대변한다고 말할 수 있다.

활동적이고 외부 자극을 선호하는 외향형(E) 성격은 다른 사람들이 나를 인식하는 데 영향을 미친다. 나는 지나치게 시끄럽고 수다스러우며, 내 의견을 밀어붙이고 남을 지배하려 드는 것처럼 보일 때가 있다. 무대의 중심에 서서 모든 관심을 독차지하려는 사람으로 보일 수도 있다. 개념적으로 정보를 받아들이기를 좋아하고 이론과 아이디어를 다루는 데 능한 직관형(N) 성향인 나는 다른 사람들이 보기에 엉뚱한 생각을 하는 사람이자 의사소통이 분명하지 않은 사람일 수 있다. 나는 누군가가 내게 정해진 절차를 따르라고 하면 괴롭고 좌절감을 느낀다. 내가 내리는 결정이 사람들에게 어떤 영향을 미치는지를 생각하기보다는 사실과 분석에 기반한 결정을 우선시하는 사고형(T) 성격으로 인해 나는 무감각하고 공감능력이 떨어지는 사람으로 보일 수 있다. 체크리스트로 세상을 체계화하는 것을 선호하는 판단형(J) 사람인 나는 융통성이 떨어지고 사소한 것 하나까지 챙기는 피곤한 사람일 수 있다.

　나의 성격유형은 다른 이들과 나의 소통 방식에 영향을 미치며, 당신의 성격유형 또한 마찬가지다. 당신의 성격유형이 과거에 다른 이들과의 소통을 방해했는지 혹은 발전시켰는지 생각해본 적이 있는가? 자신의 결정이 다른 사람에게 미칠 영향을 중요하게 고려하여 신중하게 선택하기를 선호하는 사람, 즉 MBTI에 따르면 감정 선호자Feeler(F) 성향의 사람과 내가 소통하고 있다고 해보자. 내가 오직 사실과 자료에 기반해 결정을 내리면 이 사람은 마음의 상처를 입을 것이다. 나에게 그럴 의도가 없었다고 해도 말이다. 지금보다 미숙했던 과거의 나라면 이런 일이 벌어졌을 때 이렇게 생각했을 것이다. '난 당신의 친구가 되려고 온 게 아니야. 당신이 최선의 결정을 할 수 있도록 도우려는 거지. 상처를 받았다면 그건 당신 문제야.' 그때보다 성숙하고 아는 게 많아진 나는 예전에 그런 식으로 생각했다는 게 민망하다. 지금의 나는 다르게 생각한다. '의도하진 않았지만 내가 누군가에게 상처를 줄 수도 있으니, 사람들에게 상처 입히지 않는 소통법을 연구하는 것은 내 몫이야.' 정서 지능이 성숙해지고 마음챙김mindfulness 기법을 수련하면서 이런 변화가 따라왔다.

　사람들의 성격이 저마다 다르다는 것은 감사한 일이다. 모두가 같은 성격유형을 가지고 있다면 세상이 얼마나 단조로울까. 물론 프로젝트를 관리하고, 팀을 이끌며, 인터뷰를 진행할 때 각기 다른 성격유형으로 인해 의견이 충돌하기도 한다. 정서 지능이 높은 사람은 상대적으로 둔감한 다른 사람들의 감정 범위를 벗어나는 자신만의 감정을 이해시킬 수 없다고 느껴 기대를 버리고 포기하기 쉽다. 그러나 우리는 언어와 비언어적 표현으로 다른 사람과 소통하는 방법을 바꿀 수 있다. 사용하는 단어, 어조, 억양, 몸짓을 바꿀 수 있다. 당신이 허리에 양손을 갖다 대고 얼굴을 찡그리며 "우리 얘기 좀 해요"라고 말한다면 상대가 기분 좋게 따르기를 기대하기 힘들다.

"인식이 곧 현실이다Perception is Reality"라는 말이 있다. 나는 동의하지 않는다. 만약 인식이 현실이라면, 굳이 '인식'이라고 불리지도 않았을 테니 말이다. 인식은 그것이 틀렸음을 입증할 수 있는 정보가 부족할 때 현실이 될 수 있다. 나의 친한 친구 알리 듀소가 말했다. 인식은 단지 '믿음'일 뿐이며, 믿음은 단지 우리가 거듭해서 생각하는 생각일 뿐이라고. 라이프 코치인 그녀는 삶을 망가뜨린 경험을 극복하게 해주는 긍정적 사고 코칭을 전문으로 한다. 불행히도 우리는 믿음을 가슴 깊숙이 간직하기 때문에 자신의 믿음에 반하는 정보를 맞닥뜨리면 때로 방어적인 태도가 되면서 마음이 혼란스러워진다. 이럴 때 대개 사람들은 자신을 비난했다거나 무례하게 대했다는 핑계로 자기 자신이 아닌 다른 사람을 탓한다. 자신의 인식에 책임을 지는 것보다 자신이 피해자가 되는 편이 더 쉽기 때문이다. 자신의 문제를 파악하는 좋은 방법 중 하나는 타인에게 피드백을 요청하고 그 내용에 감정적으로 반응하거나 상처받지 않도록 노력하며 경청하는 것이다.

심문 학교를 졸업하고 몇 년 후, 나는 쿠바의 관타나모 수용소에서 수용자들을 심문하는 일을 맡았다. 당시 나는 수용자들과 친밀한 관계를 만들려면 감정을 꾸밈없이 드러내야 하는 게 아닌지, 그리고 내 성격상 그런 일을 잘할 수 있을지, 그들에게 공감할 수 있을지 걱정했다. 그러나 막상 일을 해보면서, 친절하게 대한다는 것이 곧 감정을 다 드러내는 것은 아님을 깨달았다. 친절한 태도와 자신 없는 태도는 다르다. 비난하지 않는 자세를 취한다고 해서 주도권을 잃는 것은 아니다. 판단하려 들지 않는다고 해서 인터뷰 대상자 스스로가 자신의 잘못과 그에 대한 책임을 말하지 못하는 것은 아니다. 친절과 다정은 설령 당신으로 인해 그가 남은 평생을 감옥에서 보내게 된다 해도 그에게 공감하고 그의 인간성을 존중하는 일이다. 공격적일 필요는 없으나 자신감을 가져야 한다. 자신감이 있으려면 본능에 따라 행동하기보다 감정을 생산적인 방향으로 전환하려는 노력을 해야 한다.

심문과 인터뷰를 교육하면서 많은 이들이 친절과 존중을 보이면 호락호락한 사람이 될 거라고 잘못 생각하는 것을 보았다. 그렇지 않다. 인터뷰 진행자는 어수룩하게 끌려가는 사람이 아니다. 주도권을 쥐고 있어야 한다. 그러나 동시에 상대를 존중해야 한다. 해병대 대령인 나의 남편은 이렇게 말한다. "나의 친절한 행동을 나약함으로 착각하지 말아줘."

친절하면서도 존엄과 권위를 유지하는 5가지 기법을 소개한다.

1   미소를 잃지 말고 인터뷰 진행자로서의 통제권을 지키자.

인터뷰 대상자에게 인터뷰의 주도권을 넘기면 안 된다. 인터뷰 진행자인 당신이 질문과 대화, 타이밍, 전반적인 상황을 통제해야 한다. 그러나 통제력이 있다고 해서 웃음이나 친절한 태도를 거둬야 하는 것은 아니다.

2   적합한 상황에서 공감은 YES, 동정은 NO!

인터뷰 대상자를 연민하고 동정하는 태도는 자칫 가식적으로 보일 수 있다. 고의적인 살인을 저지른 사람을 이해하기는 어렵다. 하지만 감정이입을 통한 공감은 할 수 있다. 그러면 자연히 판단하지 않고 비난하지 않는 자세를 유지하게 될 것이다.

3   친밀한 관계를 형성한다고 해서 민감한 주제를 다루지 못하는 것은 아니다.

인터뷰 진행자라면 대개 불편한 주제에 관해 이야기해야 하는 상황에 직면한다. 특히 직업 특성상 나는 범죄, 범죄 증거, 거짓말, 속임수가 이야기 속에서 빠지지 않는다. 그렇지만 비판단적인 언어를 통해 라포르를 형성하면서도 이런 민감한 주제를 다룰 수 있다. 나는 나의 몸짓, 표정, 자세, 단어, 말투를 의식하며 대화를 나눈다. 그리고 인터뷰의 목적은 비난이나 판결이 아니라 정보를 얻기 위함이라고 반복적으로 말해준다.

4 겁 내지 말고 방 안의 코끼리를 불러내자.

당신이 인터뷰하고 있는 사람이 눈에 띄게 화나 있고, 방어적이며, 입을 다물고 대화를 거부하더라도 두려워하지 마라. 그가 나타내는 화는 방 안의 코끼리로, 누구나 볼 수 있고 느낄 수 있다. 그럴 땐 코끼리의 이름을 불러라. 만약 당신이 코끼리를 무시하면, 상대방은 당신에게 화를 내도 된다고 여기며 약간의 승리감을 느낄 수도 있다. 하지만 상대방의 화에 대처할 때 항상 기억해야 할 기본 원칙이 있다. 비록 당신이 정확히 그의 표정과 보디랭귀지를 읽어냈더라도 그에게 말로서 전하지 마라. 그랬다가는 상대가 더 방어적인 자세를 취하고 당신이 제기하는 혐의를 부정할 수도 있다. 자기도 몰랐던 감정을 누군가가 말로 지적했을 때의 기분을 떠올려보면 무슨 말인지 이해할 수 있을 것이다. "왜 화가 난 건데?"라는 말을 듣고서, 그렇게까지 화난 상태가 아니었는데 점점 더 화가 난 적이 있을 것이다.

5 인터뷰는 내가 원할 때 마치자.

당신에게 시간적 여유와 대비책이 있고 실행 계획이 있다면 마칠 준비가 충분히 되었을 때 인터뷰를 종료하라. 인터뷰 대상자가 시비를 건다고 해서, 지루해한다는 이유로, 다른 장소로 이동하고 싶어 한다고 해서 인터뷰를 끝내지 마라. 당신이 원하는 정보를 얻기도 전에 인터뷰를 종료하면 승리는 그의 것이지 당신의 것이 아니다. 인터뷰 대상자가 주도권을 가져간 것이다. 대상자가 그만 말하고 싶다고 해도 그 이유로 해당 주제를 놓지 마라. 그럴 땐 이렇게 말할 수 있다. "아직 충분한 정보를 듣지 못한 것 같아요. 분명하지 않은 부분이 있어요." 그리고 계속해서 질문을 이어나가라. 인터뷰 상대가 인터뷰를 그만하고 싶다고 말한다면 이유를 물어라. 그럼으로써 대화를 이어나가며 인터뷰를 연장할 수 있다. 혹은 인터뷰 대상자가 계속해서 말하고 싶도록 유도할 수도 있다. TV 드라마 ‹형사 콜롬보›에서 콜롬보가 그런 기법을 잘 보여준다. 그는 질문이 다 끝났다고 말하지만 계속해서 질문을 이어나가고, 사람들은 그 속임수에 넘어간다. 이때 사람들은 콜롬보가 필요한 정보 수집을 다 마쳤다고 여긴다. 공식적인 인터뷰는 끝났으니 몇 마디 질문에 더 대답하는 건 대수로운 일이 아니라고 생각하는 것이다. 나 또한 관타나모 수용소에서 수용자와 심문을 마치고 교도관이 수용자를 다시 감방으로 데려가길 기다리는 동안 '정보를 더 얻을 기회인데 그냥 흘려보낼 순 없지'라고 생각했다. 그러곤 자연스레 심문을 이어갔지만 메모하는 모습을 보이지는 않았다. 그러면서 그 짧은 시간에 꽤 괜찮은 단서를 건지기도 했다. 그 시간은 분명 수용자에게는 심문 과정이 아니었다. 우리를 통역해주던 통역관은 그런 나를 형사 콜롬보라고 불렀다.

내가 상대를 존중하면 상대도 나를 존중한다. 이는 라틴어로 동등한 교환 또는 보상을 의미하는 '퀴드 프로 쿼quid pro quo'라는 표현에 부합한다. 친절한 태도로 상대를 존중하는 모습을 유지한다면 감정 조절을 잘하고 있는 상태이다. 그럴 때는 상대방이 하는 말이나 상황에 부정적으로 반응하지 않을 것이다. 오히려 내가 하는 말과 행동을 의식적으로 조절할 수 있다.

　감정 조절에 도움이 되는 몇 가지 기술을 소개한다. 첫째로, 질투나 화 같은 감정을 느낀다고 해서 자책하지 마라. 인간이라면 감정을 느낄 수밖에 없다. 그리고 감정 자체를 통제할 수 없더라도 감정 반응은 조절할 수 있다. 우리가 흔히 마주치는 상황을 예로 들어보자. 운전 중 다른 운전자가 내 차 앞으로 급하게 끼어드는 상황이라면 어떤 기분이 드는가? 대부분은 화를 낸다. 악담을 퍼붓거나 황당해하는 몸짓을 보이기도 할 것이다. 여기서 분노하는 이유는 무엇일까? 누군가가 내 차 앞으로 끼어들었다는 사실 때문이 아니라 내가 '끼어들기를 당했다'고 생각하기 때문이다. '내 앞으로 끼어들다니! 자기가 뭐라도 되는 줄 아나? 얼마나 대단한 볼일이 있는지 모르겠지만 나야말로 지금 바빠 죽겠는데, 거의 내 차를 박을 뻔했잖아!' 반사적으로 드는 이런 생각은 당연히 화를 불러일으킨다. 하지만 생각을 바꾸면 감정에 대한 반응도 바꿀 수 있다. 누군가 당신의 차 앞으로 끼어 들 때 이렇게 생각해보면 어떨까? '급하게 병원에 가는 건지도 모르지.. 아마 내 차를 못 봤나 봐.' 이런 식으로 상황을 받아들이면 화를 줄일 수 있고 감정이입을 할 여유가 생긴다. 스티븐 코비가 우리가 세상에 반응하는 생각과 행동의 전환을 가리키며 말한 '패러다임 전환paradigm shifts'과 비슷하다.

　최근에 나는 온라인으로 '완벽한 대화를 위한 ESP 연습'이라는 세미나를 진행했다. 초감각적 지각extrasensory perception을 의미하는 ESP가 아니다. 여기서 ESP는 자아 발견을 하고Embrace self-discovery, 정보를 구하며Seek knowledge, 공감 능력을 키우자Practice empathy는 뜻이다. ESP는 나의 행동에 대해 책임질 수 있도록 하는 정신적인 체크리스트다. 특히 의견이 대립하는 감정적인 대화 상황에서 말이다. 감정적인 상태에서 부정적인 반응이 올라오고 있다면 이 중 하나도 실천하기가 어렵다. 대화 중 감정이 고조되는 상황을 맞닥뜨리면 나는 최대한 내가 상대방에게 객관적으로 보일 수 있는 방법을 분석한다. 당신과 성격 특성이 다른 사람이 당신을 어떻게 인식하는지를 이해하려면 자아 발견이 선행되어야 한다. 당신이 사용하는 단어, 말투, 몸짓, 대화 방식, 의사 결정 스타일을 스스로 바라볼 수 있어야 한다. 그다음 정보 탐색에 들어간다. 나는 드러난 사실을 확인한 뒤 내가 알지 못하는 공백을 메우고자 '만들어낸' 정보의 목록을 작성해본다. 인간은 정보가 부족할 때 이야기를 지어내는 경향이 있음을 인정하자. 마지막으로 나는 감정이입을 통해 공감하는 연습을 한다.

심문 또는 인터뷰를 진행하다 보면 대화가 뜨거운 논쟁으로 치닫거나 적대적인 방향으로 흐르기도 한다. 인터뷰 대상자가 의도적 또는 의도하지 않았더라도 당신의 감정을 건드리면서 불편하게 할 수도 있다. 하지만 그럴때일수록 감정 조절에 주의를 기울여야 한다. 그간 쌓은 친밀한 관계와 신뢰를 잃을 뿐 아니라 소중한 정보마저 잃을 수 있기 때문이다. 오랫동안 심문과 인터뷰를 하며 내가 터득한 가장 큰 교훈이 이 한 문장에 담겨 있다. "친절하게 행동하면 더 많은 것을 얻는다You attract more bees with honey than vinegar." 이 철학은 내 인터뷰 방법론에서 아주 중요한 중추 역할을 하고 있다.

"신뢰는 인생의 접착제다.
효과적인 의사소통에 있어 가장 필수적인 요소이자
모든 관계를 유지하는 기본 원칙이다."
-스티븐 코비-

과제

상황을 잘 파악하려면 우선 나 자신을 아는 능력을 키워야 한다. 다음 질문들을 읽고 순서대로 답을 적어보자.

- 당신은 사적인 관계와 직업적인 관계에서 다른 사람들에게 어떤 인상으로 비춰지는가? (언어적, 비언어적으로)
- 당신의 성격유형은 무엇인가? 검사해본 적이 없다면 이곳에서 무료로 검사해볼 수 있다. → 16personalities.com
- 당신은 사람들과 어떻게 친밀한 관계를 형성하는가?
- 사람들과 친밀한 관계를 맺으려는 주된 목적은 무엇인가?
- 감정이입이 되었거나 공감을 표했던 상황을 2가지 기술하라. 어떤 느낌이었나?
- 어떨 때 화가 나는가?
- 화가 나지 않으려면 생각을 어떻게 바꿔보면 좋을까?
- 어떤 성향의 사람과 상황에 부정적인 감정 반응을 보이는가?
- 어떤 성향의 사람과 상황에 긍정적인 감정 반응을 보이는가?
- 진정성을 표현하고자 할 때 어떻게 하는가? (사람이나 상황에 대한 반응, 당신이 원하지 않는 행동이나 말을 제외하고)

누군가와 갈등을 겪었던 가장 최근의 상황을 떠올려보자. 회상하면서 그때 일어났던 일을 객관적으로 분석하라. 그리고 다르게 대처할 수도 있었을지 생각해보자. 그다음 꼭 써두어라. 글로 적으면 더 기억에 잘 남는다. 개선하고 싶은 부분이 있다면 다음에 비슷한 일이 생겼을 때 대처하기가 더 쉬울 것이다.

가장 최근에 패러다임의 전환을 경험한 것은 언제인가? 그 상황과 결과를 적어보자. 패러다임 전환이 당신에게 어떤 도움이 됐고, 또 앞으로 비슷한 상황에서 어떻게 도움이 될 수 있을지도 생각해보자.

2장

계획,
준비 그리고 연습!

"연습할수록 완벽해진다"라는 말이 있다. 실제로 그렇다. 인터뷰 기술을 활용하는 데 익숙해지고 자신의 인터뷰 스타일에 자신감을 가지려면, 그리고 무엇보다 인터뷰 기술이 완전히 당신 것이 되려면 인터뷰 기술을 연습해야 한다. 연습할수록 인터뷰 진행의 핵심 지점인 '신속한 대응'을 할 수 있게 된다. 인터뷰는 상대의 주먹에 빠르게 반응해야 하는 정신적인 스파링 게임과 같다. 인터뷰에서 벌어질 수 있는 상황들을 미리 연습하고 계획하면 실제 상황에서 수월하게 대처할 수 있다. 성공적인 인터뷰를 준비하기 위해서는 특정 상황들에 대한 당신의 언어적, 비언어적, 감정적 반응을 고려해야 한다. 이 장에서는 당신의 자각과 민첩성을 기르는 다양한 인터뷰 시나리오what-if scenarios를 어떻게 연습하고 계획할지 배우게 될 것이다. 여러 상황을 사전에 대비하는 것이 중요하다.

인터뷰 준비를 위한 고려 사항

내가 어떤 직업, 역할, 지위를 가진 상태에서 무엇을 위해 누구를 인터뷰하게 될지 파악해야 한다. 개인 또는 단체에게서 정보를 얻기 위한 인터뷰, 고용을 위해 지원자를 선별하는 면접, 보안 목적의 심사, 필요한 역량이 있는지 테스트하거나 긴급한 상황에서 어떻게 대처하는지 보기 위한 시험 등 다양한 인터뷰 상황이 있다. 나의 목표와 그에 맞는 전략을 염두에 두자. 다음으로는 내가 인터뷰하게 될 사람들의 전반적인 성격 특징을 파악하자. 인터뷰 대상자가 조심스러운지, 말하기 좋아하는지, 협조적인지, 적대적인지, 의심을 품고 있는지, 사람을 믿는 성향인지, 편견이 있는지 없는지, 교육 수준이 높은지 낮은지 등을 고려하자. (사람들이 각기 선호하는 의사소통과 사고방식을 평가할 수 있도록 뒤에서 성격과 의사소통에 대해 더 심도 있게 다룰 것이다.)

인터뷰 대상이 남성인지 여성인지에 따라 내가 어떻게 반응할지도 짐작해보자. 여성인 나는 남성과 여성 모두와 친밀한 관계를 맺는 것이 크게 어렵지 않다. 하지만 당신이 남성이라면 특정 상황에서는 여성 대상자로부터 신뢰를 얻기가 쉽지 않을 수도 있다. 특히 여성이 성적 학대, 폭행, 인신매매의 피해자라면 더욱 그렇다.

진부하게 들릴 수도 있지만 현실적으로 남성과 여성은 각기 다른 언어로 이야기한다. 평균적으로 남성은 생각을 드러낼 때 여성에 비해 적은 단어를 사용하기에 어떤 여성에게는 지나치게 무뚝뚝하고 거칠며 때론 무례해 보일 수 있다. 여성은 요점을 전달하기 위해 대개 남성보다 많은 단어를 사용하는 경향이 있어, 어떤 남성에게는 결단력이 부족하고 감정적이며 우유부단해 보일 수도 있다. 남성은 논리와 사실에 집중하는 경향이 있는 반면, 여성은 감정과 관계에 집중하는 경향이 있다. 당신이 특정 성별과 대화하는 방법을 조정한다면 인터뷰 대상자는 당신에 대한 인식을 크게 바꿀 수도 있다. 나는 남편에게 내 생각을 밝힐 때 감정적인 단어는 생략하고 문장을 짧게 해서 요점을 전달하려고 노력한다. 그가 전형적인 해병대 장교이기 때문이다. (농담이다. 나는 남편과 모든 해병들을 대단히 존경한다!)

인터뷰 대상자의 신체적, 정신적, 감정적 상태 또한 고려해야할 사항이다. 일어날 수 있는 모든 상황에 대해 숙고하고 연습하자! 나는 최악의 시나리오를 상상하고 이에 대처하는 법을 연습하길 좋아한다. 그러고 나면 어떤 상황도 수월하게 느껴지기 때문이다. 관타나모 수용소에서 수용자들을 심문할 당시의 일이다. 나는 현지인 탈레반 대원들과 외국인 병사들 두 그룹이 특정 질문과 내가 깊이 파고들고 싶은 주제에 각각 어떻게 반응할지에 대해 계획을 세웠다. 그들이 각기 다른 지식, 인맥, 개인적인 참전 동기를 가지고 있었기 때문이다. 이들을 같은 방식으로 접근하는 것은 비효율적이었다. 나는 가장 강력한 반감이 들 만한 상황에서 어떻게 그들이 진실을 말하게 할지, 즉 저항할 의지를 '꺾도록' 설득할 수 있을지 고민하고 전략을 짰다. 그리고 실제로 그런 상황이 발생하면 그들이 내게 마음을 열고 진실을 말할 수 있도록 미리 계획해둔 기법들을 사용했다.

　　그 외에도 다양한 상황에서 벌어질 가능성이 있는 시나리오들을 그려보기도 했다. 신체적으로 나를 해한다면? 모든 진술을 거부한 채 입 다물고 앉아 있다면? (실제로 다반사였다.) 교도관이 독방에서 자신을 학대했다고 주장한다면? "당신이 내 입을 열기 위해 할 수 있는 일은 아무것도 없어요"라고 말한다면? 나는 다양한 성격에 따라 각기 다른 시나리오를 세우며 각 상황에 어떻게 대처할지 짰뒀기 때문에 그들은 나의 허를 찌르지 못했다. 예컨대 아무런 말도 하지 않고 가만히 앉아 있는 심문 대상자라면 나 또한 아무 말도 하지 않고 앉아 있었다. 그 상황을 어색하고 불편하게 느낀 대상자가 아무 말이라도 하며 입을 열도록 의도한 것이다. 그가 입을 열면 머리 싸움에서 내가 이긴 셈이 된다. 혹은 "왜 아무 말도 하지 않고 앉아 있기를 원하시는 거예요?" 같은 개방형 질문을 던지기도 했다. 상대보다 한 수 앞서야 한다.

롤플레잉은 인터뷰 준비에 도움이 된다. 내가 인터뷰 진행자와 대상자 모두가 되어 묻고 대답하는 것이다. 롤플레잉을 하며 어떤 질문이 효과적이고 그렇지 않은지 살펴보자. 너무 쉬운 질문과 답은 하지 말자. 내가 무엇을 말하고 말하지 않아야 할지 숙고하자. 현실적인 목표를 세우자. 예컨대 내가 세우는 첫 번째 목표는 상대방이 나와 이야기하고 싶도록 편안하게 해주는 것이다. 두 번째 목표는 나를 믿게 만드는 것이고, 세 번째 목표는 그가 진실을 말하도록 하는 것이다.

무술인들도 이 같은 방식으로 연습한다. 상대방이 자신의 얼굴을 가격한다면 어떻게 할지, 어떻게 막고 반격할지 등 계속해서 시나리오를 생각해낸다. 심문 훈련 과정에서 우리는 최악의 시나리오를 가정해 연습했다. 롤플레이어들은 비협조적이고 매우 적대적인 최악의 죄수 역할을 맡았다. 훈련은 매우 효과적이었다. 실제로는 그 정도의 상황까지 벌어지지는 않아서 수월하게 대처할 수 있었기 때문이다. 나 역시 처음으로 실전 심문을 마치고 나서 '훈련받았을 때랑 똑같네. 오히려 한결 쉬운걸' 하는 생각이 들었다. 이처럼 미리 훈련하며 인터뷰를 준비할 수 있다.

역할을 바꿔가며 스스로 롤플레잉 인터뷰를 할 때는 소리를 내서 하는 것이 좋다. 상황에 더 생생하게 이입되기 때문이다. 그러고 나면 실제 인터뷰 상황에서 내가 원하는 대로 말과 목소리를 준비해 반응할 수 있다. 이 연습을 통해 자신의 말이 어떻게 들리는지, 동감하는지, 공격적인지, 우월감을 드러내는지, 자신감이 있는지 들을 수 있을 것이다. 무엇을 어떻게 이야기할지 미리 준비하는 것은 실제 상황에서 신속하게 대응하는 데 도움이 된다. 수감자가 아래와 같이 말할 때 나는 두어 마디로 답하고는 했다.

- "난 아무 말도 하지 않을 거예요."
  "나는 당신이 억지로 말하게 할 수도 없고, 그렇게 할 생각도 없어요. 그런데 왜 감옥에서 나가고 싶어 하지 않나요?" 그가 계속해서 말하도록 항상 누가, 무엇을, 어디서, 언제, 왜, 어떻게로 시작하는 질문을 던져라.
- "당신의 질문에 내가 대답해야 하나요?"
  "꼭 그럴 필요는 없죠. 그런데 대답하기 싫다면 이유가 뭔가요?" 이 질문을 받으면 수감자는 대개 계속해서 말을 하게 된다.
- "제 감방으로 돌아가고 싶어요."
  "지금 돌아가면 어차피 나 말고도 다른 심문관이 당신을 또 부를 거예요. 나는 당신 편에서 편견 없이 이야기를 듣고 싶어요. 어떻게 생각하세요?"
- "당신은 나를 도울 수 없어요."
  "그걸 어떻게 아시죠?" 또는 "왜 그렇게 생각하세요?" 또는 "어떤 도움을 원하시나요?"

- "내가 왜 당신과 이야기해야 하죠?"

  "이야기하지 않아야 할 이유는 뭔가요?"

- "내가 왜 당신을 신뢰해야 하죠?"

  "왜 신뢰해선 안 되죠?" 또는 "나는 당신에게 솔직하니까
  요. 하지만 당신이 내게 솔직할 의사가 없는데 나만 계속
  해서 솔직할 순 없어요. 그렇다면 나는 왜 당신을 신뢰해
  야 하죠?"

당신이 법 집행기관에서 일한다면 다음과 같은 경우에 어떻
게 반응할지 미리 계획을 세워볼 수 있을 것이다.

- 유력한 용의자가 당신에게 이렇게 묻는다.
  "제가 변호사를 구하거나 법적인 도움을 받을 수 있나요?"
- 전과가 많은 범인은 당신에게 정직할 생각이 없다. 그는
  자신의 진술이 형기에 얼마나 영향을 미칠지에만 관심이
  있다.
- 뭐가 어떻게 되든, 누가 어떻게 되든, 전혀 상관하지 않는
  10대와 대화해야 한다.
- 당국자와 면담하는 것을 두려워하는 청소년에게 질문해
  야 한다.
- 행인들이 있는 곳에서 누군가를 인터뷰해야 한다.

기업에서 일하는 경우라면 다음과 같을 때 어떻게 반응할지

계획을 세워볼 수 있을 것이다.

- 잠재 고객이 이렇게 말한다.
  "구매하기 전에 좀 더 생각할 시간을 가질게요."
- 기존 고객이 말한다.
  "경쟁 업체의 평가가 더 좋더군요. 그래서 거래처를 옮길까 생각 중입니다."
- 계약 업체가 말한다.
  "지난 분기 실적을 보니 당신 회사가 우리 고객들을 장기적으로 지원할 수 있을지 모르겠습니다."

민간 부문에서 일하는 경우라면 다음과 같을 때 어떻게 반응할지 계획을 세워볼 수 있을 것이다.

- 전화 인터뷰를 해야 한다.
- 통역사와 함께 일해야 한다.
- 시간이 없다고 말하는 누군가와 인터뷰를 해야 한다.

당신이 채용 대행 담당자라고 해보자. 당신이 인터뷰한 지원자는 현재 근무하고 있는 직장을 그만두고 당신의 고객사에서 바로 일을 시작할 준비가 돼 있다고 말했다. 하지만 지난주 내내 그는 당신의 전화에 응하지 않았다. 실은 그 스스로가 피력했던 만큼의 의지나 용기가 없는 상태일 수 있다. 혹은 현재의 직장에서 보다 나은 급여를 제시받았을 수도 있다. 이때 사실을 파악하기 위해 당신은 그에게 뭐라고 말할 것인가?

당신이 부동산 중개업자라고 상상해보자. 주택 구매를 계획하던 고객이 지금은 이사할 시기가 아닌 것 같다고, 앞으로 6개월 후에 시세가 더 유리한 가격대로 내려갈지도 모르니 기다려보겠다고 말하는 상황이라면 당신은 어떻게 반응해야 할까? 인사 담당자인 당신이 차별금지법 위배에 관한 신고가 들어와 조사하고 있는데, 문제를 제기한 직원이 갑자기 이의 제기를 철회하고 그 이유도 말하지 않는다면 어떻게 해야 할까? 잠재 고객이 당신이 제공하는 서비스에 관심이 있다고 했는데 일주일 뒤 연락해보니 상급 관리자의 허가를 받아야 한다고 말한다면 어떻게 대응해야 할까? 이처럼 당신에게 일어날 수 있는 다양한 상황에서 할 수 있는 말이 무엇인지, 어떻게 하면 그 말을 자신 있게 할 수 있을지를 준비해야 한다. 이 책에서 소개하는 기법들이 당신에게 도움을 줄 것이다.

시나리오를 미리 구상해보고 어떻게 반응할지 계획하면 당황하지 않고 효과적으로 대처하는 데 도움이 된다. 당신이 주저하거나 의심하는 모습을 보이는 순간은 바로 상대방이 이기는 순간이다. 특히 적의를 가진 상대라면 더욱 그렇다. 자신감은 상대방을 끌어오고, 불안은 상대방을 떠나게 한다. 그러므로 자신감을 가져야 한다. 계획하고, 준비하며, 연습하면 자신감은 올라가게 돼 있다. 이에 더해 실제적인 능력, 유연성이 길러질 것이다.

뜻밖의 상황이 닥쳤을 때 당신이 당황하면 당신뿐 아니라 인터뷰하는 대상자에게도 불안감이나 좌절감을 줄 수 있다. 예기치 않은 상황을 방지하려면 인터뷰의 목적과 성공적인 인터뷰를 이끄는 방법을 알고 이해해야 한다.

성공적인 인터뷰를 위해 알아야 할 4가지를 요약하면 다음과 같다.

- 나 자신
- 내가 가진 정보
- 인터뷰 상대
- 필요한 정보 획득 방법

나는 어떤 사람인가?

자각awareness은 의사소통에서 매우 중요하다. 친밀한 신뢰 관계를 구축하려 할 때, 전문가와 협업할 때, 속임수를 간파할 때, 제품을 판매할 때, 팀을 관리할 때, 도덕적인 부모가 되려고 할 때 등 수많은 상황에서 자각 능력이 요구된다. 일상의 다양한 관계와 역할 속에서 필요한 이 의사소통 기술은 자기 인식self-awareness과 타인에 대한 인식 부족으로 인해 약해질 수 있다. 자신이 잘난 체를 하거나, 거만하거나, 따지려 든다거나, 지나치게 직설적으로 말해서 부정적인 결과를 초래한다는 것을 스스로는 인지하지 못할 수도 있다. 반면에 자각이 없는 상태에서는 지나치게 온순하거나, 자신감이 없거나, 고분고분해 보일 수도 있다. 상대방이 나를 부정적으로 인식한다면, 나에게 상대를 불편하게 할 의도가 없었다 해도 어쩔 수 없이 의사소통에 장벽이 생긴다. 인터뷰 진행자가 중요하게 여겨야 할 목표는 상대에게 호감을 주는 것이다. 그러려면 내가 인터뷰하는 사람이 나를 호의적이고 편안한 사람으로 인식하는지 아니면 비호감이고 불친절한 사람으로 인식하는지 '알아야' 한다.

스스로 체크해보자. 당신의 성격은 어떤가? 언어적으로, 비언어적으로 타인에게 어떻게 보이는가? 나의 감정을 자극하는 것은 무엇인가? 내가 선호하는 소통 방식은 무엇인가? 타인을 알기에 앞서 자신을 먼저 알아야 한다. 자신이 어떻게 생각하고, 느끼고, 행동하고, 반응하며, 결정을 내리고, 의사소통하며, 변화에 대처하는지에 대한 자각이 있는 상태에서는 타인이 선호하는 것이 무엇인지를 더 잘 관찰하고 가늠할 수 있게 된다. 즉, 타인의 생각과 감정에 더 공감하게 되는 것이다.

사람들은 개인적으로 선호하는 방식이 있으며 그 방식은 저마다 다르다는 것을 알고 받아들여야 한다. 사람들이 당신을 부정적으로 판단하길 원하지 않는다면 더더욱 그렇다. 사람들의 다양한 선호 방식을 수용하면서, 당신이 그것에 지배받는 것이 아니라 반대로 영향을 미치는 방법을 익혀야 한다. 당신이 어떤 사람인지 솔직하게 드러내면 그들에 대해서도 조금 더 알게 되고 개인적으로나 직업적으로도 한층 성장할 것이다.

성격유형 이외에 자신이 선호하는 소통 방식에 대해서도 알아야 한다. 각기 다른 상황마다 선호하는 소통 방식은 하나 이상일수 있다. 개인적으로나 직업적으로나 내가 선호하는 소통 방식은 주로 직접화법이다. 직접화법은 때로 갈등을 일으키지만 위기 상황 등 분명히 직접화법으로 소통하는 것이 필요한 때와 장소가 있다. 하지만 가정에서 배우자나 자녀와 계획을 상의하는 등의 상황에서는 최적의 화법이 아니다. 의사소통을 할 때 나의 우선순위는 요점을 파악한 뒤, 메시지를 명확하고 간결하고 빠르게 전달하는 것이다. 주로 분명하고 상세한 정보를 얻기 위해서 그렇게 한다. 나는 어떤 일이 벌어진 진짜 이유를 파악하려고 할 때 가끔 '심문 모드'로 빠르게 돌변하여 사람들을 불편하게 한다. 그럴 때 나는 지나치게 부담스럽고 상대의 감정에 둔감해 보일 수 있다. 이 점을 알기에, 나는 내 커뮤니케이션 스타일을 조정해야 할 때를 인식하여 상대방이 선호하는 스타일로 맞춘다.

말하는 방식을 조금 바꾸는 것만으로도 상대방이 당신을 신뢰하는 데에 큰 영향을 미칠 수 있다. 예컨대 당신이 어떤 사람에게 '그가 무언가를 할 수 없다'고 말하면, 상대는 방어적이 될 가능성이 높다. 반면에 당신이 '그가 무엇을 할 수 있다'고 말하면, 상대는 당신이 하는 말을 더 귀 기울여 들으려고 하기에 동의을 구하기 수월해진다. 3장에서 부정의 언어를 긍정의 언어로, 비난의 언어를 배려의 언어로 바꾸는 방법을 다루면서 이에 대해 더 이야기하고자 한다. 자신의 성격과 선호하는 소통 방식을 알게 되면 라포르를 형성하고, 신뢰를 얻으며, 진실을 도출해낼 가능성이 커진다. 자각하는 능력은 누구나 어렵지 않게 키울 수 있다.

자기 인식은 효과적인 의사소통에 대단히 중요하다. 특히 인터뷰의 경우에 그렇다. 커뮤니케이션 과정에서 자신이 상대방에게 어떻게 보이고 들릴지 자각하려면 자세와 몸짓, 표정, 태도 등을 고려해야 한다. 당신은 주로 직접화법을 쓰는가, 간접화법을 쓰는가? 목소리의 음색과 높낮이는 어떤지, 말하는 속도는 어떤지도 살펴보라. 또한 내가 가진 편견과 기대하는 것들, 성격유형에 영향을 받고 있는 나의 생각을 돌아보자. 인터뷰에 앞서 청결한 위생 상태와 복장 등 외모에도 주의를 기울이자. 독자가 책을 겉표지를 보고 판단하듯이, 사람들은 모습과 목소리로 자연스레 다른 사람들을 판단하기 마련이다.

자기 인식에는 특정 환경에서 나와 상대방이 어떻게 느끼는지에 대한 고려도 포함된다. 소음의 정도, 공간의 역할은 무의식적으로 당신과 인터뷰 대상자의 행동에 영향을 미칠 수 있다. 예컨대 상사가 당신을 자신의 개인 사무실로 부른다고 해보자. 당신은 부담을 느낄 수 있고 따라서 회의실과 같은 일반적인 장소에 비해 마음을 열기 어려울 수 있다. 관타나모 수용소에서 일할 때 나는 수용자들이 심문실에 있을 때보다 심문실로 들어갈 때와 나올 때 훨씬 편안한 모습을 보인다는 사실을 깨달았다. 그래서 나는 일부러 수감자와 교도관, 통역사와 함께 그가 있는 감방에서부터 시원한 에어컨이 구비된 심문실까지, 내리쬐는 카리브해의 뜨거운 햇볕 아래서 가벼운 대화를 나누며 함께 걸어가곤 했다. 교도관이 떠난 후 수감자가 입을 다물면, 교도관을 불러 바깥으로 나가 다시 함께 걸으며 심문을 하기도 했다.

나에게는 1가지 원칙이 있다. 모르면 물어보는 것이다. 모를 때 아는 척하지 않는다. 아는 척 허세를 부리다가 들통나면 상대가 당신을 비난하며 문제를 제기할 수도 있다. 그러면 당신은 신뢰성과 함께 당신이 필요로 하는 정보를 잃게 된다.

심문 학교에서는 '우린 다 알고 있어We Know All' 기법을 가르친다. 심문관이 실제로 아는 것보다 심문 대상자에 대해 더 많이 아는 것처럼 꾸미면서 그렇게 보이도록 전략을 사용하는 허세 기법이다. 예컨대 경찰과 심문관은 '서류철 채우기padding the file' 기법을 사용한다. 수용자 또는 용의자에 대해 실제로는 전혀 관련 없는 사진과 서류들로 서류철을 두툼하게 만들어 그들에 대한 정보를 많이 가지고 있는 것처럼 보이게 하는 것이다. 이를 본 수용자 및 용의자는 지레 겁을 먹고 모든 내용을 자백할 수도 있다.

이 기법에 속아 넘어가는 이들도 있지만 의외로 많은 경우에 그렇지 않다. 상대가 당신이 허세를 부린다고 여기면 당신이 지는 게임이 된다. 나는 지는 게임을 하고 싶지 않기 때문에 모르는 것이 있을 때는 물어본다. 물론 이는 질문자가 모른다는 사실을 드러내는 것이므로 조심해서 패를 꺼내야 한다. '우린 다 알고 있어' 접근법 대신에 내가 선호하는 기법은 '어떻게 생각하세요What do you think?' 접근법이다. 어떻게 생각하냐고 물을 때 나는 이런 식으로 말을 꺼낸다. "누군가가 이미 우리에게 진술했다면…", "우리가 당신을 감시 중이었다면…", "당신을 아는 사람을 우리가 데려온다면…", "당신 친구들이 알게 된다면…" 이 방법은 인터뷰 대상자의 마음에 의심의 씨앗을 심는다. 그는 거짓말을 했을 때 과연 무사히 모면할 수 있을지 우려하며 스스로를 의심하기 시작한다.

반대로 보고서, 증거, 감시, 밀고, 신뢰할 수 있는 정보원 등을 통해 당신이 이미 많은 정보를 가지고 있다면 당연히 '우린 다 알고 있어' 접근법을 사용하는 것이 좋다. 여기서 중요한 것은 이 방법을 효과적으로 사용하기 위해서 언제 어떻게 당신이 아는 정보를 제시할지를 알아야 한다는 점이다. 너무 빨리, 너무 쉽게 정보를 보이지 말고 기술적으로 내보여라. 이 기법은 전략적 증거 제시Strategic Use of Evidence, SUE 기법이라고 한다. 우선 대상자에게 먼저 사실을 털어놓을 기회를 준다. 이에 저항한다면 서서히 증거를 내보이기 시작하는 것이다. 당신이 아는 정보를 조금씩 흘리면서 시작하면, 상대는 아주 작은 정보조차도 유의미하며 자신의 유죄를 입증하는 것처럼 느낀다. 이로써 인터뷰 상대는 당신이 모든 것을 알고 있다고 생각하고 진실을 솔직히 말하는 것 외에 달리 방법이 없다고 느낀다. 물리적 증거가 있을 때 유용한 또 다른 기법은 인터뷰 대상자가 증거물을 만져보게 하는 것이다. 예컨대 사진은 건네주거나 앞에 놓아서 보여줄 수 있는 좋은 자료다. 죄를 지었다면 그는 사진에 손을 대기는커녕 보려고도 하지 않을 것이다.

증거를 제시할 때 1가지만 주의하자. 증거에 지나치게 집중하거나 인터뷰에서 너무 일찍 증거를 제시하면, 당신의 초점은 인터뷰 과정이 아니라 증거에 맞춰질 수 있고 시야가 좁아지면서 인터뷰 대상자가 하는 말이 귀에 잘 들어오지 않을 수 있다. 동시에 인터뷰 대상자 또한 증거에 집중하게 돼 새로운 정보를 말하는 대신에 기존의 정보를 반복해서 말하기에 머무를 수도 있다. 또한 질문에 지나치게 집중하면 질문에 편향이 생기면서 객관성을 유지하기 어려워진다. 이를 피하기 위해 증거에 최대한 '오래' 매달려라. 그러면 인터뷰 대상자는 당신이 아는 정보에 신경 쓰느라 불안도가 높아져서 인지 부하cognitive load에 걸리고 거짓의 지표를 더 많이 드러낼 것이다.

이에 더해 증거를 '전략적으로' 제시하면 인터뷰 대상자의 기억이 오염되는 오정보 효과를 방지할 수 있다. 오정보 효과란 사건이 일어난 이후의 정보가 사건에 대한 기억을 방해하고 왜곡하며 영향을 끼치는 것을 뜻한다. 엘리자베스 로프터스Elizabeth Loftus는 오정보 효과와 목격자 기억에 관한 최고의 인지심리학자이다. 그녀는 캐런 돈더스Karen Donders, 헌터 G. 호프만Hunter G. Hoffman과 조나단 W. 스쿨러Jonathan W. Schooler와 공동 집필한 「오정보의 착오 유발Creating New Memories That are Quickly Accessed and Confidently Held」이라는 논문에서 "사건 후에 주어지는 정보는 그 사건과 관련된 사람의 정보에 영향을 미칠 수 있다. 즉, 사건 이후의 새로운 정보가 기존의 정보에 착오를 일으킬 수 있다"라고 설명한다. 용의자나 목격자를 고의로 오도하진 않겠지만, 무심코 그들에게 잘못된 정보를 전달해 사실이 아닌 새로운 기억을 가지게 할 수 있다는 것이다. 어떻게 이런 일이 가능할까? 정보를 저장하고 인코딩(부호화)된 메시지를 재구성하는 데 있어 기억의 용량은 제한되어 있다. 정보는 스키마schema(생각이나 행동의 조직된 패턴, 생각의 도식)로 인코딩된다. 쉽게 말해 스키마는 기억의 설계도라고 할 수 있다. 편견, 가정, 기대, 부주의 맹시inattentional blindness(대상이 시야 속에 들어 있지만, 주의를 기울이지 않아 사물을 간과해버리는 현상), 주관적인 인터뷰는 우리가 가진 기억의 설계도를 바꿀 수 있고, 우리가 사물을 어떻게 인식하는지에 영향을 미치며, 사건에 대한 기억을 바꿀 수 있다. 간섭interference으로 알려진 또 다른 현상은 어떤 기억이 다른 기억의 인출retrieval(기억 속의 정보를 과제 수행을 위해 이끌어내는 과정)을 방해할 때 발생한다. 비슷한 기억들이 있을 때, 간섭은 여러 기억들을 구별하기 어렵게 한다.

인터뷰 진행자인 당신의 목표는 정확한 정보를 수집하는 것이다. 이는 특히 우리가 스키마와 편견, 장기 기억과 단기 기억을 다루어야 할 때 지루하고 힘든 작업이 될 수 있다.

오정보 효과는 매우 위험하다. 저지르지 않은 범죄에 대한 거짓 자백을 초래할 수도 있고, 무고한 사람을 감옥에 가게 하거나 유죄인 사람을 석방하게 만들 수도 있기 때문이다. 그러니 정보를 제시하는 방법에 신중하고, 편향된 언어와 추측성 시나리오를 주의하라. 당신이 객관적일수록 오정보 효과가 발생할 가능성은 줄어든다.

인터뷰 대상자는 누구인가?

인터뷰 대상자에 대해 알아야 한다는 것은 너무나 당연한 말이다. 여기서 이야기하고자 하는 건 한 단계 더 깊게 들어가야 한다는 뜻이다. 인터뷰하는 사람은 대상자의 입장이 되고, 대상자처럼 생각해야 한다. (이와 관련해 4장에서 개인적 동인, 동기, 필요성에 대해 다룰 것이다.) 인터뷰 대상자를 관찰하고, 그에게 어떤 조치를 취하고, 그와 함께 살고, 그를 체포하고, 그와 이야기 나눈 사람들의 정보나 기록을 조사하고 분석해본 적이 있는가? 새로운 직원을 채용할 때 이력서에 나타나지 않는 정보를 얻기 위해 현재 그의 동료나 이전 직장의 고용주와 이야기해본 적이 있는가? 학내 괴롭힘과 관련해 학생 상담을 하기 전에 그 건에 대한 자료를 수집하려고 다른 선생님들이나 학생들과 이야기를 나눈 적이 있는가? 인터뷰 대상자에 대해 알게 되면 다양한 시나리오를 계획하고, 유용한 질문을 구성하며, 효과적인 질문 기법을 사용하고, 성공적인 인터뷰를 하게 될 가능성이 커진다. 인터뷰 대상자를 사전 조사해 계획하면 인터뷰 시간도 보다 효율적으로 사용할 수 있다.

그 사람의 삶, 인터뷰 상황, 인터뷰 목표 외에도 그에 대해 좀 더 깊이 알기 위해 인터뷰에 앞서 고려해야 할 사항들은 다음과 같다.

- 인터뷰에 대해 인터뷰 대상자는 어떻게 느끼고 있는가?
- 인터뷰 진행 전, 진행 중, 진행 후에 그의 감정은 어떻게 변화할까?
- 그는 어떤 정보를 알고 있을까? 또한 어떤 정보를 알고 있음이 명백한가?
- 그가 편안하게, 혹은 불편하게 느낄 만한 주제는 무엇인가?

- 그는 당신을 어떻게 인식하고 있는가? 인터뷰에 대해서는? 이 상황에 대해서는?
- 어떻게 하면 그가 당신에게 호의와 관심을 가져 마음을 터놓고 이야기하게 될까?
- 어떻게 신뢰를 얻을 것인가?
- 당신은 그의 앞에서 어떻게 행동할 것인가? 어떤 태도와 성격을 보일 것인가?
- 그의 성격 특징은 무엇인가?
- 당신이 사용할 소통 방식은 무엇인가?
- 그의 소통 방식은 무엇인가?
- 어떤 주제가 그의 마음을 심란하게 만들까?
- 어떤 주제가 그에게 민감하거나 금기시될까?
- 그의 교육 수준과 삶의 경험은 어떠한가?
- 그가 좋아하는 것과 관심사는 무엇인가?
- 그가 사용하는 언어는 무엇인가?
- 그의 가족과 친구는 어떤 사람들인가? 그들은 인터뷰 대상자에 대해 어떻게 말하는가?

인터뷰 대상자에 대해 알게 되면 더 나은 관계를 구축하고 신뢰와 진실성을 얻을 수 있다. 어떤 유형의 질문과 주제를 꺼내야 하는지도 이해할 수 있다. 어떤 말을 해야 할지, 하지 말아야 할지 판단이 서고, 그의 속임수도 더 잘 알아차리게 될 것이다.

정보를 어떻게 얻을 것인가?

마지막으로, 인터뷰하기에 앞서 필요한 정보를 얻는 방법을 알아야 한다. 얼마나 시간을 할애하여 인터뷰할지 고려해 전략을 짜라. 인터뷰 목표와 목적의 개요를 작성하라. 활용하려는 주제, 필요한 질문, 사용할 인터뷰 기술의 개요도 함께 작성하라. 이에 대해서는 5장에서 설명할 것이다. 인터뷰 대상자의 심리가 불안하거나 조심스러운 성격으로 인해 대답을 피할 가능성이 예상되면 답을 얻어내는 도출 기법을 어떻게 사용할지 계획을 세워보고, 당신이 어떻게 행동할지 미리 준비할 필요가 있다. 당신이 보일 태도, 성격, 어조까지 계획하라. 당신이 인터뷰 대상자를 안다면, 어떻게 행동해야 할지 감이 생긴다.

예를 들어 나는 이따금 유머를 사용해 라포르를 형성한다. 유머는 나의 성격에 잘 맞기도 하고 실제로 매우 생산적인 역할을 한다. 하지만 대상자의 성격이나 상황에 따라 유머가 통하지 않을 수도 있다. 이럴 때는 인터뷰 대상자를 편하게 할 수 있는 다른 접근법이 필요하다. 나는 일부러 권위적이고 단정적으로 들리도록 인터뷰를 진행할 때도 있다. 그런가 하면 부드럽고 공감적인 태도로 인터뷰하기도 한다. 낙관적이고 외향적이며 순진한 모습을 보이며 인터뷰에 임할 때도 있다. 때로는 상대방의 기분을 좋게 하는 데 집중하고, 때로는 속임수가 나에게는 통하지 않음을 상대가 깨닫게 하는 일에 집중하기도 한다. 어떻게 관계를 구축할 것인지 계획해서 인터뷰 대상자의 신뢰를 철저히 얻는 과제를 운에 맡겨서는 안 된다. 준비가 되어 있지 않으면 당신의 불안이 노출되며 신뢰를 잃을 수 있다.

인터뷰 개요는 반드시 유연하게 짜야 한다. 상황에 따라 전술을 바꿀 여지가 있도록 하라. 처음 세운 인터뷰 전략이 제대로 적중하지 않았을 때 백업 계획이 없다면, 신속하게 새로운 목표를 세우기가 쉽지 않다. 다양한 상황, 성격, 목표에 맞는 복수의 전략을 준비해야 한다.

질문 목록을 교과서 읽듯이 읽어 내려가지 마라. 로봇처럼 보이고, 둔감하며, 무정하게 느껴질 수 있다. 또한 질문에 갇혀 인터뷰 대상자가 하는 말을 들어야 한다는 것을 잊을 수 있다. 정보 단서information lead는 당신이 인터뷰 대상자가 가지고 있는 줄 몰랐던 관련 주제 또는 정보이다. 나는 인터뷰를 계획할 때 보통 5개 정도의 핵심 주제 목록과 주제마다 여러 개의 질문을 준비하지만, 새로운 정보 단서가 나타나면 인터뷰 중에 10개의 주제를 활용할 때도 있다. 준비한 질문은 인터뷰가 순조롭게 진행되도록 하는 동시에 당신이 자기 인식을 유지한 채로 대화에서 새로운 주제에 대한 새 정보 단서를 들을 수 있는 기회의 문을 열어준다. 이를 '대화의 문 conversational gates'이라고 한다. 대화의 문은 인터뷰 대상자가 무의식적으로 새로운 주제를 꺼낼 때 활용하기 좋다. 인터뷰 진행자가 먼저 갑자기 새로운 주제를 꺼내면 인터뷰 대상자는 "왜 A에 대한 질문을 멈추고 갑자기 B에 대해 알고 싶어 하지?" 하고 의아해하며 의문을 가질 수 있다. 하지만 인터뷰 대상자가 스스로 B 또는 B와 관련된 주제를 꺼낸다면, 그 '대화의 문'을 통과해서 자연스레 B에 대한 이야기로 넘어가게 된다.

정보를 얻기 위해 '모래시계 기법hourglass technique'을 사용해 인터뷰 대상자의 걱정을 완화하고 협력을 강화할 수 있다. 이 기법은 인터뷰를 시작할 때 대상자가 마음을 열고 진실하게 다가올 수 있도록, 거시적으로는 사안과 크게 관련 없는 주제와 구체적이지 않은 이야기를 하는 것을 말한다. 이 기술을 사용할 때 너무 세부적이거나 민감한 문제를 꺼내지 않도록 하라. 인터뷰 초반, 당신의 초점은 인터뷰 대상자를 설득하는 것이다. 거시적인 수준에서 접근하는 단계는 도출 기법을 사용하기에 좋은 시기이다.

그런 다음 미시적인 수준으로 매끄럽게 이동해 세부 사항과 민감한 주제에 관한 질문을 하라. 이때 효과적인 질문 기술과 방법을 사용해 속임수를 탐지할 수도 있다. 필요한 모든 정보를 완전히 활용한 후에는 다시 거시적 수준으로 나오며 인터뷰를 마무리해 인터뷰 대상자가 편안한 마음을 유지할 수 있도록 하라. 이때는 처음에 구축한 관계를 강화하고, 당신이 그를 위해 무엇을 할 수 있는지 묻고, 대화의 통제권을 인터뷰 대상자에게 넘겨준다. 인터뷰 대상자가 추후에 당신 또는 다른 누군가로부터 다시 질문을 받을 준비가 되도록 하고, 그가 당신에게 질문하도록 만들어라. 사람들은 보통 대화 초반과 마지막의 몇 분을 기억하기 때문에 모래시계 기법은 효과가 있다. 인터뷰 대상자는 대개 대화 도중에 논했던 내용을 잘 기억하지 못하거나 완전히 잊어버린다. 인터뷰 대상자가 끊임없는 걱정, 의심, 불안, 죄책감 또는 다른 부정적인 감정을 가진 채로 인터뷰를 끝내서는 안 된다. 인터뷰를 잘 마무리하는 것이 중요하다.

　이제 우리는 인터뷰 계획을 철저히 세우는 방법을 알았고 자신감도 생겼다. 1장에서 모든 실행 계획을 고려했을 뿐만 아니라, 심층적인 자기 평가를 수행하고, 인터뷰 대상자를 파악하며, 인터뷰 대상자에 관해 필요한 정보를 모두 수집하고, 그 정보를 어떻게 전략적으로 사용할 것인지 결정하며, 정보를 수집할 방법을 신중하게 준비하는 작업까지 마쳤다. 당신이 거칠 다음 단계는 승리의 발판을 마련할 인터뷰의 처음 몇 분을 완벽하게 만드는 것이다.

"준비에 실패하는 것은 곧 실패를 준비하는 것이다."
-벤자민 프랭클린-

3장

5분 안에
신뢰 관계 만드는 방법

친밀한 신뢰 관계는 협상이나 인터뷰를 통해 상대로부터 원하는 정보를 얻고 원하는 목적을 달성하기 위해 대단히 중요하다. 친밀한 관계란 단순히 상대가 나를 좋아하게 만드는 것이 아니다. 상대가 생각하는 것처럼 생각하고, 상대가 느끼는 감정을 느끼며 상대의 행동을 거울처럼 따라함mirroring으로써 상대가 나에게 관심을 갖고 나와 친해지고 싶다는 생각이 들게 하는 것이다. 상대가 비밀을 지키는 것보다 나에게 털어놓는 편이 더 낫겠다고 생각할 만큼 강한 유대가 만들어져야 한다.

유의미한 라포르를 형성하게 되면 상대가 진실을 말한다는 사실을 경험해왔다. 인터뷰 대상자가 징역을 살게 되는 결과로 이어지기도 하지만 말이다. 상대가 당신에게 호감을 느끼도록 하기 위해 각자 선호하는 방법들이 있을 것이다. 이 장에서는 내가 사람들을 인터뷰할 때 깊은 유대감을 형성하기 위해 자주 사용하는 방법을 공유하고자 한다. 상대와 가까워지고 싶을 때 내가 가장 효과적인 방법이라 생각하는 5가지는 다음과 같다.

1 공통점을 찾는다.
2 상대의 행동을 거울처럼 따라 한다.
3 말하는 방법을 바꾼다.
4 상대에게 긍정적인 특성을 부여한다.
5 도움을 요청한다.

우선 공감에 대해 이야기하고 싶다. 우리는 공감 능력을 통해서 친밀한 관계 형성을 능숙하게 할 수 있기 때문이다. 공감은 상대방의 입장에 서서 그의 관점에서 바라볼 때 생긴다. 상대방이 어떤 경험을 하고 있고, 어떤 감정을 느끼며, 특정 상황과 결정에 따라 어떤 영향을 받을지 생각해보는 것이다. 그가 느끼는 감정을 확인하기 위해 그가 세상을 보는 관점을 파악하라. 상대의 시선으로 세상을 보도록 하라. 오늘날 사람들이 소통하는 빠른 속도를 고려한다면 시간이 많지 않다. 공감 능력이 부족하면 다른 사람과 인간관계를 맺으려 해도 신뢰를 얻기 힘들다.

스티븐 코비는 이렇게 조언한다. "먼저 이해하고, 그다음에 이해받고자 하라." 당신이 할 일은 상대가 어떤 말을 하는지 그저 듣는 것이다. 편견, 판단, 추측, 기대는 참아라. 사실을 모두 알기 전에는 이야기를 만들어내려 하지 마라. 모르는 정보는 질문을 통해 얻고 서로 특별한 혜택을 주고받는 호혜互惠 관계를 형성하라. 인터뷰 대상자에게 내가 그에게 신경 쓰고 있다는 사실을 보여주면 그도 나에게 신경 쓸 것이다. 내가 그를 솔직하고, 진실하며, 정직하게 대한다면 그 역시도 나를 그렇게 대할 것이다. 나는 이 기술을 '퀴드 프로 쿼'라고 부른다. 상대에게 대접받고 싶은 대로 상대를 대하는 것이다. 모든 사람에게 통하지는 않을 수 있다. 호혜 관계를 무시하는 개인적인 동기나 동인, 인격 장애가 있는 사람들도 있기 때문이다. 하지만 대부분의 사람에게는 유효하다. 나에게 잘해주는 사람에게 마찬가지로 잘해주고자 하는 것이 인간 본성이기에, 먼저 친절을 베풀면 상대는 친절을 되갚고 싶어 할 것이다. 미소도 마찬가지다. 상대에게 미소를 지어 보이면 상대도 나에게 미소를 짓기 마련이다. 나를 좋아하지 않고 심지어 모욕하거나 비협조적인 사람에게 친절하기란 쉽지 않지만 그럼에도 꼭 필요한 일이다. 내 교육을 받는 사람들에게 나는 이렇게 말한다. "친절을 베푸는 일은 어떤 비용도 들지 않으면서 그로 인해 모든 것을 얻어내는 방법입니다." 항상 친절함을 잃지 않되, 그렇다고 만만한 사람이 되지는 말자. 상대를 존중하는 일이 상대가 나를 존중하지 않도록 허락하는 것은 아니다. 약점을 보이고, 실수하고, 과거의 실패를 인정하는 것은 모두 괜찮다. 하지만 자신감과 권위를 잃지 말아라. 진정으로 자신감 있는 사람은 실수를 인정하는 데 거리낌이 없다. 반면에 자신 없는 사람들은 그렇지 않다. 그들은 자만심을 자신감으로 착각한다.

공감 능력을 키우면 다음의 친밀한 관계를 구축하는 기술을 더 쉽게 사용할 수 있다. 관계를 형성하기 위해 가장 먼저 사용해야 할 기술은 공통점을 찾는 것이다.

공통점을 찾아라

나는 모든 인터뷰를 상대와의 공통점 하나를 찾으며 시작한다. 상대의 관심을 얻고 상대가 나와 관계를 형성하고 싶게 만들기 위한 가장 효과적인 방법은 '호감 편향similar-to-me bias(자신과 비슷한 사람에게 대체적으로 호의를 갖고 너그럽게 대하게 되는 것)'을 이용하는 것이다.

나는 직업 특성상 테러리스트나 연쇄 살인범, 마약상, 사기꾼 같은 범죄자를 심문할 때가 많은 편이다. 나는 결코 그들과 같은 사람이 아니지만, 다음 범죄가 어디서 일어날지, 다음 희생자가 누구일지 알아내기 위해서는 그들처럼 생각하고 그들이 나와 유대감을 느낄 수 있을 만큼 그들처럼 되어야 한다. 내가 살인범인 척하겠다는 말이 아니다. 그건 말도 안 되는 일이다. 대신에, 세상이 자신을 제대로 대우하지 않는다며 분에 차 있는 용의자를 면담한다면 나는 세상이 나를 제대로 바라봐주지 않는다고 느꼈던 비슷한 경험을 그에게 들려줄 것이다. 이야기에 살을 붙일 수도 있고, 심지어 꾸며낼 수도 있겠지만, 내가 진심을 담아 말할 수 있고 기억할 수 있는 내용이면 된다. 하지만 너무 부풀려 말하지 않도록 하라. 진정성 없는 거짓말이라는 인상을 풍긴다면 관계를 형성하고 정보를 얻을 수 있는 기회가 모두 날아가버릴 것이다.

상대와 공통점을 찾는 가장 쉬운 방법은 내 이야기를 들려주는 것이다. 호감 편향을 이용하려면 상대와 비슷한 나의 경험을 공유하라. '퀴드 프로 쿼' 법칙을 이용한 도출 기법에 대해서는 7장에서 자세히 다룰 것이다. 도출은 먼저 질문을 던지는 대신 자연스럽게 대답을 이끌어내는 방식이다. 자연스럽게 대화가 흐르도록 하고 긴장감이나 압박감을 줄이며 친밀한 관계를 형성해 상대의 대답을 끌어내는 도출 기법을 어떤 이들은 간접 질문 기법이라고 부른다. 질문을 던지지 않고 서술형 문장만을 사용해서 서술형 대답을 불러내기 때문이다. 도출은 질문하기에는 너무 민감한 주제에 대해서 정보를 얻어내기 위한 훌륭한 방법이다.

'퀴드 프로 쿼' 법칙에 따라 상대와 공통점을 발견하면 호감 편향을 이용할 수 있게 된다. 공통점을 찾기 위해서는 광범위한 주제부터 시작해서 점차 세부 주제로 이어가라. 당신과 상대가 모두 스포츠를 좋아하는데다가 같은 팀을 응원하고 있다는 사실을 발견할 수도 있다. 새로운 친구를 사귈 때 우리가 어떻게 하는지 생각해보자. 보통 공통점으로 시작하게 된다. 인터뷰 대상자와 연결고리를 만들 방법을 찾아라. 시간과 노력이 들더라도 말이다.

　수년 전, 스위스에 본사를 둔 민간 보안 회사가 자금 세탁 사건 조사를 위해 나를 고용했었다. 조사를 진행한 사람은 나를 포함해 세 명이었다. 미국인인 나, 러시아인 여성 조사관 아니카(가명), 그리고 회사 사장인 영국인 남성 앨런(가명)이었다. 우리는 두바이에서 만나 아심(가명)이라는 중동 남자를 인터뷰해 범행에서 그가 맡은 역할을 알아내려고 했다. 두바이에 있는 소피텔 호텔의 초현대식 로비에서 아심을 처음 만났을 때, 그는 내 눈을 쳐다보지도 않았다. 그는 나를 몰랐지만 아니카와 앨런을 알고 있어서 그들에게만 더 집중했다. 아심은 검은 정장에 차콜 그레이 버튼다운 셔츠를 입은 덩치가 큰 남자로, 머리숱이 많고 말끔하게 정돈되어 있었다. 우리는 바닥에서 천장까지 이어진 통창문 앞에 놓인 연한 푸른색 고급 소파에 앉아 있었다.

　우리 네 사람은 약 25분 동안 대화했고, 생수 외에는 아무것도 마시지 않았다. 우리는 아심에게 커피와 카나페를 제안했지만 그는 괜찮다며 사양했다. 그는 그곳에 오래 있고 싶어 하지 않았다. 아심은 앨런과는 농담도 했지만 아니카와 나에겐 거의 관심을 두지 않았다. 나는 아심과 친밀한 관계를 맺지 못한 채로 그날의 만남을 끝냈다. 다음 날 오후에 그를 다시 만나기로 했기에 그날 나는 그의 관심을 얻고 그와 가까워지기로 결심했다. 다음 날, 아심은 밝은 회색 정장을 입은 두 남자와 함께 제시간에 전날과 같은 로비에 도착했다. 아심이 로비 건너편에서 우리를 발견하자 수행원들은 그의 곁을 떠났고; 우리는 그에게 오라고 손짓했다. 우리는 모두 소파와 의자 주위에 서 있다가 그가 먼저 앉도록 했다. 그가 어디에 앉든 내가 그의 옆에 앉고, 아니카와 앨런은 그의 맞은편에 앉도록 미리 계획하고 있었다. 자리에 앉으며 아심이 가장 먼저 꺼낸 말은 다음 날 장거리 비행을 해야 해서 시간이 많지 않다는 것이었다. 공통점을 찾을 수 있는 기회를 발견한 나는 바로 전날 미국에서 두바이로 가는 비행기를 탄 경험을 꺼냈다. 아심은 나를 보며 귀 기울여 듣기 시작했다.

"아, 그럼 장거리 비행이 어떤 건지 알겠네요."

그의 말에 나는 계속해서 말을 이었다.

"비행기 안에서 이 영화를 봤는데 재미있었어요."

내가 본 영화에 대해 설명하자 그는 눈을 빛내며 내 쪽을 향해 몸을 돌렸다. 우리의 배꼽이 마주 보고 있었다. (내 친구이자 동료인 재닌 드라이버는 이를 해군 정보naval intelligence라고 부른다. 발음이 같은 배꼽navel을 대신해 붙인 장난스런 표현이다.) 내가 그의 관심을 끌어낸 것이다. 운이 좋게도 그는 그 영화를 예전에 보았으며 심지어 좋아하고 있었다. 그 후 5분 동안 그와 나는 그 영화에 대한 이야기로 웃으며 대화를 나눴다. 그러고 나서 아심은 우리 모두에게 커피를 마시겠냐고 물었다. 약간의 행운이 더해졌지만 결단력과 인내심이 필요한 일이었고, 결국 나는 내가 원하는 친밀한 신뢰 관계를 얻었다. 우리는 모두 앉아서 아메리카노를 마셨고, 그는 거짓말 탐지기를 사용하는 것에 동의했다. 라포르의 힘을 과소평가하지 말고, 누군가와 관계를 맺으려는 노력을 절대 포기하지 말자. 우리는 누구와도 공통점을 찾을 수 있다.

발견할 수 있는 공통점에는 기호뿐만 아니라 성격, 외모, 말하는 방식도 포함된다. 친밀한 관계는 단지 타인의 자세, 몸짓, 표정, 목소리와 음조, 표현과 말투, 호흡과 눈 깜빡임 속도를 미러링함으로써도 맺어질 수 있다. 이제 친밀한 관계를 형성하는 두 번째 방법을 살펴보자.

'

상대의 행동을 거울처럼 따라 하라

동일 행동Isopraxism은 내가 대화하는 상대방과 같은 행동을 보일 때를 뜻하는 용어이다. 예를 들어 상대방이 왼쪽 다리를 오른쪽 다리 위에 걸치면, 나는 오른쪽 다리를 왼쪽 다리 위에 걸쳐, 서로가 서로의 거울 속 모습이 되는 것이다. 매칭matching은 이와는 약간 달리 거울 속 모습과는 같지 않게 동일한 방향의 자세를 보이는 것이다. 상대방이 오른손으로 턱을 괴고 있다면, 나 또한 오른손으로 턱을 괴는 것이다. 미러링 또는 매칭을 하고 싶지만 인터뷰 대상자의 동작을 똑같이 따라 하고 싶지 않다면 약간 변형해 사용할 수 있다. 예를 들어 그가 손바닥에 턱을 괴고 있다면, 나는 손등이나 집게손가락과 엄지손가락으로 턱을 괴면 된다. 자칫 흉내 내는 것처럼 느껴질 수 있으니, 상대의 몸짓을 너무 빨리 미러링하지 않도록 주의하자.

미러링과 매칭 기법을 쓰려면 상대의 행동을 의식적으로 유의해서 보아야 한다. 그러나 그 목적은 상대가 이를 알아차리지 못하게 하여, 미러링이 자연스럽고 무의식적인 행동처럼 보이게 하는 데 있다. 갑작스럽고 부자연스럽게 보이는 것을 피하려면 적어도 30초 이상 기다렸다가 상대방의 행동과 움직임을 미러링하거나 매칭하라. 즉시 상대의 행동을 따라 하면 당신의 행동을 알아차릴 위험이 있고, 불필요한 주의를 불러일으킬 수 있다. 우리 또한 누군가가 우리를 흉내 내는 것을 본다면 성가시고 신경 쓰이거나 소름이 끼칠 것이다. 하지만 우리가 상대방처럼 행동하면, 상대방이 무의식적인 수준에서 자신과 우리가 비슷하다는 느낌을 받도록 할 수 있다.

다른 사람의 행동을 미러링하려면 상대의 리듬에 맞추고pace 동시에 상대를 나의 리듬에 끌어들이는lead 방법을 이해해야 한다. 페이싱과 리딩은 상대방이 나를 무의식적으로 미러링하거나 매칭하기 시작할 때를 말한다. 그런 일이 일어나면 무의식적으로 서로 간에 친근감이 생겨난 것이다. 직장 동료나 가족을 대상으로, 상대가 당신의 자세와 몸짓을 무의식적으로 미러링하거나 매칭하도록 연습해보라. 만약 따라 한다면 그는 당신의 리듬에 맞추고 있는 것이다. 전화를 통해서도 미러링과 매칭을 할 수 있다. 상대방이 사용하는 단어, 말하는 속도, 말투, 어조, 목소리 크기를 비슷하게 하는 것이다.

나는 비언어적으로 미러링하는 것보다 언어적으로 미러링하는 것이 더 자연스럽고 효과적이라는 사실을 경험을 통해서 알게 되었다. 예를 들어 내향적인 사람들은 다른 사람들보다 더 부드럽고 느리게 말하고, 말하기에 앞서 무엇을 어떻게 말할지 생각하는 경향이 있다. 외향형인 나는 크고 빠르게 말하는 편이라 말실수를 할 때가 많다. 그래서 나는 내향형인 사람들과 대화를 나눌 때면 그들에 맞춰 나의 언어 행동을 바꾼다. 그렇게 하면 내향형 사람들은 나와 함께 있는 것을 보다 편하게 느낀다. 이런 나를 보고 진짜 내 모습을 보이지 않는 것을 우려한 사람들도 있다. 하지만 그것이 문제가 된 적은 한 번도 없다. 자신이 편안하다면 사람들은 내 원래 모습이 어떤지는 크게 신경 쓰지 않는다.

인터뷰를 진행하면서 상대방이 당신을 좋아하게 만들어 당신을 신뢰하고 속마음 또는 비밀을 털어놓게 해야 한다. 나는 내 수업을 듣는 학생들에게 사람들은 진실을 털어놓고 '싶을' 때만 진실을 말해줄 것이라고 말한다. 그들을 움직일 동기가 필요하다는 의미이다. 당신이 인터뷰를 받는 사람이라면 인터뷰 진행자가 당신을 존중하지도, 좋아하지도, 당신을 기분 좋게 해주지도 않는데 속마음을 털어놓고 싶겠는가? 그럴 사람은 없다.

나는 수업 중에 자주 웃는다. 나를 따라 웃는 학생들이 있다면 그들의 거울 신경세포mirror neuron(타인의 행동을 거울처럼 반영하는 신경 네트워크)가 활성화되었다는 뜻이다. 대개 즐거워서 웃는다기보다는 관찰하고 있는 대상을 미러링하게 되면서 웃는 것이다. 과학자들은 우리가 감정을 느낄 때든 어떤 대상을 관찰할 때든 뇌에서 동일한 부분이 활성화된다고 말한다. 따라서 반사적으로 웃을 때에도 우리는 즐거움을 느낄 수 있다.

최근에 나는 코넬 대학에서 리더십 심리학 자격증을 받았다. 한 수업에서 교수가 감정 전염 영향에 대해 설명한 적이 있다. 용어에서 알 수 있듯이 감정은 무의식적으로 전염될 수 있다. 누군가와 함께 있는 동안 행복하거나 슬프거나 화가 났지만, 그를 만나기 전까지만 해도 그런 감정이 들지 않았거나 다른 감정을 느낀 적이 있을 것이다. 그 사람의 감정이 당신의 감정에 전염되었기 때문일 수 있다. 이런 기분과 감정의 변화가 인터뷰에 영향을 미칠 수 있음을 반드시 알아두자. 당신이 침착하고 편안하게 이완되어 있으면 당신 주변의 사람들도 침착하고 이완된 느낌을 가지기 쉽다. 인터뷰 대상자가 불안하고 초조해 보인다면(가쁘게 숨을 쉬고, 눈을 자주 깜빡이며, 땀을 흘리고, 스트레스를 나타내는 신체 징후를 내보이는 등), 침착한 모습을 보임으로써 그를 진정시켜야 한다. 당신이 불안함과 초조함을 보디랭귀지를 통해 드러낸다면, 인터뷰 대상자 또한 불안과 초조를 느끼기 시작할 것이다. 당신이 보디랭귀지를 적극적으로 사용한다면 인터뷰 대상자 또한 숨김없이 보디랭귀지를 쓸 것이다. 당신이 자신감 있으면서도 차분한 상태를 유지하면, 상대방은 안정감을 느낄 것이다. 거울 신경세포의 과학은 의견 차이나 갈등이 있을 때 사용할 수 있는 훌륭한 도구이다.

친밀한 관계를 형성하는 세 번째 방법으로 넘어가기에 앞서, 거울 신경세포에 관련해 흥미로운 사실 하나를 들려주고 싶다. 하품하는 사람을 보면 따라서 하품하게 되는 것도 바로 이 거울 신경세포의 역할 때문이다. 그러니 사람들로 가득 찬 공간에 들어갈 일이 생기면 하품을 하고서, 누가 당신을 따라 하품을 하는지 보라. 하품은 전염성이 있기 때문에 하품을 따라 한 사람이 당신을 보고 있었을 확률이 높다. 누가 나에게 관심을 두고 있는지 알고 싶다면 하품을 하면서 찾아보기를!

말하는 방법을 바꿔라

교감하는 관계를 형성하는 세 번째 방법은 말하는 방법에 관한 것이다. 인터뷰 도중에 어떤 말을 사용하느냐에 따라서 마음에 들지 않는 결과가 나타날 수도 있다. 비록 그런 의도가 없을지라도 어떤 말은 부정적이고 비난하는 투를 담고 있다. 사람들과 이야기할 때 긍정적이고 비난하지 않는 말투를 사용하는 것이 당신에게도 좋다.

긍정의 언어는 어떤 일이 가능하고 진행되고 있는지에 집중하는 반면, 부정의 언어는 어떤 일이 불가능하고 진행되고 있지 않은지에 집중한다. 긍정의 언어는 예의 있고, 존중을 보이며, 도움이 되는 말로 들리기 때문에 사람들로 하여금 방어적인 자세를 취하지 않게 한다. 따라서 긍정의 언어를 사용하면 긍정적인 결과가 자주 나타난다.

비난하지 않는 언어도 마찬가지다. 비난조의 말을 삼간다면 정중한 소통을 통해 관계를 강화할 수 있다. 비난하는 말투에는 부정적인 저의가 있으며, 상대는 분명히 그것을 느끼게 된다. 당신은 자칫 방어적이고 심지어 공격적인 모습을 보게 될 것이다. 비난조의 언어를 비난하지 않는 언어로 바꾸는 예를 소개한다.

- "화났군요"라고 말하는 대신에 "지금 기분이 어떠세요?"라고 묻자. "내가 당신을 화나게 한 것 같군요"라고 말하거나 "내가 당신을 화나게 했나요?"라고 질문하지 마라. 당신의 말이 오히려 상대방의 화를 돋울 수 있고, 독심술사가 아닌 바에야 상대의 감정을 읽을 수 없기 때문이다. 그러니 어떻게 느끼는지 묻고, 그렇게 함으로써 공감을 나타내며 대화가 계속 이어지도록 하라.
- "제 말을 오해하셨군요"라고 하는 대신에 "제가 말을 더 정확하게 했어야 했네요"라고 말하자. 그렇게 하면 오해를 일으킨 책임이 당신에게 있다는 의미로 느껴질 것이다.
- 거짓말을 하고 있다는 생각이 들 때 "거짓말이죠!"라고 하지 않아야 한다. 거짓말하고 있다고 비난받는 사람은 거짓말을 하고 있음에도 "아니요, 거짓말이 아니에요"라고 답할 확률이 높다. 대신에 "더 해주실 이야기가 있어 보이네요" 또는 "제가 잘못 생각했을 수도 있지만 제게 말해주실 다른 무언가가 있는 것 같아요"라고 말하자. "제가 잘못 생각한 걸 수도 있지만 모든 이야기를 제게 다 하신 것 같진 않네요"라고 말하는 건 추천하지 않는다. "않네요"라는 표현은 같은 말도 부정적인 문장으로 바꾼다.
- "어젯밤에 당신이 어디에 있었는지 자세한 부분을 빠트

리셨네요"라고 말하는 대신에 "어젯밤에 어디 있었는지, 좀 더 자세히 이야기하고 싶으시죠?"라고 말하는 것이 좋다. 이는 비난조의 말을 하지 않는 동시에 잠입 명령어 embedded command(최면 치료에서도 사용하는 기법으로 치료자의 일반적인 대화 문장에 포함되어 있는 명령어 성격의 표현)를 사용하는 기법이다. 여기서 잠입 명령어는 "이야기하고 싶으시죠?"이다. 예전에 한 회사의 고위 관계자를 만난 적이 있다. 나의 도출 기법 강의를 소개하려는 자리였다. 나는 그 회사가 나의 고객이 되길 바랐기 때문에 중간에 잠입 명령어를 사용해 이렇게 말했다. "200명의 영업 사원들이 이 교육을 받도록 지금 결정을 내리신다면 이번 분기에 놀라운 실적 증가를 보게 되실 거예요." 그는 턱에 손을 괸 채 내 말에 열중하며 나를 보고 앉아 있었다. 다음 날, 그는 나에게 전화를 걸어 앞으로 3개월간 강의를 해줄 수 있는지 물었다. "지금 결정"이라는 잠재 명령어가 효과적으로 작동한 것이었다! (하지만 불행히도 일주일 후에 그가 회사를 그만두는 바람에 나는 어찌할 수 없는 상황에 처했었다.)

커뮤니케이션에서 사용할 단어를 신중하게 고르자. 표현을 바꾸는 몇 가지 예에 대해 읽고 난 지금, 당신은 부정적이거나 비난조의 언어를 자신도 모르게 사용하고 있었고, 그것이 가져올 결과에 대해 인식하지 못했음을 깨달았을지도 모르겠다. 긍정적이고 비난하지 않는 언어를 사용하면 삶이 바뀌는 결과가 일어날 수도 있다. 어렵지 않은 일이다. 단지 연습하고 뇌를 재훈련하면 된다!
이 장 마지막에 있는 과제에서 계속해서 연습할 수 있도록 10가지
예를 추가했다. 그에 대한 모범 답안은 책 말미의 부록 C에 있다.

긍정적인 특성을 부여하라

공통점을 찾아내 인터뷰 대상자에게 호감을 산 후에, 나는 그에게
긍정적인 특성을 부여하여 그가 마음을 열고 정직하게 진실을 말
하도록 한다. 나는 인터뷰 대상자가 나에게 거짓말을 하고 있거나
중요한 정보를 숨기고 있다고 느낄 때 이 방법을 사용한다. 이 방법
은 대상자가 진실하고 정직하도록 점화priming한다. 점화는 하나의
자극에 대한 노출이 의도 없이 행동 반응에 영향을 미치는 것을 이
용하는 기법이다. 이는 의식적인 생각의 표면 아래에서 발생하므
로 인간의 행동에 직관적으로 영향을 줄 수 있다. 이 방법은 상대방
이 특정한 방식으로 행동하도록 직관적으로 자극하여 특성을 부여
하는 것이다. 예를 들어 정직함과 성실함 같은 특성을 부여하여 상
대방이 정직하고 성실하게 임하도록 만들 수 있다. 사람들은 본질
적으로 진실하고 정직하기를 원하고 상대방이 하는 말에 부응하길
바라기 때문에 이 전략은 좋은 효과를 발휘한다. 다음은 내가 성공
적으로 사용한 몇 가지 사례다.

| ● "당신이 한 일이 마음에 들지 않을 수 있지만, 나는 당신이

정직하다는 점을 높이 삽니다."
- "당신이 믿을 만한 사람이라는 평판을 들었어요. 그래서 나는 당신을 신뢰할 수 있어요."

믿기지 않을지도 모르겠지만 이 방법은 효과가 있다. 인터뷰하고 있는 사람이 진실을 말하기 직전이라는 느낌이 오면 나는 그를 벼랑 끝으로 내몰아 무심코 비밀을 누설하도록 긍정적인 특성을 부여한다. 나에게 거짓말을 한다고 생각되는 사람들에게 내가 부여하는 긍정적인 특성의 예는 다음과 같다.

- "당신이 정직한 사람이란 걸 알아요. 그렇게 행동한 이유에 대해 솔직하게 말했잖아요."
- "당신이 당신 자신과 저를 존중한다는 것을 알아요."
- "당신은 용감한 사람이에요. 말하기 불편할 수도 있는 이야기들을 피하지 않으니까요."
- "당신은 신념에 따라 옳은 일을 해요. 나는 당신이 진실을 고백하는 게 옳다는 것을 알고 있다고 생각해요."
- "인간은 누구나 실수를 합니다. 비록 실수하는 순간에는 그게 옳다고 느끼더라도요. 하지만 인간으로서 우리는 우리가 한 모든 일, 실수에도 책임이 있어요. 당신이 행동에 책임을 지는 사람이라는 것을 알아요. 비겁한 사람이 아니잖아요."

진부하고 억지스럽게 들릴 수 있지만, 이 기술은 수십 년간 내가 진행한 인터뷰에서 성공적이었다. 나를 믿고 시도해보길 바란다. 진심을 담아 말해야 한다는 것을 기억해라. 작은 말이 큰 힘을 발휘한다. 하지만 같은 기술을 너무 많이 사용하면 진심으로 들리지 않고 효과를 잃게 된다. 더 나쁜 경우 부정적인 영향을 초래할 수도 있으니 남용에 유의하자.

도움을 청하라

예전에 동료가 나에게 이런 말을 한 적이 있다.

"리나, 우리가 사람들을 돕는 유일한 이유는 기분이 좋아지기 때문이에요."

나도 동의하는 바이다. 더 나아가 생각해보자. 우리가 사람들을 도울 수 있어서 기분이 좋다면 반대로 나를 도운 사람의 기분도 좋지 않을까?

나는 인터뷰 대상자에게 이렇게 도움을 청하곤 한다.

"제가 이해할 수 있도록 도와주세요."

"솔직하게 말해주시면 도움이 되겠어요."

"저 좀 도와주시겠어요?"

그러면 그들은 좀 더 우호적으로 정보 제공에 응하려고 한다. 간단한 요청이니 대부분의 사람들은 거절하지 않기 마련이다. 이 방법은 집에서 아이들을 대상으로 사용해도 효과적이다. 식사를 마친 후에 아이들에게 설거지를 하라고 말하는 대신에 설거지를 도와달라고 요청해보자(설령 아이들이 자발적으로 설거지를 하곤 한다 해도 말이다). 그러면 아이들은 설거지를 예전보다 더 자발적으로 할 수도 있다.

사업가들 앞에서 기조연설을 할 때의 일이다. 연설을 마친 후 한 분이 내게 와서 직원들의 의식을 좀 더 일깨우려면 어떻게 하면 좋을지 방법을 물었다. 염두에 두고 있는 특별한 사안이 있는지 물으니 그는 이렇게 말했다.

"바닥에 뭔가 떨어져 있는 걸 보면 직원들이 좀 주웠으면 해요. 식탁도 늘 깨끗하게 닦여 있는지 확인했으면 좋겠고요."

나는 그 문제가 인식의 문제일 수도 있지만, 그보다는 동기의 문제에 가깝다고 생각했다. 그래서 직원들에게 어떻게 하라고 말하는 대신에 도와달라고 요청하는 것으로 접근해나가라고 조언했다. 그러고 나서 직원들과 좋은 관계를 맺고 직원들이 솔선수범해서 일할 수 있도록 동기를 부여하는 방법에 대해 이야기했다.

내가 생각하는 최선의 기법은 '친밀한 신뢰 관계'이다. 유대감과 친근감이 있는 신뢰 관계를 형성하면 비협조적인 사람을 협조하게 만들 수 있다. 다음 장에서는 사람들의 개인적인 동인, 동기, 욕구에 대해 다룰 것이다.

"비난하기에 앞서 당신은 완벽한 사람인지 돌아보라."
작자 미상

아래의 부정적이고 비난조의 언어를 비난하지 않는 언어로 바꿔보자.
모범 답안은 부록 C에 있다.

- "무례하군요."
- "저를 그런 식으로 대하시면 안 되죠."
- "자네는 마감일을 지키지 못할 거야."
- "내가 보고서를 받을 때까지 자네는 갈 수 없어."
- "제가 하는 말을 전혀 듣지 않고 있군요."
- "당신은 내가 어떻게 생각하는지 전혀 신경 쓰지 않아."
- "당신이 변했다고 말하지 마세요."
- "제게 목소리를 높이지 마세요."
- "제 말을 잘못 이해했군요."
- "왜 그렇게 화가 나셨죠?"

4장

그의 동인, 동기, 욕구는 무엇일까?

지난 장에서는 신뢰와 협력을 얻기 위해 사람들과 깊이 교감하는 것에 집중했다. 이제 사람들과 친밀한 관계를 쌓고 나와 상대의 감정을 다루는 과정에서 불편하거나 어려운 상황이 있을 때 다시 일어날 수 있도록 회복탄력성을 가져야 한다. 공통점을 찾으려는 첫 시도가 역효과를 냈어도 인내심을 가지고 다시 시도하라. 좌절감을 느끼면 인터뷰 대상자에게 짜증이 날 수 있다. 그렇게 되면 거울 신경세포와 감정 전염으로 인해 인터뷰 대상자 또한 나의 좌절감을 느끼고 마음이 불안해질 수 있다는 사실을 기억하자. 침착함을 유지하고 정서 지능을 연습하라. 인간은 상호작용을 필요로 하는 존재임을 잊지 말자.

이번 장에서는 개인의 동기를 발견하는 방법을 살펴봄으로써 인간 행동에 대해 조금 더 깊이 파고들 것이다. 동기에는 기능적 동기 요인functional motivator과 심리적 동기 요인psychological motivator이 있다. 기능적 동기 유발 요인의 예에는 직업 안정성, 돈, 가족의 의무, 물질적인 것, 그리고 음식, 물, 의류, 의약품, 안전, 주거와 같이 기본적인 생존을 위한 필수적인 것이 있다. 심리적 동기의 예에는 죄책감과 수치심, 평판, 신뢰성, 사회와 가족에서의 역할, 지위, 자아, 사랑과 소속감이 포함된다. 인터뷰 대상자가 정직하게 진술할 만한 동기가 무엇인지 알 수 있다면 유리한 위치에서 그가 진실을 말하도록 마음을 흔들 수 있다. 그런데 동기 요인은 대개 그 사람이 필요로 하는 것을 수반한다. 예컨대 어떤 죄수의 동기가 안전이라면 특정 죄수들과 떨어져서 자신이 보호받을 수 있는 새로운 감방을 원할 것이다. 죄책감에서 벗어나는 것이 동기인 사람이라면 자신을 안심시켜줄 사람과 이야기하고 싶어 할 것이다. 진실을 말하는 대가로 익명성을 원하는 사람이라면 신상이 안전하게 보장받기를 원할 것이다.

내가 가르치는 전략적 법 집행 인터뷰 코스Strategic Law Enforcement Interviewing Course, SLIC는 단순히 자백을 받는 것을 넘어 완전한 협력과 정보를 얻고자 할 때 적절하다. 여기서도 친밀한 신뢰 관계를 토대로 한 비난하지 않는 인터뷰 기법에 집중한다. 나는 집행관들이 단순히 자백을 얻어내는 것에 그치지 않고 철저히 사건의 세부적인 것들을 활용하도록 사고방식을 바꾸는 훈련을 한다. 또한 인터뷰 진행자가 인내심을 가지도록 교육한다. 특히 인터뷰 대상자가 한계점에 도달할 때, 즉 그가 계속해서 거짓말을 할지 아니면 진실을 말할지 고민할 때 인터뷰 진행자에게는 인내심이 요구된다. 이때가 인터뷰에서 가장 민감하고 결정적인 부분이다. 잘 대처하지 못하면 인터뷰 대상자는 진실을 말할 의지를 거둘 것이다.

보디랭귀지 등 보이는 단서를 통해 대상자의 한계점이 언제 일어나고 있는지 알 수 있다. 머리를 숙이고, 눈을 마주치지 않으며, 어깨를 웅크린 채 구부정하게 움츠러든 모습을 보이면 감정적으로나 정신적으로 스트레스를 받는 상태다. 몸이 대상자의 마음을 드러내고 있다. 이럴 때에는 진실을 말할 수 있도록 인터뷰 대상자에게 주의 깊게 접근해 안전하고 편안한 상황을 만들어야 한다. 어떤 것에 대해서도 비난하거나 비판하지 마라. "머릿속이 복잡하시죠. 이해합니다"라고 말하며 공감해줄 필요가 있다. 그리고 긍정적인 특성을 부여하라. "하지만 결국에는 용기를 내서 입을 열게 되실 거예요." 그다음으로 중요한 일은 침묵을 즐기는 것이다. 아무 말도 하지 말고 인터뷰 대상자가 먼저 침묵을 깨도록 하라. 당신이 계속해서 이야기하면 그는 침묵을 깰 필요가 없다. 5분이 흐른 뒤에도 여전히 인터뷰 대상자가 침묵을 지키면 내가 알려준 방법을 반복하라. 1) 공감하는 말을 하라. 2) 긍정적인 특성을 부여하라. 3) 침묵을 지켜라.

인간의 행동을 이끄는 동기

때로 인터뷰 대상자는 화가 나서 자신의 감정을 당신을 향한 증오로 인식하며 거짓말을 하기로 결정한다. 때로는 진실을 말했을 때 따를 결과가 두렵기 때문에 거짓말을 한다. 이데올로기적인 이유로 거짓말을 할 때도 있다. 그는 자신의 가치 또는 도덕성을 당신과 공유하기 어렵다고 판단하기도 한다. 사회적 요인과 내 편이 아니면 적이라는 식의 이분법적인 사고, 또는 진실을 말하면 동료들이 자신을 따돌릴 것이라는 믿음 때문에 진실을 말하는 데 저항감을 가지기도 한다.

그러므로 인터뷰 진행자는 인터뷰 대상자가 거짓을 선택한 동기에 대해 알아야 한다.

내향 집중형, 외향 집중형
행동을 이끄는 또 다른 동기는 내향 집중형 사람인지, 외향 집중형 사람인지에 따라 다르다. 내향 집중형 사람은 자기 자신과 신체적, 감정적, 사회적인 영역에서 자신의 행복에 관심을 둔다. 또한 다른 이들이 자신을 어떻게 인식하는지를 중요하게 여긴다. 내향 집중형 사람은 상황을 주관적으로 바라보는 경향이 있는데, 새로운 경험을 자신의 개인적인 느낌과 의견이라는 렌즈를 통해 해석한다. 간단히 말해, 내향 집중형 사람은 상황과 사람들이 자신에게 어떤 영향을 미치는지를 신경 쓴다.

외향 집중형 사람은 자신의 행동이 다른 사람에게 어떻게 영향을 미치는지에 더 신경을 쓰는 반면, 자신이 다른 사람들에게 어떻게 보이는지에는 덜 신경 쓴다. 그리고 상황을 개인적인 감정이나 의견에 구애받지 않고 객관적으로 바라보는 경향이 있다. 자신의 행동이 다른 사람들에게 어떤 기분을 주는지에 더 관심을 둔다.

인터뷰 대상자가 내향 집중형 사람인지 외향 집중형 사람인지를 알면 그의 동기와 욕구를 알아내고, 친밀한 관계를 구축하며, 긍정적인 특성을 부여하는 데에 도움이 된다. 예컨대 인터뷰하고 있는 사람이 내향 집중형 사람이라면 그는 죄책감, 신뢰성 상실, 또는 사회적 지위 저하 때문에 진실을 말하기를 두려워할 것이다. 외향 집중형 사람 역시 진실을 말하기를 두려워할 수 있다. 진실을 말하면 적을 만들게 되거나 다른 사람의 명예를 손상시키는 상황이 벌어질 수 있기 때문이다. 그의 동료들을 비겁하게 배신하도록 설득하기는 어려울 것이다. 하지만 내향 집중형 사람은 밀고가 자신에게 이득이 된다면 동료들을 배신할 수 있기 때문에 이 점을 이용해 진실을 털어놓도록 유도할 수 있다. 외향 집중형 사람에게 죄책감이라는 카드를 사용해 플레이를 하려 한다면 승산이 없을 것이다. 죄책감은 내향형 감정이기 때문이다. 대신에 외적인 요인에 기초한 감정인 수치심을 유도하는 편이 효과적일 것이다.

　　인터뷰 대상자가 진실을 말하도록 설득할 때 쓰는 단어 하나하나가 큰 차이를 가져올 수 있다는 것을 명심해라. 9·11 테러가 일어난 후 관타나모 수용소에서 중동인 수용자들을 심문하면서 나는 훈련 캠프의 위치와 자금 출처, 다음 공격 시점 등 필요한 정보들을 듣기 위해 그들의 죄책감을 자극하려 노력했다. 하지만 거짓말을 했을 때 죄책감을 느끼게 하려는 시도는 효과가 없었다. 나는 그들이 거짓말을 하면 죄책감을 가질 것이라 생각했다. 내가 그들을 존중하며 대했고, 동기를 줬으며, 조금 더 편안한 느낌을 가질 수 있도록 노력했기 때문이었다. 그런데 통역사가 중대한 문화적 차이를 내게 알려줬다. 그는 수용자들이 죄책감이라는 감정에 영향 받지 않는다고 말했다. 자신들의 문화에서 더 익숙한 감정은 수치심이라는 것이다. 그들은 외향 집중형으로, 집단과 집단의 상호연관성에 관심을 두는 사회에서 살고 있었다. 자신의 행위가 집단에 영향을 미치기 때문에 그 문화권의 사람들은 자신이 하는 모든 행위를 주의한다. 반면에 미국인들은 집단의 욕구보다 개인의 욕구를 우선시하는 개인주의 사회에서 살고 있다. 미국과 같은 사회에서는 인터뷰 대상자가 정직하도록 유도할 때 죄책감을 전략적으로 사용할 수 있다.

사다리 기법

개인적 동인, 동기, 욕구를 알려면 문화적, 행동학적 수준에서 어떤 사람인지를 이해해야 한다. 그의 성격 선호, 변화에 대한 선호(어떻게 변화에 대처하는지), 의사 결정 스타일 선호, 커뮤니케이션 스타일 선호, 내향 집중형 사람인지 외향 집중형 사람인지를 아느냐에 따라 협상이 성공할 수도 결렬될 수도 있고, 그가 진실을 말할지 안할지도 달라진다.

　　진실을 말하거나 범죄를 자백하는 것에 따르는 가치는 무엇인지 스스로에게 질문함으로써 그가 처한 상황에서 당신이라면 어떻게 할지 대입해보려고 노력하자. '내가 그라면 진실을 말하고 싶은 이유는 무엇일까?' 대답할 수 없다면 알아내야 한다. 도움이 되는 방법은 '사다리 기법'이라는 인터뷰 기법이다. 1988년 토마스 J. 레이놀즈Thomas J. Reynolds와 조나단 거트만Jonathan Gutman은 사다리 이론을 개발해 「사다리 이론, 방법, 분석과 해석Laddering Theory, Method, Analysis, and Interpretation」이라는 공동 논문에서 소개했다. 많은 기업, 특히 마케팅 회사들이 특정 제품과 서비스를 구매하는 사람들의 동인을 밝히기 위해 사다리 이론을 사용하고 있다. 이를 통해 구매자들의 구매 여부에 무엇이 유의미한 영향을 미치는지 알아내고자 한다. 레이놀즈와 거트만은 개인이나 특정 집단의 사람들이 제품에 부여하는 가치를 이해하게 되면 그 가치에 맞게 제품을 마케팅해 판매할 수 있다고 말한다. 사다리 이론은 개인의 의사 결정 과정에 영향을 미치는 행동이 무엇인지 이해하는 데 도움이 된다. 제품 판매에서 이는 특히 구매 결정의 동기가 무엇인지와 관련되어 있다.

    심문관인 나는 수용자가 진실을 말할 만한 동기가 무엇인지 알기 위해 사다리 이론을 사용한다. 이 이론은 꽤 효과적이어서 나는 현재 전략적 인터뷰 수업에서도 사다리 기법을 가르치고 있다. 기법 자체는 단순하다. '왜'와 '어떻게'로 시작하는 일련의 질문을 통해 동기를 깊이 있게 조사해나간다. 신비롭거나 은밀한 비법은 전혀 없다. 효과적으로 사용하면 사다리 기법은 꽤 가치 있는 정보를 산출해낼 수 있다.

    '사다리'라는 이름이 붙은 이유는 이 기법이 보다 높은 단계의 정보 취득을 목표로 하기 때문이다. 상상해보자. 사다리를 올라갈 때는 각 단계를 하나씩 밟아야 더 높은 단계로 올라갈 수 있다. 더 높이 올라갈수록 다음 단계를 밟고 올라가기가 더 어려울 수도 있다. 구매를 선택하는 개인의 동기, 내 직업에서는 진실을 말하기로 선택하는 개인의 동기를 알아낼 때에는 대화의 단계별로 사다리를 올라가야 한다. 관련 없는 이야기, 신뢰와 친밀한 관계에 기반한 주제로 이야기를 시작해서 보다 민감하거나 개인적인 정보가 담긴 유의미한 주제로 대화를 진행해나가는 것이다.

    레이놀즈와 거트만에 따르면 모든 제품과 서비스에는 속성 attribute(디자인, 기능 등)이 있다. 하지만 속성만으로 제품이 판매되는 것은 아니다. 소비자가 제품을 구매하게 되는 동인은 속성이 가진 가치다. 시장 조사 업체들은 소비자가 다른 제품 대신에 특정 제품의 속성에 더 가치를 두고 선택하는 이유를 알고 싶어 한다. 그래서 구매자가 차를 사려고 할 때는 차의 미적인 매력, 연비, 안전도, 보상 판매 가격을 살펴볼 것이라고 추측할 수 있다. 그러나 구매자는 영업 사원이 생각지 못한 다른 특성을 고려하고 있을 수 있다. 예컨대 자신의 베스트 프렌드인 반려견을 위한 공간이 그에게 중요한 사항일 수 있다. 두 사람을 위한 공간은 있지만 큰 반려견을 위한 공간이 없다면, 그는 자신의 베스트 프렌드를 위한 공간이 없다는 이유로 차를 사지 않을 수 있다. 시장 조사 업체들은 소비자들에게 더 어필할 요소가 좋은 연비인지 혹은 반려견을 위한 공간인지 알고 싶어 한다. 가치는 개별적으로 측정될 때도 있고 인구통계학적으로 측정될 때도 있다.

아마 매슬로우의 욕구 단계 이론Hierarchy of Needs에 대해 들어본 적이 있을 것이다. 미국의 심리학자 에이브러햄 매슬로우Abraham Maslow는 인간의 동기를 밝히는 이론을 개발했다. 그는 사람들이 단지 보상과 욕망이 아닌 일련의 욕구에 의해 동기가 부여된다고 보아 이것을 피라미드 모양의 5단계 모델로 설명했다. 이 이론의 정수는 인간의 욕구는 피라미드 또는 사다리를 단계별로 올라가며 더 복잡하게 발진하여 궁극적으로 자아실현에 도달하고자 한다는 것이며, 매슬로우는 자아실현을 완전한 자아 성취로 보았다. 그러나 사람의 욕구는 시간이 흐름에 따라 변할 수 있다. 예컨대 어떤 사람은 피라미드의 중간에 있는 애정과 소속의 욕구를 충족했을 수 있지만, 이제 막 '주거'라는 기본적인 욕구가 좌절되었을 수도 있다. 어떤 부부가 이혼하면서 한쪽이 집을 소유하기로 했다면, 다른 쪽은 아이들의 사랑을 받으면서도 기본적 욕구인 집을 잃게 될 수 있다.

나는 인터뷰 대상자가 거짓말을 멈출 만한 동기가 무엇인지 알아내기 위해 욕구 단계 이론을 사용한다. 개인의 동기는 기능적 욕구와 감정적 욕구라는 2가지 요인에 영향을 받는다고 생각한다. 인터뷰 진행자인 나는 언제나 진실을 발견하려고 노력한다. 그러기 위해서는 진실을 말할 동기를 알아야 할 뿐 아니라 진실을 말한 이후 인터뷰 대상자의 욕구도 함께 신경 써야 한다. 그것은 다른 사람들로부터 안전함을 제공받는 기능적 욕구일 수도 있고, 동료들로부터의 존경처럼 감정적 욕구일 수도 있다. 예상할 수 있겠지만 사다리 이론과 매슬로우의 욕구 단계 이론은 인터뷰 진행자에게 매우 중요한 2가지 도구이다.

나는 사다리 이론이 단지 시장 조사 분야에서뿐 아니라 인터뷰와 심문 분야에서도 큰 가치가 있다고 생각한다. 살인 사건을 담당하는 형사부터 화이트칼라 범죄를 조사하는 민간 부문의 직원에 이르기까지 폭넓은 사람을 교육하는데, 이들에게 나는 이렇게 말한다. "인터뷰 대상자가 여러분에게 진실을 말할 동기를 찾기 전까지 그 사람은 진실을 말하지 않을 거예요."

그렇다면 사다리 기법은 어떻게 사용할까? 이 인터뷰 기법은 '어떻게'와 '왜'로 묻는 탐색 질문들로 구성되어 있다. 전직 심문관인 나는 '왜'라고 묻는 질문이 공격적이고 비난조로 보일 수 있다고 말한다. 질문은 인터뷰 대상자를 방어적으로 만들 수 있다. 그래서 나는 '왜'라고 묻는 질문들을 다른 질문들과 간간이 섞어서 사용한다.

탐색 질문은 다음과 같다.

"그것이 왜 당신에게 중요하거나 중요하지 않은가요?"

"그것에 대해 어떻게 생각하나요?"

"그것으로 인해 어떤 기분이 드나요?"

"왜 그렇게 생각하세요?"

이 질문들로 문제의 핵심을 파악할 수 있다. 그러나 속사포처럼 쏟아내며 질문하지 않아야 한다. 추궁하는 것처럼 보일 수 있기 때문이다. 어조와 말투 또한 인터뷰 대상자를 방어적으로 만들 수 있다. 침착하지만 자신감 있게 들리도록 해야 한다. 라포르를 먼저 형성하자. 긍정적이고 비난하지 않는 언어를 사용하라. 그렇지 않으면 이 기법은 인터뷰 대상자의 입을 다물게 할 수도 있다.

사다리 기법은 인터뷰 대상자가 안심하고 자백할 수 있는 환경을 만든다. 비난과 공격 없는 질문을 하기 때문이다. 인내심을 가지고 진심을 담아 침착하게 질문하라. 하지만 이 기법이 통하려면 영리하게 해야 한다. 인터뷰 대상자가 하는 말을 듣고 효과적인 탐색 질문을 짜야 한다. 인터뷰 대상자의 언어를 질문 속에 심어서 내가 그의 말을 귀담아 듣고 있음을 알게 하자. 인터뷰 대상자가 자신의 말을 반복해서 들으면 무의식적으로 자신의 말이 중요하게 다뤄진다는 사실이 강조될 수 있다.

인터뷰나 협상을 할 때 이렇게 자문해보라.

"인터뷰 대상자가 왜 진실을 말하려고 할까?"

이 질문에 대답할 수 없다면 진실을 얻지 못할지도 모른다. 종종 인터뷰 진행자들은 이 질문에 쉽게 대답할 수 있다고 생각한다. 내가 흔히 듣는 반응은 이렇다.

"그는 자백을 할 거예요. 증거가 확보됐으니까요."

하지만 그가 증거를 부인한다면? 그러면 어떻게 할 것인가? 그 사람의 동기와 욕구를 찾아내고 그의 욕구를 다룰 수 있다면 진실을 얻어내는 데 성공할 확률이 커질 것이다. 그러기 위한 한 가지 방법은 진실을 말하는 것에 개인적인 가치를 부여함으로써 그가 솔직하게 털어놓을 기회를 제공하는 것이다. 이 장의 앞에서 언급한 바와 같이 인터뷰 진행자가 부여할 수 있는 가치에는 2가지 종류 즉, 기능적 가치functional value와 심리적 가치psychological value가 있다. 회사의 자산을 유용하고 있는 직원을 인터뷰한다고 가정해보자. 질문 도중에 그가 정직하게 입을 열 수 있도록 부여할 수 있는 기능적 가치의 예는 직업의 안정성과 평판일 것이다. 이 경우 이렇게 말할 수 있다.

"당신이 지금 우리를 돕는다면 회사는 당신을 관대하게 처분해서 직위를 유지해줄 수도 있어요."

"어떤 일이 일어났는지 알려주세요. 그렇지 않으면 회사가 당신이 하는 일을 신뢰하지 않을 수 있고, 당신의 직위가 해제되는 것은 물론 고용 계약이 철회될 수도 있어요."

"회사는 지금 이 조사에 많은 노력을 기울이고 있어요. 그런데 더 이상은 무리라고 판단한다면 손쉽게 당신의 직위를 해제할 수도 있어요."

"회사는 현재 당신을 위험한 사람으로 간주하고 있어요. 이대로라면 당신은 해고당할 수도 있어요."

미국의 사기꾼인 배리 민코우는 유죄 판결을 받은 중죄인이

다. 고등학교 시절부터 'ZZZZ 베스트 카펫 앤 퍼니처 클리닝'이라
는 상호로 사업을 시작했고, 이후에 이 사업을 미국 역사상 가장 큰
폰지 사기극 중 하나로 벌이는 데에 사용했다. 1985년에 고등학교
를 졸업하면서 전업으로 카펫 관리 사업을 했고, 1986년에는 회사
를 주식시장에 상장하면서 수백만 달러의 가치가 있다고 주장했다.
심지어 그는 ZZZZ 베스트가 대규모 투자 사기라는 것이 알려질 때
조차 자신의 명성과 재산을 자랑하며 오프라 윈프리 쇼에 출연했
다. 하지만 그의 사업은 1987년에 파산하며 투자자들과 돈을 빌려
준 이들에게 수백만 달러의 손실을 입혔다. 이 사기 사건은 매우 악
명이 높아서 오늘날에도 회계 부정 수업에서 사례 연구로 흔히 사
용되고 있다.

붙잡히면서 처음에 그는 조직범죄 집단이 자신의 회사를 폰
지 사기에 이용하도록 강요했다고 거짓말을 했지만, 이후에 모든
일을 자신이 했다고 인정했다. 결국 붙잡히긴 했어도 그는 자신의
폰지 사기가 성공한 방식에 흡족했고, 어느 시점이 되자 조사를 돕
기 위해 FBI에 협력을 제안했다. 하지만 자백한 직후에도 그는 계
속해서 사람들을 속여 돈을 끌어모았다.

그의 동기는 '자아'에 있었다. 다른 누구보다 더 똑똑하고 부
유해지기를 원했던 그는 '정직한 사람'으로 보이려고 자백했고, 이
로 인해 신뢰를 받아 기분이 좋았을 것이다. 하지만 신 콤플렉스God
complex(자신의 실패 가능성을 인정하지 않고 자신이 올바르다고 생각하는 콤플렉스-옮긴
이)에 대한 근원적인 욕구로 인해 또 다른 사기극을 벌여도 성공할
수 있다고 생각했다. 한번 사기꾼은 영원한 사기꾼인 법이다. 성공

적인 사기가 그에게 동기를 부여하고 심리적 욕구를 채워준 것이다. 배리에 대해 이 점을 알아야 그를 인터뷰할 때 제대로 접근할 수 있다. 아마 배리는 사람들을 속인 것에 대해 죄책감을 느끼게 하며 자존심과 자아를 깎아내리는 방식에는 반응하지 않을 것이다. 대신에 "당신이 사람들을 속인 방법은 매우 영리했어요!"라며 자존심과 자아를 치켜세우는 접근법에 반응할 것이다.

어떤 것이 그 사람에게 동기를 부여하고 생각과 행동을 움직이는지 알면 마음을 여는 데 유용한 지렛대를 가지는 셈이다. 침착하게 인내심을 가지고 사다리 기법을 사용해 인터뷰 대상자의 말을 귀담아 들으면 그 사람의 동기를 발견하고 진실을 말하게 할 수 있다. 사람들은 진실을 말하고 싶을 때만 진실을 말한다는 점을 기억하자. 그들이 안전하다고 느끼게 해주고, 믿을 수 있다고 느끼게 해줘야 한다. 안심할 수 있는 환경을 만들고, 인간적으로 존중하면서도 권위를 유지함으로써 신뢰를 얻자. 경청하고, 탐색하며, 그들의 우려와 욕구를 잘 사용하자.

동기부여 등식

개인적인 동인, 동기, 욕구에 대한 이해를 마무리하며 동기부여 등식을 소개한다.

그에 앞서, 인터뷰 대상자와 대화를 나누기 전에 대화할 내용을 대본으로 적어보는 연습을 해서 성공 가능성을 높이길 권한다. 동기부여 등식을 사용해 대화를 적으면 목표를 달성하는 데에 도움이 된다. 대개 우리의 목표는 상대방이 나에게 정보를 '주고' 싶은 욕구가 일어나게 하는 것이다. 무엇이 그런 마음이 들게 할까? 그 욕구를 불러일으키는 그의 내적 동기가 바로 내가 원하는 것이다. 동기는 종종 욕구를 불러일으키는 일과 함께 일어난다. 이 등식을 단순화하면 다음과 같다.

그의 동기 + 그의 욕구 = 내가 원하는 것

등식을 거꾸로 생각하면, 내가 원하는 것은 그의 동기를 필요로 하고, 동기는 그의 욕구와 함께 움직인다. 인터뷰나 협상 전략을 계획할 때 이 등식을 사용하면, 더 효과적으로 다른 사람들에게 영향을 미쳐 당신이 원하는 바를 얻을 수 있을 것이다.

"성공의 열쇠는
장애물이 아니라 목표에 집중하는 것이다."
작자 미상

과제. 사다리 기법

다음 3가지 시나리오에서 인터뷰 대상자의 동기를 파악하기 위한 탐색 질문을 5개 이상 제시하라. 부록 C에 각 시나리오에 대해 모범 답안이 되는 질문이 있다.

시나리오 1

인터뷰 대상자는 수업 중 가방에서 떨어진 담배 때문에 학교 교장과 면담을 하고 있는 17세 여학생이다. 학생의 어머니는 옆에 앉아 있다. 학생은 담배가 어떻게 가방에 들어갔는지 전혀 모른다고 주장하고 있다. 나는 그녀가 거짓말을 하고 있다고 생각한다. 학생에게 어떤 탐색 질문을 할 수 있겠는가? 나의 목표는 진실을 실토할 그녀의 동기와 욕구를 알아내는 것이다.

시나리오 2

나는 채용 대행 담당자이며, 잠재 고객인 한 구직자와 연락이 되지 않는 상황이다. 그가 내가 소개한 고객사에 입사하기 위해 현재 근무 중인 회사 상사와 퇴사 시기를 논의하겠다고 말한 지 일주일이 지났다. 그는 마침내 전화를 받아 그동안 바쁘고, 아팠으며, 차가 고장 났었기 때문에 부득이하게 통화할 수 없었다고 사과한다. 나는 그의 말을 믿지 않는다. 그가 소리 없이 잠수를 탔던 이유를 알기 위해 어떤 탐색 질문을 할 수 있는가? 그가 현 직장을 그만두고 새로운 직장에 입사할 동기와 욕구를 알아내야 한다. 그가 들뜬 기대감으로 내가 제시하는 비용을 지불하고 새로운 고객으로 가입하는 것이 궁극적인 목표이다.

시나리오 3

기업가인 나의 올해 목표는 고객 수와 매출을 모두 크게 증가시키는 것이다. 나는 소셜 미디어에서 내가 만든 교육 프로그램을 네트워킹 및 마케팅하고 있다. 잠재 고객이 내게 연락하여 일대일 코칭 프로그램 가격이 얼마인지 알고 싶어 한다. 나는 가격을 말한다. 그는 비싸다며 가격을 협상하려고 하지만, 그가 제시하는 가격은 협상할 수 없을 정도로 터무니없다. 내가 요구한 가격을 지불하기 싫어하는 이유를 알기 위해 물어볼 수 있는 탐색 질문은 무엇일까? 목표는 이 사람이 기대감을 안고 내가 요구하는 가격을 선뜻 지불하여 새로운 고객으로 가입하는 것이다.

5장

질문 기법
마스터하기

어린 시절, 말하는 법을 터득하면서 우리는 질문도 할 수 있게 된다. 아이의 질문 형태는 대개 간단 명료하고 간결하다. 어린아이들은 알고 싶은 것이 있으면 장황하거나 모호하게 질문하지 않는다. 동료이자 친구인 제임스 파일은 『질문의 힘 Find Out Anything from Anyone, Anytime』에서 우리는 모두 태어날 때부터 타고난 질문자였다고 말한다. 하지만 커가면서 질문 방법이 변한다. 성인이 되면 상대방이 나의 질문을 어떻게 인식하는지를 더 의식하게 된다. 지나치게 직설적인 질문처럼 들리지 않기 위해, 민감한 질문이 불러올 좋지 않은 결과를 피하기 위해 장황한 살을 붙여 질문한다. 의도하든 의도하지 않았든 대화에서 질문의 형태를 감춰 원하는 답을 들으려 하기도 한다. 그러다 보면 대화를 마칠 때가 돼도 질문은 찾기가 힘들다. 질문이 명확하지 않으니 상대방이 제대로 된 답을 줄 리 만무하다. 혼란스러운 말을 계속 늘어놓으면서 원하는 대답을 바랄 수는 없다. 민감한 질문이라고 판단하여 상대방이 받아들일 수 있도록, 그리고 질문자가 공감한다는 느낌을 풍기며 질문했더라도 직설적인 질문보다 오히려 좋지 않은 결과를 불러일으키기도 한다.

"내 말이 무슨 말인지 알지?"라고 묻는 식으로 상대방이 내가 무엇을 원하는지 알기를 내심 바라기도 한다. 효과적인 의사 전달자가 되고 싶다면 상대방이 내 질문의 의도를 알아서 해석해주길 바라서는 안 된다. 제대로 된 질문을 하고 그에 따른 제대로 된 대답을 얻을 책임은 질문자에게 있다. 이에 제임스 파일은 어린 시절의 우리로 돌아가서 질문해야 한다고 말한다. "제 생일은 언제예요?", "얼마나 많은 선물을 받을까요?", "어떤 케이크를 먹을 거예요?" 분명하고 간결한 의문문으로 직접적인 질문을 해야 한다는 것이다. 알맞게 질문하는 요령을 터득하면 원하는 정보를 얻는 것은 물론, 대화를 주도할 수 있고, 공격적인 분위기를 완화하며, 중요한 결과가 달린 협상에서 유리한 결과를 이끌어낼 수 있다.

이 장에서는 좋은 관계를 유지하면서 존중하는 느낌을 주는 질문을 할 수 있도록 뇌를 훈련할 것이다. 이 기본적인 기술을 통해 인터뷰에서 필요한 용기와 자신감을 얻을 수 있다. 그저 알고 싶은 것을 떠올리고 물으면 된다. 이 장의 마지막에서는 질문 기술을 연마할 수 있는 2가지 과제를 제시한다. 첫 번째 과제는 비효율적인 질문을 효과적인 질문으로 바꾸는 것이다. 서툰 표현으로 질문하는 나쁜 습관을 바꾸는 데 도움이 된다. 두 번째 과제에서는 정해진 시간 안에 특정 주제에 대해 10가지의 구체적인 의문형 질문을 떠올리게 될 것이다. 이를 통해 뇌가 훈련된다. 효과적인 질문을 더 빨리 떠올릴수록, 대화 중 필요한 순간에 더 빠르게 질문을 생각해낼 수 있다.

인터뷰 결과는 인터뷰 진행자의 역량에 달려 있으며, 가장 중요한 기술은 질문하는 방법이다. 사용해야 할 질문 유형과 피해야 할 질문 유형, 주관적인 질문과 객관적인 질문의 차이, 진실을 얻어내기 위해 특별히 설정된 질문 기법에 대해 익히게 될 것이다. 마지막으로, 상대방의 거짓말 여부를 판별할 수 있는 '4가지 거짓 노출 질문'에 대해 배울 것이다. 나는 이 질문들을 통해 직감적으로 상대방의 거짓 여부를 판별한다. 진실을 말하는 사람과 거짓을 말하는 사람이 각기 다른 방식으로 대답하기 때문이다. 상대방이 진실을 말하고 있지 않을 때 어떻게 할지, 혐의를 제기하는 느낌을 주지 않으면서 질문하는 방법이 무엇인지 배우게 될 것이다. 인터뷰 대상자가 진행자의 말투에서 혐의를 제기하는 느낌을 받는다면 방어적인 자세를 취함은 물론, 심한 경우에는 완전히 입을 다무는 결과까지 초래할 수 있기 때문이다.

객관적으로 질문하기

객관적인 질문은 인터뷰 대상자에 대해 특정 입장을 취하고 있는지 즉, 그를 믿을 만한 사람으로 보는지 아닌지를 드러내지 않기 위한 기술이다. 질문을 구성할 때 억측을 하지 마라. 예컨대 상대방의 대답, 감정, 반응, 정보, 속임수를 근거 없이 가정하지 않아야 한다. 억측은 편향된 질문을 낳고, 상대방의 반응에 영향을 미친다. 모를 때는 묻는 것이 내 원칙이다. 객관적인 질문으로 편향되지 않은 정보를 얻을 수 있다.

질문을 구성하는 적절한 방법은 불필요한 말을 빼는 것이다. 질문을 명사와 동사로 구성하고 형용사와 부사, 지나친 서술을 지양하라. 동업자에게 "어제 미팅에서 왜 고객에게 그런 식으로 말했나요?"라고 물어본다고 하자. '왜'라는 질문은 비난하는 느낌을 주고, '그런 식으로'는 모호하다. 같은 질문이라도 비난하는 느낌을 주지 않으려면 말을 약간 바꾸면 된다. "어제 고객과의 미팅에서 어떻게 말하셨나요?"는 객관적이고 의견이 편향되지 않으며, 비난조가 아니다.

"쓰레기 내다놓으라고 했는데 했니?"라고 아이에게 묻는다고 가정해보자. 우선 '예, 아니요'의 답을 유도하는 질문은 아이가 쓰레기를 내다놓지 않았을 때 자칫 거짓말을 하게 만든다. 또한 지나치게 말이 길고 비난조여서 아이의 방어적인 자세를 유발하기 쉽다. 대신에 이렇게 묻는 것이 낫다. "오늘 언제 쓰레기 내다놓았니?" 아이가 쓰레기를 내다놓았음을 가정하고 묻는 이 질문은 당신이 아이를 신뢰하고 있음을 느끼도록 해준다. 자기가 할 일을 하지 않았을 경우에 아이는 일말의 죄책감을 느낄 수도 있겠지만, 비난조로 물은 것이 아니기 때문에 정직하게 대답하거나 "죄송해요, 지금 할게요"라고 대답할 것이다. 용의자에게 "무슨 생각으로 차를 훔친 거예요?"라고 묻는다면 용의자는 자신을 무시하는 듯한 느낌을 받아 방어 태세로 입을 다물 수도 있다. 그러니 "차를 훔칠 때 어떤 느낌이 들었어요?"라고 묻는 것이 더 낫다.

이처럼 어떻게 말하느냐가 중요하다. 단어 하나로 인해 상대방이 방어적인 자세를 취하면서 정보를 털어놓지 않을 수 있다. 이제 비난조의 질문은 중립적인 질문으로, 부정적인 질문은 긍정적인 질문으로 바꾸는 방법과 상반된 형태의 질문이 가져올 영향에 대해 알게 됐으니, 긍정적인 결과를 원한다면 지금부터 질문에서 사용하게 될 모든 단어를 의식하자.

2가지 유형의 질문

질문에는 '의문형 질문'이라고도 하는 '개방형 질문'과 '예, 아니요 질문'으로도 불리는 '폐쇄형 질문', 이 2가지 유형이 있다. 의문형 질문은 누가, 무엇을, 어디서, 언제, 왜, 어떻게 같은 의문사로 시작하며, 질문자의 서술을 이끌어낸다. 폐쇄형 질문은 대개 ~했다/~한다, ~들이다(복수)/~이다(단수), ~일 것이다/~할 것이다 등의 서술어를 포함하며, '예' 또는 '아니요'의 대답을 요구한다. 만약 어설픈 질문을 한다면, 당신과 인터뷰 대상자 모두 필연적으로 좌절감을 느끼게 될 것이다. 질문이 복잡하다면, 인터뷰 상대는 예상하는 방식으로 답변하지 않을 수 있다. 질문 중 하나에 대해 인터뷰 대상자의 응답이 모호하다면, 사실은 질문이 혼란스러웠기 때문인데 진행자인 나는 그가 답변을 피하려 한다고 생각할 수 있다. 내가 인터뷰 대상자의 대답에 짜증이 난다면 그 역시 불쾌해질 것이고, 그렇게 되면 인터뷰 진행자와 대상자 간의 관계는 악화될 수 있다.

　'누가, 무엇을, 어디서, 언제, 왜, 어떻게'로 질문을 시작하는 것을 기억하면 정보를 얻을 것이다. 그리고 잘 표현된 질문은 찾고 있는 정보를 얻어내게 해준다. 개방형 질문은 서술형 응답을 필요로 하기 때문에, 질문함으로써 비협조적인 사람이 말을 계속하도록 만들 수 있다. 또한 말이 많은 사람을 특정 주제에 대한 세부 사항을 제공하는 데 집중하도록 할 수 있다. 의문형 질문은 인터뷰 대상자가 처음에는 기억할 수 없었던 세부 사항을 기억해내는 데 도움이된다. 또한 사람들이 부담을 느끼지 않고 원하는 만큼 정보를 공유할 수 있도록 해 협력과 친밀한 신뢰 관계를 이끌낸다. 의문형 질문은 대화의 흐름을 유지하고 인터뷰 대상자가 민감한 자료를 제공하면서도 안전하다고 느끼게 한다.

너무 말이 많거나 혼란스럽게 질문을 구성하지 마라. 한 개의 주어와 한 개의 동사만으로 표현하라. 예를 들어 다음과 같다.

"요즘 졸업 후에 일을 하고 있나요? 아니면 아직은 일을 하지 않기로 했나요? 정규직을 구하기 전에 잠깐 쉴 생각을 하고 계셨던 거 알아요"라고 묻는 대신에 "졸업한 이후로 어떤 일을 하고 계신가요?"라고 물어라. 예로 든 잘못된 질문의 마지막 문장은 심지어 전혀 질문이 아니다. 질문으로 시작했지만 그 후 장황하고 혼란스러운 서술문이 되었다. 심문관이 자신의 인터뷰 기술을 완전히 신뢰하지 못하면 좋은 질문을 하고서도 불필요한 말을 이어서 함으로써 좋은 질문의 효과를 상쇄하고 혼란을 가중시킨다. 만약 질문을 했는데 효과적이지 않았다는 것을 알게 되면 그대로 두라. 더 많은 말로 덮어버리려 하거나 뜻을 분명히 하기 위해 바꾸어 말하지 마라. 상대방이 대답할 때까지 기다렸다가 다른 질문을 하라. 예를 들어 "누가 돈을 가져갔는지 알고 있나요?"라고 물었을 때 그가 쉽게 "아뇨"라고 말하는 것을 보고 거짓말의 가능성을 깨달았다면, 첫 질문을 그대로 둔 다음 "누가 돈을 가져갔나요?"라고 의문형 질문을 던질 수 있다.

폐쇄형 질문은 무언가를 확인하고 명확히 하거나 속임수를 확인하고 싶을 때 쓴다. 사실 나의 4가지 거짓 노출 질문 중 2개가 예, 아니요 질문이다. 나중에 설명하겠지만 나는 인터뷰 대상자가 정직한지 직감적으로 확인하기 위해 이 질문들을 사용한다. 이 목적 외에는 폐쇄형 질문은 삼간다. 예를 들어 누군가의 배우자 이름을 알고 싶은데 그들이 결혼했는지 확신할 수 없다면 "결혼하셨나요?"라고 묻지 말고, 간단히 "배우자의 이름이 어떻게 되나요?"라고 물으면 된다. 만약 그들이 결혼하지 않았다면 결혼하지 않았다고 말할 것이고, 결혼했다면 배우자의 이름을 말해줄 것이다.

반복형 의문문과 통제형 의문문

의문형 질문을 사용하면 인터뷰 대상자가 제공하는 정보의 정확성을 검증할 수 있다. 특히 완전한 신뢰가 없는 경우에 더욱 그렇다. 인터뷰를 진행하는 동안 2가지의 의문형 질문을 해야 한다. 하나는 '반복형' 의문문이고 다른 하나는 '통제형' 의문문이다. 반복형 질문은 이름이 의미하는 그대로이다. 대답을 확인하고 인터뷰 대상자가 일관성이 있는지 확인하기 위해 이전에 했던 질문을 다시 던져, 정보가 같은지 달라졌는지 보는 것이다. 만약 같다면 그 정보는 진실일 수도 있다. 다르다면 인터뷰 대상자가 거짓말을 했을 수도 있다. 혹은 진실을 말하고 있지만 잠시 혼동했거나 질문을 제대로 듣지 못했을 수도 있다. 인터뷰 진행자는 자동으로 인터뷰 대상자가 거짓말을 하고 있다고 가정하지 말고, 왜 정보 불일치가 있었는지 판단할 필요가 있다. 속임수 탐지 기술을 사용할 수 있는데 이에 대해서는 나중에 다룰 것이다.

반복형 질문을 할 때는 질문을 같은 방식으로 하거나 다른 질문인 것처럼 보이도록 말을 살짝 바꾼다. 예를 들어 "어젯밤 몇 시에 퇴근하셨나요?"라고 물은 뒤 몇 분 후에 똑같은 질문을 할 수도 있고, 다음과 같이 살짝 바꾼 질문을 할 수도 있는데 이쪽이 좀 더 낫다. "어젯밤에 퇴근했을 때가 몇 시였나요?" 그러고선 같은 답이 나오는지 확인하기 위해 대답을 듣는다.

또한 통제형 질문을 사용하여 인터뷰 대상자의 진실성과 정보의 정확성을 확인할 수 있다. 어젯밤에 몇 시에 퇴근했냐고 물었는데 "8시요"라고 대답한 경우라고 해보자. 몇 분 후 다음과 같이 통제형 질문을 통해 해당 답변의 진실성과 정확성을 확인할 수 있다. "밤 9시에 퇴근할 때 누구와 함께 있었나요?" 통제형 질문은 알려진 정보를 의도적으로 왜곡해 전해서 인터뷰 대상자를 테스트한다. 인터뷰 대상자가 잘못된 정보를 수정한다면 진실하다는 신호이다. 인터뷰 대상자가 잘못된 정보를 수정하지 않으면 거짓말을 하고 있을 수 있다. 다시 말하지만 속임수를 쓰고 있다고 섣불리 판단하지는 마라. 인터뷰 대상자는 질문에 온전히 주의를 기울이지 않았을 수도 있고 혼동했을 수도 있다.

알려지고 확인된 정보에 대한 통제형 질문 사용은 속임수를 확인하는 훌륭한 기술이다. 하지만 조심스럽게 그리고 아껴서 사용하도록 하라. 또한 지나치게 구체적으로 질문하지 않도록 하라. 인터뷰 대상자를 불안하게 만들 수 있고, 내가 가지고 있는 증거와 가지고 있지 않은 정보가 어떤 것인지 패를 드러내 보일 수 있기 때문이다. 반복형 질문과 통제형 질문을 너무 많이 사용하면 인터뷰 대상자는 이를 눈치 채고 왜 계속 같은 질문을 하는지 또는 왜 기록을 제대로 해놓지 않는지 물어볼지도 모른다. 라포르에 금이 가는 것이다. 심문하는 동안 이런 일이 한 번 있었다. 수용자에게 반복 질문을 하고 나서 15분이나 기다렸다가 다시 물었지만 그는 현명했다. 그는 좀 전에 내가 같은 질문을 했던 것을 기억하고서 질문에 다시 대답하는 대신 아랍어로 무언가를 말했다. 통역사는 수용자가 한 말을 이렇게 통역해주었다.

"당신은 이미 나에게 같은 질문을 했었어요. 안 적고 계세요?"

나는 어떻게 답할지 빠르게 판단해야 했고 이렇게 말했다.

"네, 적고 있어요. 그런데 제 글씨를 알아볼 수가 없어서 다시 물어봐야 했어요."

수용자는 눈살을 찌푸리면서 어깨를 으쓱하더니 다시 질문에 대답했다. 고맙게도 그가 말하는 정보는 일관성이 있었다.

최근에 나는 주 및 연방 법 집행기관에서 3일에 걸쳐 전략적 인터뷰 수업을 가르쳤다. 나는 '진실게임hot-seat'이라는 훈련을 마지막으로 하며 수업을 마쳤다. 이 훈련의 방식은 이렇다. 한 학생이 강의실 앞으로 나와 두 가지 이야기를 들려준다. 그중 하나는 거짓말이다. 강의실에 있는 학생들은 어떤 이야기가 거짓말인지를 판단해야 한다. 이날은 한 연방보안관이 진실게임에 참여했다. 그는 반 학생들에게 2가지 이야기를 했는데, 하나는 진실이고 다른 하나는 거짓말이었다. 나는 어떤 이야기가 거짓말인지 99퍼센트 확신했다. 100퍼센트 확신하고자 나는 그에게 통제형 질문을 했다. 그가 한 거짓말은 콜로라도주의 키스톤으로 떠난 스키 여행에 대한 것이었다. 무엇을 입고 있었는지에 대해 자세히 말하지 못하고, 중급자 코스의 표기 색을 파란색이 아닌 빨간색으로 잘못 말한 것 외에도, 내가 그에게 "아스펜에 있으면서 스키를 몇 시간 탔나요?"라고 묻자 그는 "하루 종일 있으면서 꽤 많이 탔어요"라고 대답했다. 그가 거짓말을 하고 있다는 단서는 첫째, 내가 일부러 키스톤을 아스펜으로 바꿔 말했지만 나의 말을 바로잡지 않았고, 둘째, 애매모호하게 대답했다. 단순히 내 말을 제대로 듣지 않았거나 내가 "아스펜"이라고 말하는 것을 듣지 못했는지 확인하기 위해, 나는 또 다른 통제형 질문을 했다.

"아스펜에 며칠 머물렀나요?"

그는 "3일 정도요"라고 대답했다.

그가 거짓말을 하고 있다는 것이 확실해졌다! 그는 내 말을 바로잡지 않았고, 거짓말을 하는 사람들이 잘 사용하는 숫자인 3을 사용했다! 거짓말하는 사람은 곤란한 질문이 주어지고 사실이 아닌 정보를 수량화해야 하면 '3'을 사용하는 경향이 있다. 마지막으로 "내가 당신이 아스펜에서 스키를 탔다고 했을 때 정정하지 않은 이유가 있나요?"라고 묻자 그는 나를 쳐다보기만 했다. 확실한 신호였다. 훈련을 되짚어보면서 그는 내가 "아스펜"이라고 말한 것을 전혀 듣지 못했다고 말했다. 지나치게 긴장하고 있었기 때문이다.

후속 질문

인터뷰를 처음 해보거나 경험이 부족한 인터뷰 진행자가 저지르는 또 다른 흔한 실수는 인터뷰 대상자가 더 이상 정보를 줄 수 없을 때까지 사람, 장소, 사물에 대해 깊이 조사하며 그가 준 정보에 대한 후속 질문하기를 소홀히 하는 것이다.

벽에 부딪쳐 무엇을 후속 질문헤아 할지 확신하기 어려울 때는 다음 지침을 기억하자. '모든 명사의 뜻을 정의하고 모든 동사를 설명하라.' 모든 문장에는 명사와 동사가 있다. 당신은 당신이 듣는

명사와 동사에 대해 질문하기만 하면 된다. 이런 식으로 어떤 상황에 대해서도 모든 수단을 강구할 수 있다.

후속 질문 즉, 깊이 파헤치는 질문을 하면 추가로 활용할 관련 주제에 대해 생각할 시간을 벌 수 있다. 이 과정에서 사건을 해결할 수 있는 길이 되어줄 새로운 정보 단서를 들을 수도 있다. 분초를 다투는 상황이라면 단서가 매우 중요하므로 즉시 해당 정보에 대한 질문을 하라. 단서가 그다지 중요하지 않다면 나중에 시간이 있을 때 질문할 수 있도록 메모해두는 게 좋다. 또한 인터뷰 대상자가 말하는 동안에는 그의 말을 흘려듣지 마라. 대상자의 말을 흘려들으면 전에 알려지지 않았던 새로운 자료를 확보할 기회를 놓치기 쉽다. 물론 인간은 필연적으로 딴생각을 할 때가 있다. 이를 자각하고 인터뷰 대상자에게 다시 집중하는 게 중요하다.

후속 질문하기를 잊으면 다음과 같은 일이 일어날 수 있다. 동료에게 "어젯밤에 누구랑 데이트했어요?"라고 물었는데 그가 "크리스요"라고 대답한다고 해보자. 그가 오로지 크리스만 만났다고 확신힐 수 있을까? 확실히 하기 위해서 이렇게 후속 질문을 할 수 있다.

"어젯밤에 또 누가 당신과 만났나요?" 만약 그가 "오, 짐과 질도 합류했어요"라고 대답한다면 또 다른 긍정의 대답을 얻을 것이다. 이제 더 많은 정보를 캐내보자. "그 밖에 또 누구랑 만났어요?"라고 다시 물어보라. "우리는 거기서 크리스틴과 블레이크를 봤지만 같이 어울리지는 않았어요."

아직 부정적인 반응을 받지 못했기 때문에 로봇처럼 들릴 위험을 무릅쓰고 계속해서 이렇게 물어볼 수 있다. "지난밤에 또 누구를 만났나요?" 결국 부정의 대답을 받는다. "다른 사람은 만나지 않았어요." 이제는 후속 질문을 멈출 수 있다. 만약 동료가 "그 밖에 다른 사람은 거기에 없었어요"라고 말한다고 해서 그게 "나는 그 밖에 다른 사람과는 만나지 않았어요"와 같은 의미라고 할 수 없다. 이에 대해서는 12장에서 진술 분석과 단어 분석을 통해 더 자세히 알아볼 것이다.

주제, 명사, 동사를 파고들 때는 이를 마친 후, 모든 정보를 남김없이 이용하기 위해 원래 했던 질문으로 돌아가야 한다는 것을 항상 기억하자. 유죄를 입증하는 대답을 피하고 싶은 교활한 인터뷰 대상자는 대화를 통제하려고 하면서 상황을 복잡하고 어렵게 끌고 가 헛수고를 하게 만들 수도 있다. 그는 진행자가 한 주제에 대해 질문하는 것을 멈추고 새로운 주제에 대해 질문하도록 허구의 단서를 만들 수 있다. 숨길 것이 있는 이들은 자신이 말할 수 없는 것으로부터 진행자의 관심이 멀어지도록 유도할 것이다. 인터뷰 진행자는 대상자가 의도적으로 인터뷰를 통제하고 자신의 속내를 위장하기 위해 연막작전을 펴고 있는 때를 포착해야 한다.

피해야 할 질문

피해야 할 질문의 5가지 예를 설명하려고 한다. 이 질문들은 혼란과 좌절을 야기하고 거짓되고 불완전한 정보를 초래한다. 첫 번째 질문은 유도 질문으로, 질문자가 원하는 답을 제시하는 방식으로 표현되어 불완전하거나 잠재적으로 잘못된 정보를 유발한다. 유도 질문은 폐쇄형 질문이며, 어떤 답을 내놓아야 하는지를 내비치기 때문에 암시적 질문suggestive question이라고도 한다. 예를 들어 "만약 내게 정보를 준다면 누군가가 당신을 해칠까 봐 두렵습니까?"라는 질문은 누군가가 그를 해칠 가능성이 있기 때문에 인터뷰 대상자가 정보를 제공하는 것을 두려워함을 암시한다. 또한 인터뷰 진행자가 그 사실을 알게 되었음을 나타낸다. 만약 그가 왜 말을 하지 않는지 이해할 수 없을 때, 그가 두려움 때문에 말하지 못한다고 추정하지 말자. 인터뷰 대상자가 무서워서 말할 수 없다고 한다고 해도 그가 두려워하고 있다고 추정하지 마라. 만약 진실을 말하기 싫어서 대화하기를 원치 않는 것이라면, 그에게 탈출구를 제공해주는 셈이 될 수 있다. 비협조적인 사람은 그 질문에 대한 대답으로 "네, 누군가가 저를 해칠까 봐 말을 못 하는 겁니다"라고 말할 수밖에 없다. 이보다 나은 질문은 "저에게 정보를 제공하는 것에 대해 어떻게 생각하십니까?" 또는 "저와 대화하는 것에 어떤 우려 사항이 있습니까?"이다. 유도 질문은 질문에 대한 답에 큰 영향을 미친다. 유도 질문은 질문자가 인터뷰 대상자에게 질문자의 의견에 동의하도록 강요하는 격이다. 유도 질문은 인터뷰 대상자가 자신의 행동에 대해 책임을 지지 않고 빠져나갈 수 있는 완벽한 기회를 제공한다.

법 집행에서 유도 질문은 흔히 용의자나 목격자가 일어난 일에 대해 더 편안하게 느끼며 이야기할 수 있도록 범죄나 사건의 가혹함을 부드럽게 하는 기술이다. 불법 약물 사용과 판매와 관련해 듣는 대표적인 시나리오는 "가족을 먹여 살리기 위해 마약을 팔아야 했어요"이다. 인터뷰 대상자가 그것이 자신이 마약을 파는 이유라고 먼저 말하지 않는 한, 그에게 탈출구를 줄 수 있으므로 절대로 이런 말을 해서는 안 된다. 그가 마약을 파는 이유가 그것이 현금을 쓸어 모을 수 있는 하나의 사업이기 때문임을 결코 알게 될 수 없을 수도 있다.

일부 변호사들은 유도 질문을 미끼로 사용해 증인을 함정에 빠뜨리기를 좋아한다. 관타나모 수용소에서 내가 심문한 수용자 중 한 명의 검찰 측 증인으로 근무할 때 한 피고 측 변호사가 나를 미끼로 낚아 함정에 빠뜨리려고 했다. 검찰 팀은 내가 수용소를 떠난 지 약 4년 후인 2007년, 국제 전범 재판소에 나를 증인으로 소환했다. 군사 법원이 적군의 전투원들을 불법적인 전쟁 범죄 혐의로 기소하기 위해서였다. 내가 심문했던 수용자는 미군 한 명에 대한 살해, 살인 시도, 음모, 스파이 활동 혐의로 기소되었다. 내가 난생처음으로 대질심문을 받는 동안 판사가 위압적인 모습으로 나를 내려다보는 것 같아 증인석에서 긴장했던 기억이 난다. 하지만 경험 많은 심문관인 나는 사람들을 함정에 빠뜨리기 위해 사용할 수 있는 모든 기술, 속임수, 책략을 알고 있었다. 유도 질문은 그러한 전술 중 하나이다.

피고 측 변호인은 "당신은 제 의뢰인의 문화를 알고 있지요?"라고 물었다. 물론 나는 알고 있었고, 그것이 유도 질문임을 알고 변호사가 내 답변을 우리 측에 불리하게 사용할 수 있는지 여부를 판단하기 위해 "네"라고 대답하기 전에 잠깐 망설였다. 나는 그가 우리 측에 불리하게 사용할 수 없다고 생각하고 "네"라고 대답했다.

그가 던진 질문은 예, 아니요 질문이었다. 그러자 피고 측 변호인은 "그럼 그의 문화적 배경으로 인해 당신이 여성이라는 점이 제 의뢰인을 불편하게 했다는 것을 알고 있었죠?"라고 물었다.

우스꽝스러운 그의 질문에 하마터면 웃을 뻔했다. 나는 심문을 하는 동안 그 수용자와 함께 이야기하고, 게임하고, 식사도 하면서 몇 시간을 보냈는데 말이다. 예, 아니요 질문이지만 이번에는 나를 함정에 빠뜨리려는 것이었다. 내가 "아니요"라고 대답했다면 그는 이렇게 말했을 것이다. "당신은 제 의뢰인의 문화를 모르는데도 자신을 숙련된 심문관이라고 할 수 있나요?" 만약 내가 "네"라고 대답했다면 그는 이렇게 말했을 것이다. "그럼 당신은 심문하는 동안 내 의뢰인이 불편했다는 걸 알았음에 동의하는군요!"

나는 판사를 올려다보며 말했다. "재판장님, 저는 이 질문에 대답하지 않겠습니다. 이것은 유도 질문이며, 피고 측 변호사는 유죄로 보이도록 저를 함정에 빠뜨리려 하고 있습니다." 판사는 잔뜩 화가 나서 의사봉을 탁 내리쳤다. 법정에서 가볍게 웅성거리는 소리가 났다. 판사는 내 얼굴 쪽에 가까이 몸을 숙이며 물었다. "당신은 그 질문에 대답해야 합니다! 왜 대답하지 않겠다고 하나요?" 나는 변호사의 질문이 편파적인 내용을 담고 있고, 나에게 불리하게 사용될 것이기 때문에 대답할 수 없다고 침착하게 설명했다. "재판장님, 저는 변호인이 의문형으로 질문하는 것이라면 어떤 질문이든 기꺼이 대답하겠습니다." 이어서 내가 말했다. 몇 분 동안 나를 부릅뜨고 보다가 그는 다시 의사봉을 쾅쾅 내리치며 변호인을 쳐다보고 말했다. "질문을 바꾸세요."

피고 측 변호인의 답변은 "더 이상의 질문은 없습니다"였다. 그날 밤늦게 언론은 이 전투원들에 대한 재판을 다루면서 "11호 요원(내 암호명)이 피고인 변호사와의 정신적인 스파링에서 승리했다"라고 보도했다. 그러니 유도 질문은 삼가기를.

피해야 할 두 번째 질문은 부정형 질문 negative question 이다. 부정형 질문은 "~하지(이지) 않았나요?", "~할 수 없었나요?", "~하지 않겠어요?", "~해야 하지 않나요?"와 같이 끝난다. 부정형 질문은 혼란을 야기하기 때문에 항상 명확한 설명이 필요하다.

"이 장에서 많은 것을 배우고 있지 않나요?"로 예를 들어보자.

당신은 어떻게 대답하게 될까? 만약 당신이 "네"라고 대답한다면, 나는 당신이 "네, 그렇습니다"라고 하는 건지 "네, 아닙니다"라고 말하는 것인지 모른다. 부정형 질문을 던지면 모호함을 바로잡는 질문을 다시 해야 하기에 결국 시간 낭비다. 또한 당신과 당신이 질문하고 있는 사람 모두를 힘 빠지게 할 것이다. 간단한 해결책은 "이 장에서 얼마나 배우고 있나요?"라고 묻는 것이다.

피해야 할 세 번째 질문은 복합 질문 compound question 으로 알려진 2개의 질문이다. 복합 질문은 인터뷰 진행자와 인터뷰 대상자 모두에게 오해, 혼란, 좌절을 야기할 수 있다. 예를 들어 "누구와 함께 있었고, 어디로 갔습니까?"라는 복합 질문이라고 해보자. 인터뷰 대상자가 질문 중 하나만 대답하는 경우, 인터뷰 진행자는 인터뷰 대상자가 다른 질문을 피하려고 하나만 대답했다고 잘못 추정할 수 있다. 아마도 인터뷰 대상자는 복합 질문의 한 부분만 들었거나 단지 다른 부분에 대답하는 것을 잊었을 수도 있다. 인터뷰 대상자는 당신의 질문이 바뀌었다고 생각하면서 첫 번째 질문에 답하는 대신에 두 번째 질문에만 대답해도 된다고 생각할 수도 있다.

복합 질문은 아마도 가장 흔히 사용되는 비효율적인 질문 유형이며 따라서 가장 손해가 큰 질문이다. 복합 질문으로는 소모적인 대화 없이 상세한 정보를 얻어내기 어렵다. 만약 복합 질문을 던졌을 때 인터뷰 대상자가 한 가지 질문에만 대답했는데도 나머지 질문에 대해 재차 묻길 잊는다면 질문자는 신뢰를 잃을 수도 있다. 질문자를 속이는 데 혈안이 된 비협조적이고 적대적인 사람을 인터뷰할 때, 인터뷰는 그들이 얼마나 많이 이기는지를 겨루는 게임이 된다. 질문을 회피하는 데 성공하면 인터뷰 대상자는 승리감을 느낀다. 그들은 심지어 자신이 인터뷰나 심문에 대한 통제권을 얻었다고 생각할 수도 있다.

자제해야 할 네 번째 질문은 선택 강요 질문forced-choice question으로, 질문자가 제시한 선택지에 답이 없을 수 있는데도 상대방이 선택을 하도록 강요한다. 이 질문은 신뢰할 수 있는 진실한 정보를 산출하지 못하며, 비난조의 말이 될 수 있다. 예를 들어 "지금 결정하시겠습니까, 아니면 나중에 결정하시겠습니까?"라고 묻는다고 가정해보자. 만약 그 사람이 결정하기를 원하지 않는다 해도, 이 질문은 지금이든 나중이든 결국 선택하도록 강요하게 된다. 또는 누군가에게 "버스를 타시나요, 아니면 차를 운전해 출근하시나요?"라고 물었다고 하자. 만약 그가 친구의 차를 얻어 타 출근하는 사람이라면? "좋아하는 지도자와 두려워하는 지도자 중 어떤 지도자가 더 좋다고 생각하나요?"라고 물었는데 둘 다 아니라면? 이 선택 강요 질문 3개 중 2개는 또한 폐쇄형 질문이기도 함을 인식해야 한다.

　　마지막으로, 자세한 정보가 필요할 때에는 모호한 질문을 피하는 것이 좋다. 모호한 질문은 의문문으로 시작함으로써 적절하게 표현될 수 있지만, 부족한 정보를 담은 대답을 얻기 때문에 여전히 효과적이지 않다. 애매모호한 질문을 하면 애매모호한 답변이 나온다. 구체적인 정보를 얻는 것이 목표일 때 모호한 질문을 하면 세부 정보를 얻기 위해 후속 질문을 그만큼 더 하느라 시간이 소요되고, 이는 상대를 불편하게 할 수 있다. 예를 들어 내가 당신이 태어난 도시를 알고 싶은데 "당신이 태어난 도시 이름은 무엇인가요?"라고 묻는 대신에 "어디 출신인가요 Where are you from?"라고 물어본다고 하자. 대부분의 사람은 이 질문이 무엇을 의미하고 질문자가 어떤 대답을 기대하는지 알 것이다. 그런데 만일 당신이 다른 언어를 사용하는 누군가를 인터뷰하고 있어서 통역사를 통해 소통한다면 예상치 못한 대답이 나올 수도 있다. "어디 출신인가요?"는 "어디서 자랐나요?", "어디서 태어나셨나요?" 또는 "지금 어디에서 사시나요?"를 모두 의미할 수도 있다. 사람들은 질문을 묻는 의도와 다르게 해석할 수 있다. 그러니 원하는 것을 직접적으로 물어보라! 지금 그 사람이 사는 곳의 주소를 알고 싶다면 정확히 그렇게 질문해라. 그가 태어난 마을이나 도시의 이름을 알고 싶다면 바로 그것을 물어봐야 한다.

　　모호한 질문은 특히 세부 사항을 알려주기 싫은 사람을 인터뷰할 때 질문자가 포기하게 만드는 방법이 되기도 한다. 만약 비협조적인 인터뷰 대상자에게 "어디 출신인가요?"라고 묻는다면 그는

"남부요"라고만 대답하며 질문자가 원하는 구체적인 답을 주지 않을 수도 있다. 반대로 낯선 사람이 나에게서 너무 지나치고 성급하게 정보를 알아내려고 한다고 느낄 때, 나는 공손하게 말하지만 그가 기대하는 대답은 하지 않는다. "직업이 뭔가요?"라고 물으면 나는 가르치는 일을 한다고 대답한다. 만약 그 사람이 "무엇을 가르치나요?"라고 묻는다면 대인관계 커뮤니케이션 기술을 가르친다고 말해준다. 그러면 대개 상대는 지루해하면서 다른 주제로 넘어간다. 모호한 대처는 자기 자신과 자신에 대한 정보를 보호하는 방법 중 하나다. 범죄자가 나의 실명을 알기를, 불만을 품은 직원이 나의 주소를 알기를, 경쟁 업체가 나의 영업 비밀을 알기를 원하는 사람은 없을 것이다. 모호한 질문을 받았을 때 상대방이 궁금해하는 나의 정보를 내주지 않으면서 예의와 존중을 지키며 대답할 수 있다. 여러 경쟁 공급업체와 함께 참가하는 무역 박람회에 있다고 해보자. 어떤 사람이 "이 제품과 관련해 오늘 저 말고 누구와 이야기를 나누셨고 그들은 무엇을 제안했나요?"라고 묻는다. 답하고 싶지 않다면 당신은 말을 더듬거나, 신경질적으로 웃어넘기려 하거나, 응답을 거부할 필요가 없다. 대신 이렇게 모호하게 대답하면 된다. "대단한 걸 제안하지는 않았어요. 당신은 무엇을 제안하실 건가요?"

진실을 파악하는 5가지 질문 기술

다음은 진실을 말하도록 하는 데 도움이 되는 5가지 기술이다.

1   관련 없는 질문을 하자.

이 질문은 적절하게 표현된 효과적인 의문형 질문일 수 있지만, 수집해야 하는 관련 정보와는 아무 상관이 없는 중요하지 않은 질문이다. 관련 없는 질문은 인터뷰 대상자와 친밀한 신뢰 관계를 구축하고 강화할 때 사용하는 것이 좋다. 예컨대 취미, 날씨, 좋아하는 음식과 스포츠, 가족, 친구에 초점을 두는 질문이다. 인터뷰 대상자는 이러한 질문에 주저 없이 대답할 것이다. 그는 이 질문과 답을 통해서 인터뷰 중에 발생했을지도 모를 스트레스를 줄일 수도 있고, 질문자가 찾고 있는 정보를 위장할 수도 있다. 질문자는 이때 생각을 정리하고, 기록을 분석하며, 다음에 할 유의미한 질문을 준비할 시간을 벌 수 있다. 관련 없는 질문은 예상치 못한 것이어서 인터뷰 대상자의 집중력을 깨뜨릴 수 있다. 따라서 이러한 질문은 인터뷰 대상자가 거짓말을 하고 있거나 거짓말을 기억해내려고 할 때 효과를 발휘할 수 있다.

2   잠시 멈추자.

말을 시작하기 전에 잠시 시간을 가지자. 그럼으로써 요구하지 않고도 인터뷰 대상자가 더 많은 말을 하도록 유도할 수 있다. 예를 들어 인터뷰 대상자가 질문에 대답할 때 나는 즉시 다른 질문으로 이어가는 대신, 눈을 맞춘 채 몇 초간 기다린다. 이 시간은 나에게 어색한 침묵이 아니다. 그가 추가적인 정보를 주고 싶어 하는지를 확인하려고 충분히 보는 것이다. 무례하고 비난하는 방식이 아니라 호기심을 품고 인터뷰 대상자를 조용히 바라볼 때, 인터뷰 대상자는 자신이 더 할 말이 있음을 내가 안다고 느낀다. 사람들은 보통 침묵을 불편하게 생각하기 때문에, 특히 정보를 숨기는 것에 거리낌이나 죄책감이 있는 인터뷰 대상자면 보통 계속해서 이야기를 이어갈 것이다. 이 기술을 사용할 때는 서두르지 않아야 한다. 인내심이 필요하다. 질문과 답변의 리듬을 맞추기 위해 잠시 멈추자.

3   잇따라 질문을 쏘아대자.

간단명료한 의문형 질문들을 빠르게 연속으로 던져라. 이 기술은 항상 사람들의 허를 찌르기 때문에 내가 가장 좋아하는 방법 중 하나이다. 속사포 접근법이 효과가 있으려면 당신의 질문 능력에 자신감이 있어야 한다. 속사포로 쏟아내는 질문은 잠시 멈춤 기술과는 반대이다. 구체적이고, 명확하며, 간결한 의문형 질문을 한 다음 답변을 기다리자. 잠시 후, 받은 답변을 기반으로 인터뷰 대상자에게 다른 질문을 하라. 몇 분 동안 이를 반복하는 것이다. 때때로 나는 인터뷰 대상자가 말하는 도중에 말을 자르기도 한다(원래 인터뷰 진행자가 해서는 안 되는 일이지만 이 기법에서만은 예외다). 나는 말을 자른 것에 대해 사과하거나, 이미 그 정보를 알고 있었다고 말하고 즉시 후속 질문을 한다. 이렇게 하면 인터뷰 대상자는 당황하여 경계하게 된다. 만약 그가 예행연습한 거짓말이 있다 해도 기억해내기 어려울 것이다.

인터뷰 진행자는 인터뷰 대상자가 맑은 정신을 유지하도록 편안하고 이완되기를 바랄 수 있다. 그러나 이것은 역효과를 가져올 수 있다. 만약 인터뷰 대상자가 거짓말을 하고 있다면, 부신이 분비하는 스트레스 호르몬인 코르티솔이 인지 능력을 손상시키지 않기 때문에 거짓말을 더 잘 기억할 수도 있다. 코르티솔이 항상 나쁜 것만은 아니다. 《사이콜로지 투데이Psychology Today》에 따르면 스트레스에는 좋은Eustress 스트레스와 나쁜Destress 스트레스가 있다. 좋은 스트레스는 적절한 양의 코르티솔이 분비되어 우리의 열정, 의지, 결심에 연료 역할을 해준다. 그러나 과도한 코르티솔 분비는 해석, 저장, 기억을 되살리는 능력을 방해할 수가 있다. 이 상태에 있을 때 인터뷰 대상자는 침착함을 유지하기 어려워지므로 무심코 정보를 흘리게 될 수 있다. 거짓말의 세부 사항을 일관되게 유지하는 능력도 떨어지게 된다. 계속해서 인터뷰 대상자가 빠르게 대답하게 하면 그가 예행연습한 거짓말을 기억하는 능력에도 타격이 있을 것이다. 만약 인터뷰 대상자가 인터뷰하는 동안 당신이 알고 있는 것과 모르는 것, 다음 질문, 당신의 반응, 자신에게 일어날 일과 같은 것들을 예측할 수 있다면 더 편안하고 이완될 것이기 때문에 더 쉽게 거짓말을 할 수 있다.

나는 인터뷰 대상자의 허를 찔러 다음에 무슨 일이 일어날지 궁금하게 만듦으로써 실수로 진실한 정보를 제공하거나 자신이 하는 거짓말의 세부 사항을 혼동하게 만든 적이 많다. 만약 인터뷰 대상자가 거짓말을 하고 있다고 의심된다면, 계속해서 그를 당황시키는 기술을 사용하라. 관련 없는 질문 또는 예상치 못한 질문을 하거나 속사포 질문 방식, 콜롬보 접근법 등을 써야 할 때다.

4 콜롬보 접근법Columbo Approach을 사용하자.

관타나모 수용소에서 심문을 할 때, 나는 아랍어, 파슈토어, 위구르어, 다리어를 통역해주는 통역사를 배정받았다. 심문이 끝난 후 나와 통역사는 교도관들이 올 때까지 몇 분 정도 기다려야 했다. 심문실에서 수용소 안에 있는 감방으로 수용자(심문 대상자)를 다시 데려가기 위해 그들이 오는 데에는 약간 시간이 걸리곤 했다. 일분일초를 중요하게 생각하는 사람이기 때문에, 교도관을 기다리는 동안 나는 계속해서 질문을 해댔다. 그 시간에는 필기를 하지 않았기에 심문이라기보다는 일상적인 대화 같았다. 나는 수용자가 내가 '심문'을 끝냈다고 생각한 그 몇 분 안에 나는 더 많은 정보를 얻을 수 있음을 알아차렸다. 나는 심문처럼 보이지 않는 심문을 수용소에 있는 동안 계속해서 이어나갔다. 그 결과 통역사들은 나에게 '형사 콜롬보'라는 별명을 지어주었다. '콜롬보 접근법'은 마치 계획도, 목표도, 주제도 없는 것처럼 보이는 것처럼 인터뷰 대상자에게 질문하는 것이다. 때때로 나는 실제로는 잘 알고 있는 중요한 주제에 대해 무지하거나 잘 모르는 척하곤 했다. 그러고선 마치 그들이 대답하든 말든 상관없는 듯, 잘 알 필요가 없는 얘기를 들은 것처럼 행동했다. 그것은 효과가 있었다! 수용자들은 경계를 풀었다. 그들은 자신이 감방으로 돌아간다는 것을 알았기 때문에 긴장을 풀어도 된다고 여긴 것이다. 그리고 이 시간 동안 나는 가장 민감한 기밀들을 수집했다.

이 방법은 인터뷰 대상자가 방심한 상태를 노리기 때문에 효과적이다. 이 접근은 인터뷰 대상자를 판단하는 대신에 상황을 이해하기 위해 그에게 도움을 구하고 있음을 암시한다. 인터뷰 대상자가 질문이 끝났다고 생각하고 있을 때, 뒤늦게 떠오르는 마지막 질문 몇 개를 던질 수 있다.

다음은 콜롬보 접근법을 사용하는 방법의 예이다. 만약 인터뷰 대상자가 "그날 밤 무슨 일이 일어났었는지 정확히 기억할 수 없다"고 말한다면 "그날 밤 일어난 일이 정확히 기억나지 않을 수 있겠지만, 그 전날 밤에 당신이 한 일은 구체적으로 잘 기억해냈잖아요. 그러니 그날 밤도 잘 떠올려보세요"라고 말할 수 있다. 그리고 그가 뭐라고 대답하는지 보기 위해 잠시 멈춰라. 콜롬보 접근법은 질문을 하는 것이 아니라, 반응에 영향을 미치기 위해 의도된 진술을 하는 것이다. 예컨대 나는 보통 이런 식으로 말하며 이 접근법을 시작하곤 했다. "그런데 말이에요, 저는 당신이 휴대폰 없이도 어쩜 그렇게 일 처리를 착착 잘했는지 아직도 믿을 수가 없네요." 관련 없어 보이지만 심문과 관련된 질문이다. 수용자들은 내가 던진 미끼를 매번 덥석 물었다.

콜롬보 역시 자신이 뭐라고 떠드는지 스스로도 전혀 모르는 것처럼 보이기 위해 예기치 않게 주제를 바꾸길 좋아했다. 이를 모방한 기술을 사용하면 인터뷰 대상자는 당신이 조금 산만해진 상태고, 방금 전까지 대화하던 주제에 대해 질문하는 것을 잊어버렸다고 생각할 것이다. 그는 당신이 일을 잘 못한다고 판단하여 경계를 늦추고, 일부러 세부 사항을 혼란스럽게 이야기할 수도 있다. 하지만 당신은 모든 사실과 세부 사항을 제시하며 그가 진술한 내용의 불일치를 보여주면서 내내 집중하고 있었음을 보여준다. 뒤죽박죽 혼란스러운 모습을 보이며 콜롬보는 용의자의 말을 믿어주는 것처럼 보이게 했다. 재미있는 사실은 그가 실제로는 똑똑하고, 용의자가 유죄일 경우에 콜롬보는 항상 맞추었다는 것이다.

5 시간표^{timeline} 기법을 사용하자.

시간표 기법은 거짓말을 잡아내고 이야기의 모든 세부 사항을 활용하기 위해 내가 즐겨 사용하는 기법이다. 나는 세부 사항을 거짓말의 무덤이라 말하고 싶다. 인터뷰 대상자가 세부 사항을 제공하지 않는다는 것은 속임수를 나타내는 지표가 될 수 있기 때문이다. 반면에, 인터뷰 대상자가 세부 사항을 제공하지만 거짓말을 하고 있다면, 추후에 심문을 하면서 이 기술을 꼭 사용하라. 그는 자신이 꾸며내 이야기한 세부 사항을 기억해낼 수 없을 것이다.

거짓말쟁이들은 자신이 한 거짓말을 시간을 거슬러 역순으로 기억하지 못한다. 그들은 거짓말을 시간을 거슬러 말하는 연습을 하지 않기 때문이다. 그가 하는 이야기를 순서대로 표시해서 주요 사건들을 적고 그의 이야기를 역으로 살펴보자. 그에게 이야기를 다시 해달라고 요청하되, 이번에는 B 지점에서 A 지점으로 시간을 거슬러 말하게 하면 그는 인지 과부하 상태에 도달하여 논리적인 진술을 유지하는 데 실패한다.

이 기술을 사용하려면 상대가 하는 말을 잘 듣고 적어야 한다.

대체로 거짓말하는 인터뷰 대상자는 자신이 충실히 협조하는 것처럼 보이게 정보를 말할 것이다. 하지만 인터뷰 진행자인 우리는 세부 사항을 원하고 필요로 한다. 일어난 일을 시간 순서대로 체크하며 표시하면 이야기의 모든 세부 정보를 수집하는 데 도움이 된다. 인터뷰 대상자의 이야기를 시간표 형식으로 적으면 시간 순으로 벌어진 일련의 일들이 한눈에 보인다. 즉, 시간표상에서 각 정보가 시간 차를 두고 발생한 순서를 볼 수 있다. 팻시 램지^{Patsy Ramsey}와 존 램지^{John Ramsey} 부부의 딸인 존 베넷이 가족의 집에서 살해된 채 발견된 지 4년 후인 2000년에 래리 킹^{Larry King}이 램지 부부와 생방송으로 인터뷰한 실제 사례를 보자. 래리 킹이 시간표를 작성하며 인터뷰하지는 않았지만 지금 우리는 해볼 수 있다. 아래는 내가 대화의 일부를 받아 적은 것이지만, 다음 유튜브 주소에서 전체 인터뷰를 보길 권한다.

https://www.youtube.com/watch?v=HfgP_vkO1c.

LK 래리 킹
JR 존 램지
PR 팻시 램지

LK "그날 밤에 무슨 일이 있었나요? 제일 먼저 기억나는 게 뭔가요, 팻시?"

PR "제가 가장 먼저 기억하는 것은… 잠에서 깨서 서둘러 옷을 입고 아래층으로 내려가 비행기에 가져갈 짐을 몇 가지 정리했어요."

나는 시간표에 이렇게 체크했다.

체크 1 일어나기.

체크 2 옷 입기.

체크 3 짐을 싸러 아래층으로 내려감.

LK "그게 몇 시쯤이었나요?"

PR "날이 밝기 전인 이른 아침이요."

LK [존 램지에게] "당신은 일어났었나요?"

JR과 PR "네."

LK "그다음에는 어떤 일이 일어났죠?"

PR "그다음에 저는 [말을 더듬으며] 나선형 계단을 내려가는데I go down [손으로 나선형 모양을 만들며] 계단 중 하나에 몸값을 요구하는 3쪽의 종이가 있어요there, on one of the rungs of the stair is a 3-page ransom note."

나는 시간표에 다음과 같이 적었다.

체크 4 '나선형' 계단 내려감.

체크 5 계단에서 3쪽의 몸값 요구 쪽지를 발견함.

LK	"아무도 집에 들어오지 않았고 문은 닫혀 있는 상태에서 당신은 쪽지를 읽었네요."
PR	[미소를 지으며] "잘 모르겠어요…."
LK	"그래서 어떻게 하셨어요?"
PR	[여전히 미소를 지으며] "글쎄요, 거의 읽지도 않았고I hardly even read it, 무슨 일이 일어났는지 금세 깨달았어요and didn't take long to understand what was happening. 그러고는 다시 위층으로 뛰어가서 침실 문을 열었는데 아이가 없었어요."

나는 시간표에 이렇게 적었다.

체크 6   쪽지를 거의 읽지 않음.

체크 7   위층으로 다시 뛰어 올라감.

체크 8   딸의 방문을 열었고 딸이 없었음.

시간표에 드러난 팻시의 이야기에 모순이 있음을 알아차렸을 것이다. 그녀는 아래층으로 두 번 내려갔다. 나는 이들 부부 집의 평면도를 모른다. 각기 다른 2개의 계단이 있었을 수도 있고, 그렇다면 앞서 다른 계단으로 내려갔을 것이다. 아니면 거짓말을 해서 혼동했을 수도 있다. 어느 쪽이든 "나선 계단을 내려"가기 전에 위층으로 돌아갔다고 말하지는 않았다. 만약 내가 인터뷰하고 있었다면 그날 아침에 각기 일어난 일들의 정확한 시간을 포함한 구체적인 질문을 했을 것이다. 팻시가 근사치인 시간들을 대더라도 우리는 여전히 불일치를 발견하는 데 그 시간들을 이용할 수 있다. 내가 발견한 또 다른 문제는 그녀가 몸값을 요구하는 쪽지를 발견한 후의 이야기를 하며 시제를 현재 시제에서 과거 시제로 바꿨다는 점이다. 이는 명백히 기만을 나타내는 지표이다.

또한 시간표를 바탕으로 각 체크 표시 사이에 무슨 일이 일어났는지 물어봄으로써 이야기에 대한 자세한 내용을 얻을 수 있다. 이러한 세부 내용을 사용한 반복 질문 및 통제형 질문을 통해 진실성과 정확성을 확인할 수 있다.

4가지 거짓 노출 질문

일반적으로 거짓말을 하는 이들과 진실을 이야기하는 이들은 이 질문들에 각기 다른 반응을 보일 것이다. 따라서 이 4가지 질문에 대한 대답을 통해 대개 상대방이 진실한지 아닌지를 알 수 있다.

1 "기분이 어땠어요?"

거짓말을 하는 사람은 자신의 거짓말에 감정을 붙이는 것을 잊는다. 거짓말을 한 내용에 대해 어떻게 느꼈는지 질문을 받으면, 자신이 어떻게 느꼈어야 했는지 생각하기 위해 잠시 주춤할 것이다. 보통 대답할 때 주저하거나, 진실하지 않은 느낌이 들게 말하거나, 마치 자신이 질문을 하는 것처럼 어조를 바꿔 대답할 것이다.

2 "내가 왜 당신을 믿어야 하죠?"

진실한 사람은 보통 "제가 진실을 말하고 있기 때문에요."라고 대답할 것이다. 거짓말을 하는 사람은 보통 "저는 거짓말을 하고 있지 않기 때문에요"라고 말하며 말을 이어갈 것이다. 진실을 말하는 사람들은 긍정형으로 말하는 경향이 있고, 거짓말을 하는 사람들은 부정형으로 말하고 방어적인 태도를 취하는 경향이 있다. 이 질문 방법은 100퍼센트 정확하지는 않다. 속임수 탐지에 관한 한 100퍼센트 매번 들어맞는 방법은 없다. 하지만 거짓말임을 드러내는 다른 질문들과 함께 사용될 때 이 질문은 효과가 있다.

3 "이런 짓을 한 사람은 어떻게 돼야 한다고 생각하세요?"

만약 어떤 일을 저질렀다고 의심되는 사람에게 이 질문을 했는데 그가 관대한 처분의 의견을 낸다면, 높은 확률로 그는 그 일을 저지른 사람이다. 예를 들어 동료에게 "마감 기한을 넘겼다고 매리를 밀고한 사람에게 무슨 일이 일어나야 한다고 생각하나요?"라고 물었다고 해보자. 동료는 이렇게 대답한다. "글쎄요, 아마도 그 사람은 매리가 해고될지 몰랐을 겁니다. 그가 대단한 얘기를 한 건 아닐 수도 있어요."

그 동료는 일이 잘못되었음을 알고 죄책감을 느끼면서도 사실을 묵인하고 있다. 누가 그 일을 했는지 모르면서 진솔하게 대답하는 사람이라면 보통 "그 사람은 벌을 받고 책임을 져야 해요"라고 말할 것이다. 무결한 사람은 보통 죄를 지은 사람이 죄값을 치르는 모습을 보기를 원한다.

전 뉴잉글랜드 패트리어츠 쿼터백인 톰 브래디^{Tom Brady}와 디플레이트 게이트^{Deflategate}(닉슨 대통령이 사임하게 된 워싱턴 정가의 악명 높은 워터게이트 스캔들을 빗댄 말장난)를 예로 들어보자. 디플레이트 게이트는 워싱턴 정치와 무관하지만 NFL을 뒤흔들었다. 요약하자면, 2014년 AFC 챔피언십 경기 중 브래디가 인디애나폴리스 콜츠와의 홈경기에서 유리한 위치를 차지하기 위해 누군가에게 축구공의 공기를 공기를 빼라고^{deflate} 지시했다는 주장이 제기되었다. 기자회견 도중 한 기자가 그에게 물었다.

"누군가가 책임을 지는 것이 당신과 이 팀이 물려받은 정신적인 유산에 중요한가요?"

브래디가 한 대답은 이랬다.

"글쎄요, 아시다시피 저는 그런 종류의 책임을 부과하는 사람이 아니에요. 그건 아시다시피 징계이고, 아시다시피 사실 제 일이 아닙니다."

그가 직접 축구공의 바람을 뺀 것은 아닐 것이다. 하지만 그는 12장에서 설명할 필러 단어^{filler words}, 뜸 들이는 말^{set up words}, 당연시하는 말^{assuming language}와 같이 기만을 나타내는 언어적 지표를 보여주었다.

4 "당신은 거짓말을 하고 있나요? / 나한테 거짓말을 했나요?"
이것은 예, 아니요 질문이다. 만약 상대방이 "아뇨"라고 대답하지 않는다면 문제에 직면한 것이다! 만약 그 사람이 거짓말을 하고 있고, 자신이 거짓말을 하고 있음을 자각하고 있다면 기만적인 지표를 보고 들을 것이다. 이럴 때는 그가 무엇에 대해 거짓말을 하고 있거나 속임수를 쓰는지 알아내야 한다. 나는 보통 삼진아웃 룰을 지킨다. 만약 내가 당신에게 3가지 예, 아니요 질문을 하는데 당신이 여전히 "아니요"라고 확실히 대답하지 못한다면, 당신은 아마 나를 속이려는 의도를 갖고 있을 것이다. 게다가 만약 당신의 말이 보디랭귀지와 일치하지 않아서, 말로는 아니라고 하지만 머리를 끄덕이고 있다면 아마도 진실하지 않을 확률은 더 높다.

마지막으로, 자신이 던지는 질문과 질문 기술의 진실성을 의심해 주저하지 마라. 처음 관타나모 수용소에 배치되어 수용자들을 심문할 때, 나는 수용자들이 나를 냉혹하고 불쾌한 사람으로 생각할까 봐 직접적으로 물어보기를 주저했다. 나는 친밀한 신뢰 관계를 구축하고 협력을 얻는 것에 지나치게 신경 쓰는 바람에 목표를 달성하는 데 어려움을 겪었다. 내 질문들은 끔찍했고 심문은 진전을 이루지 못했다. 바로 이용 가능한 첩보를 얻지 못했다. 결국 나는 임무에 실패하고 있음을 깨닫고 작전을 바꾸었다. 다음 심문에서 나는 배운 대로 질문을 해서 마침내 관련된 정보를 얻고 첩보로서의 요구 사항을 맞출 수 있었다. 솔직하고 간결하며 직접적인 질문을 하면서도 동시에 친절하고 존중을 보일 수 있다. 그래야 한다.

관타나모 수용소에서 심문관으로 처음 몇 주를 지내는 동안, 나는 심문이 기술이자 과학임을 깨달았다. 과정을 지키며 기술을 사용해야 하지만, 사용할 때 기교가 있어야 한다. 기지, 품위, 사람을 대하는 솜씨, 재치는 성공적인 인터뷰 진행자들이 내세우는 중요한 기술이다. 그래서 그곳에서 근무하면서 현재까지도 여전히 사용하고 있는, 비난하지 않는 전략적 인터뷰 기법을 개발하기 시작했다. 심문하는 사람들과 소통하는 능력을 연마해줄 전략을 만들고 싶었다. 첫째로 그들이 나와 대화하고 싶게 하고 싶었고, 둘째로 그들이 내게 진실을 털어놓고 싶게 하고 싶었다. 그때 거둔 성공으로 인해, 내가 만든 전략적 인터뷰 기술은 오늘날 법 집행관들을 위한 인터뷰 교육 프로그램이 되었다.

수년간 성공적으로 심문을 하고, 진실을 말하는 데 저항하는 비협조적인 인터뷰 대상자들의 의지를 꺾을 수 있게 된 후, 이제 나는 나의 기술이 공식적으로나 비공식적으로 인터뷰를 진행하는 모든 사람에게 도움이 될 수 있음을 믿는다.

"대부분의 사람은 이해하려는 의도로 듣지 않는다.
사람들은 보통 대답할 의도로 다른 사람의 말을 듣는다."
-스티븐 코비-

과제 A

다음의 비효율적인 질문을 효과적인 질문으로 변경하라.
모범 답안은 부록 C에 있다.

1. 화났니?
2. 아침에 버스를 타고 출근하세요,
   아니면 차를 몰고 출근하세요?
3. 일찍 도착해?
4. 불평 좀 그만할래?
5. 어머니가 해주신 요리가 좋아, 할머니가 해주신 요리가 좋아?
6. 그 일로 그분들이 화가 났나요?
7. 물었더니 그녀가 "아뇨"라고 대답했다고 말하지 않았나요?
8. 그녀는 구직을 하고 있나요?

과제 B

2분 안에 10개의 질문을 생각해내라. 시간 안에 마쳐야 한다.

1단계

먼저, 개인적으로는 알지 못하는 사람을 떠올려보라. 그 사람은 유명 인사, 정치인, 직장에서 자주 교류하지 않는 사람일 수도 있다. 목표는, 만약 직접 대면하게 된다면 물을 10가지 질문을 생각해내 그에 관해 더 많은 정보를 알아내는 것이다.

2단계

의문형 질문 10개를 생각해낼 시간은 2분이다. 타이머를 2분으로 설정하고 최대한 빨리 종이에 10개의 질문을 적어라.

얼마나 많은 질문들을 생각해냈는가? 만약 질문이 "당신이...했나요? 그들이...한가요? ...가 당신의 것인가요?"라면 폐쇄형 질문인 '예, 아니요' 질문이다. 폐쇄형 질문을 적었다면 의문형 질문으로 바꿔라.

내가 수업 시간에 이 과제를 낼 때 10가지 질문을 다 생각해낸 사람은 거의 없다. 대부분의 참가자들이 4~6개의 의문형 질문을 내놓는다. 하지만 수업을 마친 후에 나는 이 과제를 다시 낸다. 그러면 대부분의 참가자들은 7~10개의 질문을 생각해낸다. 불과 몇 시간 만에 질문 능력이 향상된 것이다. 당신도 그럴 것이다. 계속 연습하면 가능하다.

계속 연습하기 위해서 같은 과제를 다시 하라. 만약 좀 더 순발력을 기르고 싶다면, 1분으로 줄여 10개의 질문을 생각해내라. 뇌를 더 많이 쓸수록 필요할 때 더 빨리 인터뷰에서 좋은 질문을 생각해낼 것이다.

스포츠, 취미, 책과 같은 다른 주제로 질문을 만들어볼 수 있다. 포지션이 미드필더인 축구 선수에게 어떤 10가지 질문을 할 것인가? 승마 선수, 사격 전문가, 교수, 사업주 등 인터뷰를 필요로 하는 다양한 직업으로 질문을 생각해보자.

과제: 작가에게 물어볼 10가지 의문형 질문

2분 이내에 한 작가에게 물어볼 10가지 구체적인 의문형 질문을 작성하라. 그런 다음 부록 C에 있는 모범 답안 10개를 보고 작성한 질문과 비교해보라.

6장

말하지 말고
질문할 것

인터뷰는 자백을 받거나 유죄를 입증하기 위한 것이 아니다. 현재, 과거, 미래의 사건에 대한 동기와 의도를 밝히면서 현재, 과거, 미래에 필요한 사항들에 대한 정보를 얻는 것이다. 이는 자백을 받거나 유죄를 입증하지 못할 것임을 의미하지 않는다. 그보다 훨씬 더 많은 것을 얻는다는 의미다. 살인을 저질렀다고 인정한 용의자에게서 더 얻을 필요가 있는 정보가 무엇인지 곧 알아보도록 하자.

일부 법 집행기관에서는 자백에 대한 저항을 줄일 목적으로 범죄의 심각성을 경시함으로써 그가 저지른 범죄를 실제보다 덜 심각해 보이도록 하는 최소화minimization 기법을 관행처럼 사용한다. 이 기술은 용의자들이 자신이 실제로 저지른 죄보다는 가벼워 보이는 죄를 인정하게 함으로써 실제로 저지른 범죄에 대한 자백에서 벗어날 방법을 제공하는 것으로 알려져 있다. 법 집행 심문자들이 정말 이 방법을 따르고 싶을지 의문스럽다. 최소화는 범죄자가 모든 진실을 털어놓지 않아도 되도록 한다. 유도 질문만큼 비효율적이고 해롭다. 이 장에서 그 이유를 설명할 것이다. 또한 그 대안으로, 경범죄에 대한 자백이 아니라 편견이 들어가지 않은 진실을 얻게 해주는 기술인 '말하지 말고 질문하라Don't Tell, Ask' 기술을 소개할 것이다.

먼저 최소화에 대한 예를 살펴보자. 남자친구를 살해한 용의자를 인터뷰한다고 가정해보자. 그녀는 자백하지 않을 것이다. 당신은 그녀가 자백하게 하기 위해 최소화 기법을 사용하기로 결정한다. 그래서 그녀에게 "아마도 당신은 자기 방어를 위해 그랬을 겁니다"라고 말한다. 만약 그녀가 의도적으로 남자친구를 죽였지만 거짓말로 빠져나갈 궁리를 하고 있다면, 이 말은 그녀가 질투심에 불타서 그를 잔인하게 죽였음을 인정하지 않아도 되는 훌륭한 대안이다. 그녀는 심지어 1급 살인 대신에 자발적인 과실치사voluntary manslaughter(합리적인 사람이 특정한 상황에서 정신적인 혼란에 빠져 사람을 죽였을 때 성립)로 기소될 수도 있다. 조디 아리아스가 남자친구인 트래비스 알렉산더를 살해한 사건을 예로 들어보자. 이 사건이 처음 알려졌을 때 그녀는 경찰에게 복면을 쓴 두 사람이 집에 침입해 트래비스를 죽였다고 말했다. 거짓말이 밝혀지자 말을 바꿔서 이번엔 자기방어를 위해 그를 죽였다고 말했다. 결국 그 거짓말도 계속할 수는 없었다. 사실은 조디 아리아스가 질투심에 휩싸여 제정신을 잃고 트라비스를 죽인 것이었다.

만약 심문자가 최소화 기술을 사용하기로 결정하고 그녀의 매력적인 외모와 순수해 보이는 큰 갈색 눈동자에 홀렸다면, 그녀가 자기 방어를 위해 남자친구를 죽였다고 거짓말을 하도록 유도했을지도 모른다. 만약 그녀가 술책을 이용해서 자신이 진실하다고 설득할 수 있었다면, 아마도 심문자는 그녀가 1급 살인으로 감옥에 가는 것을 막기 위해 최고의 변호사와 연결해주었을 것이다. 변호사는 물론이고 판사와 배심원들마저 속아 넘어갔다면, 그녀는 과실치사 혐의로 기소되어 5년의 징역형을 선고받는 데 그쳤을지도 모른다. 하지만 어리석게도 그녀가 거짓 이유를 대면서 냉혹한 살인을 저질렀음을 드러내는 증거가 많이 드러났다. 이것이 내가 최소화 기술을 절대 사용하지 않는 이유이다. 나는 인터뷰 대상자에게 그가 무엇을 했는지 가상해서 말하는 상황을 만들지 않는다.

만약 내가 인터뷰 대상자가 무엇을 했는지 모른다면, 그에게 내가 추측하는 내용을 결코 말하지 않을 것이다. 대신에 나는 이렇게 물어볼 것이다. "무엇을 했나요? 왜 그랬나요?"

자백을 받기 위한 시간에 쫓길 때, 일부 심문관들은 효과가 있을 유일한 기술이 '최소화'라고 느낀다. 이 방법이 성공적으로 통하는 경우도 있지만, 나는 지양한다. 나는 인터뷰할 때, 특히 범죄에 연루된 사람이라면 더더욱 불편한 진실을 말해주기를 원한다. 따라서 나라면 결코 그 사람에게 자신의 결정과 행동에 대한 책임에서 벗어날 방법을 주는 일은 없을 것이다.

만약 내 말을 듣고도 최소화 기술이나 유도 질문 둘 다 사용하지 말아야겠다는 확신이 서지 않는다면, 우리가 한 사람의 진실한 기억에 영향을 미쳐서 그가 진실하지 않은 것을 믿게 만들 수도 있다는 점을 떠올려보라.

어떤 사람이 한 일을 최소화하는 것은 그의 책임 역시 최소화하는 일이다. 예를 들어, 당신이 전문적인 기술 교육을 담당하는 회사의 인사부장이라고 가정해보자. 2명의 성인 여성 수강생이 당신의 회사에서 개설한 수업에 참석했다. 이들은 그 수업을 가르치는 강사에 대한 불만을 공식적으로 제기했다. 강사는 65세 정도이고, 두 수강생은 20대 후반이다. 이들은 강사가 자신들에게 부적절한 신체 접촉을 했고 도가 지나쳤다고 항의했다. 인사 담당자인 당신은 1년을 알고 지내던 강사에게 제기된 혐의가 사실이라고 상상할 수 없다. 이 강사의 수업은 전문성으로 유명했기 때문이다. 당신은 회사의 방침을 따라 그를 인터뷰해야 한다.

그를 인터뷰하면서 당신은 이렇게 말한다.

"무슨 일이 있었나요? 당신이 젊었을 때는 타인을 껴안거나 팔짱을 끼는 것이 괜찮았다는 것을 압니다. 하지만 지금은 시대가 달라져서 그런 행동을 하시면 안 됩니다. 부적절한 행동입니다."

이 말이 불편한 주제를 무난하게 다루는 효과적인 방법으로 들릴 수도 있다. 하지만 당신은 방금 강사에게 그의 행동에 대한 변명을 제공했다. 만약 생각했던 것만큼 당신이 그를 잘 알지 못했고, 그가 지속해서 젊은 여성에게 부적절하게 신체 접촉을 해왔다면? 두 수강생이 공식적으로 불만을 제기하지 않았거나 두 사람 중 한 사람이라도 그럴 용기가 없었다면 당신은 이 사실을 결코 알 수 없었을 것이다.

그가 무엇을 했는지 혹은 왜 그랬는지 말해주는 대신, 그에게 무엇을 했는지 혹은 왜 그랬는지 물어봐야 한다. 스스로의 공감 능력과 전문성을 믿어라. 당신은 그를 존중하면서 라포르를 형성하는 능력이 있으니 자신감을 가져라. 훌륭한 인터뷰 진행자는 비난하지 않고, 판단하지 않으며, 편견이 없기 때문에 인터뷰 대상자의 영향을 받지 않고 직설적인 질문을 할 수 있다. 내가 심문했던 수용자들에게 "당신이 가진 이념 때문에 쌍둥이 빌딩을 폭파했던 것을 알고 있다"라고 말했을까? 당연히 아니다. 이런 말은 정반대의 방법이다.

사람들에게 그들이 무엇을 했는지, 왜 그랬는지 말해주는 대신에 이 기술을 사용해라. 당혹스럽고, 불편하고, 유죄임이 드러나는 사실이더라도 진실을 얻는 것이 중요하다. 다음은 '말하지 말고 질문하라'를 사용하는 방법을 보여주는 예이다. 당신이 강간 혐의 자를 인터뷰하는 경찰관이라고 가정해보자. 당신은 이렇게 말하지 않을 것이다. "당신은 술에 취했어요. 그래서 아마 그녀를 강간했을 거예요." 만약 그가 소녀를 애초부터 강간할 의도가 있었다면? 대신에 이렇게 물을 수 있다. "그 소녀에게 무슨 짓을 했어요?" 또는 단도직입적으로 이렇게 물을 수 있다. "왜 그녀를 강간했어요?" 만약 그의 DNA가 그녀의 몸속에 있다는 증거가 있다면 그에게 단도직입적으로 질문하지 못할 이유가 없다. 내가 중요하게 다루지 않으면, 그가 자진해서 문제를 드러내지는 않을 것이다!

만약 당신이 언어적으로나 비언어적으로 그 문제에 대한 언급을 회피하거나, 말문이 막히거나, 긴장한 기색을 보인다면, 그는 당신이 그 질문을 불편해한다고 인식할 것이고, 그래서 그 또한 대답하는 것을 불편해할 것이다. 이는 보디랭귀지, 눈 맞춤, 목소리 톤, 사용하는 단어들을 인식해야 함을 의미한다. 당신이 보이는 불안의 지표는 인터뷰 대상자에게 동일한 반응을 일으킬 것이다. 3장에서 나는 거울 신경세포가 어떻게 우리가 다른 사람들의 행동을 거울처럼 따라 하는 미러링을 할 수 있고 그래서 우리가 다른 사람들의 감정을 직접 경험하기 시작한다는 것에 대해 이야기했다. 인터뷰 진행자는 불편한 주제를 이야기하는 것에 대한 수용과 올바른 인식이 이루어지도록 인터뷰 분위기를 조성할 필요가 있다.

그래도 여전히 "그녀를 강간한 것은 언제이고, 이유는 무엇인가요?"라고 직설적으로 묻기 불편하다면, 예컨대 다음과 같이 다르게 질문해 대답을 얻을 수 있다. "그녀에게 정확히 무엇을 했나요?",

"어떻게 삽입했나요?" 이런 식으로 표현하면 비난하지 않는 것처럼 보이고 강간 행위와 인터뷰 대상자 사이에 거리가 생겨서 자신이 한 일에 대해 더 자유롭게 말할 수 있게 된다.

인터뷰 대상자가 사건에 대해 이야기하는 것을 더 편안하게 느끼도록 하기 위해 인터뷰 진행자가 '누그러뜨리기 언어 softening language'를 사용하는 경우가 있다. 누그러뜨리기 언어란 이런 식으로 말하는 것이다. "그녀에게 강제로 했을 때 당신의 마음은 어땠나요?" "강간"을 "강제로"로 간접적으로 표현하면 인터뷰 대상자가 강간에 대해 이야기하는 것이 덜 껄끄러울 수 있다. 하지만 인터뷰 대상자가 공개적으로 "강간"을 인정하기보다는 당신이 정의한 "강제로"에 집착할 수 있기 때문에 나는 이 기술을 그다지 좋아하진 않는다. 청소년이나 정신 장애가 있는 사람들을 인터뷰할 때 필요할 수도 있지만, 보통 질문을 할 때 나는 누그러뜨리기 언어를 사용하지 않는다.

3년간 출연한 TV 쇼에서 소송 당사자들에게 질문하며 배운 것은 단도직입적으로 묻는 것이 낫다는 점이다. "당신은 남편을 속이고 몇 번이나 다른 남자들과 바람을 피웠나요?"라고 물었을 때 심지어 그들은 나의 솔직함과 정직함에 감사해하기도 했다. 나는 일부러 부드럽게 말하거나 그들에게 뭔가를 감출 필요가 없었다. 내가 먼저 터놓고 말하면 그들 역시 솔직하게 말해주었다. 자신이 있는 그대로 받아들여지는 것 같았기에 더 안정감을 느낄 수 있었던 것이다. 나는 그들을 판단하거나 비난하지 않았다. 때때로 나는 성관계 시 체위나 성병에 대한 곤란한 질문을 할 수밖에 없었는데,

불편하다고 해서 그런 주제들을 피하지 않았다. '내가 이런 이야기를 시치미를 떼고 하고 있다니 믿을 수 없네' 하는 마음이 들어도 드러내지 않았다. 그들은 나의 편안한 모습을 보면서 마음 놓고 자세히 이야기를 하곤 했다. 그러나 방송 진행자들은 종종 누그러뜨리기 언어를 사용한다. 그들은 출연자에게 수월하게 이야기를 끌어내기 위해 말을 돌려서 하는 경향이 있다. 하지만 그 결과 출연자는 구체적인 내용을 언급하지 않고 허풍만 떨다 가기도 한다. 물론 출연자가 계속해서 이야기하게 하는 것이 진행자의 일이다. 방송 진행자는 자백을 받아내는 사람이 아니다. 자칫 진행자가 출연자를 불편하게 한다면 출연자는 인터뷰를 중단할지도 모른다. 이는 방송국이 좋아하지 않는 결과이다.

용의자가 인터뷰에 더 편안한 마음으로 임할 수 있도록, 나는 종종 그에게 그가 어떤 일을 벌였는지, 그리고 혐의를 받고 있는 일을 왜 저질렀는지 신경 쓰지 않는다고 그에게 말한다. 동시에 나는 그에게 그가 무엇을 했고 왜 그랬는지 정확하게 알 필요가 있다고 분명히 말한다. 나는 그에게 판결을 내리려고 온 사람이 아니다. 판결은 판사가 나중에 내릴 일이다. 나는 사건에 대한 모든 정보를 수집하기 위해 그 자리에 있었고, 용의자들이 내게 정직하게 말해주는 것에 감사했다. 나는 또한 "당신은 그렇게 할 의도가 없었어요" 또는 "당신은 선택의 여지가 없었어요"라는 말은 피했다. 이런 말들로 연민을 표하는 것은 적절하지 못하다. 특히 그가 인간의 도덕과 윤리에 위배되는 행동을 했다면 더더욱 지양해야 한다. 용의자는 보통 자신의 선택으로 범죄를 저지른다. 사람들이 거짓말을 할 때조차도 그것은 선택에 의한 것이다. 이성적인 판단을 할 수 있는 성인이라면 대체로 무엇이 옳고 그른지 안다. 다만, 인격 장애는 이성적인 추론에 영향을 미칠 수 있다.

인터뷰 진행자가 최소화 기법을 사용하려면 자신이 찾는 정보를 중심으로 이야기를 만들어야 한다. 예를 들어 당신이 선생님이고 학생이 숙제를 제때 제출하지 못했다고 하자. 최소화 기법을 사용해 비난으로 들리지 않는 말로 그 이유를 알아내려면 이렇게 물을 것이다. "코로나 기간에 집에서 수업에 집중하기 어렵다는 것을 이해하지만, 그래도 숙제는 제시간에 끝내야 하는데 왜 늦었지?" '말하지 말고 질문하라' 기법을 사용하면 비난하지 않고 정중하게 이렇게 물을 것이다. "왜 숙제를 제때 제출하지 않았니?" 이야기를 만들 필요도 없고, 답을 주지도 않는다.

당신이 영업 담당 수석 부사장이고 귀사의 고객사 중 한 곳이 경쟁 업체의 제안을 받아들일 수도 있다고 말했다고 가정해보자. 최소화 기법으로 말한다면 다음과 같을 것이다. "팬데믹으로 인해 상황이 불확실하다는 것을 이해합니다. 그래서 저희 회사의 서비스를 계속 받아도 괜찮을지 다소 의심스러우실 수 있습니다. 하지만 저희 회사와 같이 전문적인 수준의 서비스를 제공할 수 있는 업체는 없습니다. 지금 계약을 중단하셨다가 다시 저희 서비스를 받기로 결정하신다면 지금보다 2배의 비용이 들 것입니다. 저희와 처음 계약하셨을 때는 많은 혜택을 제공받으셨지만, 예전과 같은 혜택은 더 이상 제공하지 않고 있습니다." 이는 영업 사원이 이해관계자와 나누는 정상적인 대화처럼 들릴 수 있다. 하지만 이 대화에는 문제가 있다. 첫째, 당신은 그 회사가 왜 고객으로 당신 회사에 계속 머물고 싶어 하지 않는지를 '미루어 짐작하여' 말했고 둘째, 당신의 말이 사실이라 해도, 이를 고객사가 스스로 결정했다고 느낄 수 있게 하지 않았다.

당신은 그에게 의심이라는 감정을 주입했고, 당신이 고객사를 위해 대신 결정해주는 것처럼 보인다. 이러면 이해관계자는 궁지에 몰린 것 같은 압박감을 느낄 수 있다. 겁에 질린 동물은 두려움에 따라 행동한다. 그것은 바로 공격이다. 이해관계자는 불안해져서 오히려 당신 회사와의 서비스를 종료할 수 있다. 그래야 당신이 더 이상 자신들을 위협할 수 없다고 느끼거나 자신들을 두려움에 떨게 할 수 없다고 느낄 수도 있다. 이 대화를 나누는 더 좋은 방법은 다음과 같이 말하는 것이다. "말씀 귀 기울여 듣고 있습니다. 고민에 대해 솔직하게 말씀해주셔서 감사합니다. 결정을 내리시기 전에 원하시는 조건을 제가 맞춰드릴 기회를 주시면 좋겠습니다. 그리고 나서 저희 회사 고객으로 계속 남으실지를 결정하시기 바랍니다." 압박하거나 위협하지 않는 말이다. 당신은 결정이 궁극적으로 그들에게 달려 있으며 그들이 옳은 결정을 내릴 것을 안다는 메시지를 주어야 한다. 그래야 이해관계자가 무력감을 느끼지 않고 권한을 인지할 수 있다. 당신은 고객사가 고민하는 이유를 그들에게 대신 말하지 않는다. 그들이 당신에게 말하게 하고, 당신은 그저 고민을 해결해주면 된다!

이 장의 시작 부분에 있던 질문으로 돌아가보자. 살인을 시인한 용의자에게서 무엇을 더 알아내야 할까? 그가 어떻게 왜 그 사람을 죽였는지, 누가 그 사실을 알고 있었는지, 누가 도움을 주었는지, 그 외에 누가 거기에 있었는지, 지금부터 일어날 가능성이 있는일은 무엇인지 들어야 한다. 누군가가 살인에 대한 복수를 계획하고 있는가? 살인의 결과로 어떤 일들이 후속적으로 일어날까? 이정보들은 앞으로 일어날 범죄를 분석하는 데 도움이 될 것이다.

이 장은 내게 유달리 소중하다. 왜냐하면 인터뷰 진행자가 인터뷰 대상자에게 서툰 방식으로 말하는 바람에 심문을 그르치는것이 나의 가장 큰 불만거리 중 하나이기 때문이다. 나의 기술을 사용하면 더 나은 결과와 더 정직한 답변을 얻을 것이라고 보장한다우리가 하는 일은 단지 자백을 얻어내는 것이 아니다. 우리는 그들이 자백한 범죄나 활동에 대한 세부 정보들을 얻어내야 한다.

다음은 최소화 기법을 사용한 글이다. 이 3가지 시나리오를 읽고 '말하지 말고 질문하라' 기법으로 다시 작성하라. 최소화 기법은 각 예시에서 나타날 것이다. 모범 답안은 부록 C에 있다.

시나리오 1. 회사에서의 충돌

당신은 스타트업의 새로운 COO이다. 이는 새로운 직책이며, CEO는 모든 이해관계자에게 당신의 직위에 대해 아직 알리지 않았다. 인사부장 또한 아직 그 사실을 모른다. 당신이 그 회사에 온 첫 주에, 당신은 인사부장에게 역할과 책임, 회사의 사명과 비전에 대해 논의하자고 요청한다. 그는 눈에 띄게 스트레스를 받은 모습으로 시간이 없다고 당신에게 말한다. 그는 몇 년 전에 CEO와 함께 다른 회사에서 일했기 때문에 CEO와 밀접하게 다져진 관계를 가지고 있다.

당신은 인사부장이 CEO에게 자신이 해야 할 일이 너무 많은데 당신이 그에게 스트레스를 주고 있다고 불평했다는 것을 알게 된다. CEO는 당신에게 와서 왜 당신이 그에게 스트레스를 주었는지 물었다. 당신은 효율적으로 일하기 위해 그의 역할과 책임에 대해 더 알고 싶어서 그를 만나자고 요청했다고 설명했다. CEO는 인사부장이 회사를 그만두는 것을 원치 않기 때문에 그와 함께 일할 방법을 생각해보라고 말했다. 그래서 당신은 그에게 이렇게 이메일을 쓴다.

"좋은 아침이에요, 로드니. 새로운 COO로서 이 회사를 성공시키기 위해 함께 일하게 되어 기쁩니다. 회사 설립 초기 단계이기 때문에 특히 바쁘시다는 것을 알고 있습니다. 하지만, 인사부장님의 상사인 저는 이번 주에 15분 정도 만나서 간단히 회의를 할 필요가 있습니다. 부장님의 역할과 책임감 있는 계획에 대해 좀 더 자세히 알기 위해 맡으신 일에 대해 간략히 설명해주셨으면 합니다. CEO에게 저 때문에 스트레스를 받으신다고 하신 것을 알고 있어요. 스트레스를 드리려는 것이 아니라 오히려 덜어드리는 것이 제 일입니다. 오늘 업무가 끝날 때까지 가능하신 시간을 알려주세요. 감사합니다. 앨리샤 드림."

'말하지 말고 질문하라' 기법에 따라 이 이메일을 다시 작성하라.

시나리오 2. 입을 다물고 있는 목격자

당신은 이웃의 범죄를 본 목격자를 인터뷰하는 형사이다. 당신은 이렇게 말한다. "말하고 싶지 않으시겠지요. 괜히 해코지를 당하는 건 아닐지 겁이 나실 수 있습니다. 하지만 당신이 본 것을 저희에게 말씀하지 않으시면, 그들은 계속해서 이웃에 해를 끼치거나 사람들을 다치게 할 수도 있습니다. 그런 일이 일어나길 바라시나요?"

'말하지 말고 질문하라' 규칙에 따라 이 대화를 다시 작성하라.

시나리오 3. 진통제에 중독된 환자

※주의. 나는 의사도 아니고, 의사를 대변하는 사람도 아니다. 다음은 '말하지 말고 질문하라' 기술을 사용한 예시일 뿐이다.

의사인 당신은 당신에게 수술받은 환자 중 한 명이 진통제에 중독된 게 아닐지 걱정하고 있다. 수술 후 어느 정도 시간이 지났는데도 그 환자는 여전히 극심한 통증을 호소하고 있다. 게다가 진통제로 인해 무척 졸린 나머지 말을 제대로 하지 못하며 평소 성격과 달라 보인다. 환자는 당신의 진료실에 있고 진통제 추가 처방을 요청하고 있다. 당신은 이렇게 말한다. "수술을 마치고 이렇게 오랫동안 통증이 지속되는 일은 없습니다. 다시 아플까 봐 약을 끊는 것을 두려워하는 분들이 간혹 계시지만, 분명 괜찮으실 거예요. 진통제를 1주일간 끊어보시고 그 후에 어떤 느낌인지 지켜보도록 하죠."

'말하지 말고 질문하라' 규칙에 따라 이 대화를 다시 작성하라.

7장

정보를 요구하기 말고 끌어내기

이 장의 제목이 왜 '정보를 요구하지 말고 끌어내기'일까? 인터뷰를 계획하고 준비하는 데에 아무리 많은 노력을 기울여도 마음을 열지 않는 사람들이 있다. 그들은 어떤 주제에 대한 질문에는 기꺼이 대답하지만, 다른 주제에 대해서는 대답을 회피한다. 본래 다른 사람들을 신뢰하지 않기 때문에 입을 굳게 다물고 있을 수도 있다. 내성적이고 겁이 많은 성격일 수도 있다. 협조적이고 진실하지만 모종의 이유로 내가 필요로 하는 상세한 정보는 제공하지 않을 수도 있다. 하지만 해결책이 되는 탁월한 스파이 기술이 있다.

도출elicitation 기법은 전 세계의 인간정보 기관에 의해 사용된다. 인간정보 수집 운영 현장 매뉴얼Human Intelligence Collector Operations Field Manual은 다음과 같이 설명한다. "도출은 대화의 특정 목적을 알지 못하는 정보원human source과의 직접적인 상호작용을 통해 정보를 얻는 것이다. 도출은 전통적인 질문 기술을 효과적으로 사용할 수 없을 때 쓰는 정교한 기술이다." 도출은 눈에 띄지 않는 대면, 전화, 인터넷 도메인 등의 방식을 통해 대상 개인으로부터 특정 정보를 얻는 것이다. 정보를 얻기 위해 도출 기법에서는 질문이 아닌 정보 도출을 유발하는 서술문을 사용한다. 신중히 계획하고 성공적으로 실행하면, 목표로 하는 대상은 정보 공유에 대해 우려하지 않을 것이다. 이 모든 것은 약간 스파이 작전처럼 보일 것이다. 하지만 도출이 몰래 진행되는 비밀스러운 접근이 아니라는 것을 알게 될 것이다. 단지 의도를 숨긴 계획되고 통제된 대화이다.

질문은 대답을 강요하는 것처럼 느껴질 수 있기 때문에 상대방이 경계하기도 한다. 너무 많이 물어보면 인터뷰 대상자는 압박감이 들 수 있다. 질문을 받은 인터뷰 대상자는 '질문자가 수집하려는 정보가 어떤 것일지'에 주의를 기울이게 된다. 도출은 우리가 찾으려는 정보를 드러내지 않고도 라포르를 구축하고, 인터뷰 대상자의 긴장을 풀어주며, 신뢰를 얻는 대화 방식으로 정보를 얻게 해준다. 도출은 사람들에게서 쉽게 구할 수 없거나 직접적으로 요청하기에는 너무 민감한 정보를 순조롭게 수집할 수 있는 방법이다. 도출을 통해 당신과 인터뷰 대상자는 우호적인 대화의 형태로 정보를 공유할 수 있다.

나는 인간정보 장교로 일을 시작한 초기에 도출 교육을 받았고 관타나모 수용소에서 심문관으로 있으면서 이 기술을 사용했다. 비록 첩보를 수집하기 위한 접근 방법과 질문 기술로서 훈련을 받았지만, 비난하지 않기와 친밀한 신뢰 관계를 기반으로 기술을 사용했기 때문에 도출을 통해 나는 더 많은 정보를 수집할 수 있었다. 이 기술은 매우 효과가 좋았다. 수용자들이 내가 정보를 캐내는 게 아니라 그저 대화를 하고 있다고 생각하고 경계심을 풀었기 때문이다.

내가 받은 정보 훈련과 『영업 비밀―다른 이의 비밀은 얻고, 자신의 비밀은 지켜라Confidential: Business Secrets―Getting Theirs, Keeping Yours』라는 책을 펴낸 존 놀란John Nolan 밑에서 일하며 배운 경험을 토대로, 나는 수십 년 동안 범죄 수사와 기업 정보 수집 활동 모두에서 도출 기법을 사용하고 가르치며 이 기술을 완성해왔다. 심지어 '도움 요청 기술'이라고 이름 붙인 새로운 도출 기술을 만들어내기도 했다. 모든 도출 기술은 정보 도출을 유발하는 서술문 형태로 만들어진다. 도출의 핵심은 서술형인 당신의 말에 대답하고 싶어지도록 상대방을 자극하는 것이다. 뭔가를 알아내려는 것처럼 보이지 않으면서, 민감한 정보를 수집하는 방법이다.

나의 고객들은 영업, 마케팅, 금융, 법률 등 다양한 분야에 종사하고 있다. 민간 부문에서 도출은 리더가 정보에 기반한 결정을 내리는 데 도움이 되는 정보 수집 활동의 도구로 사용된다. 예를 들어 마케팅 담당자들은 미래 시장을 예측하는 데 도움이 되는 정보를 얻고 싶을 것이고, 의료 전문가들은 환자들을 괴롭히는 것이 무엇인지 알고 싶어 할 수 있으며, 경영진들은 경쟁자들에 대한 정보를 얻고 싶어 할 것이다. 법 집행 요원들은 범죄 해결을 위해 목격자나 이웃으로부터 정보를 수집하거나, 용의자를 구슬려 자백을 받아내는 기술을 습득해야 한다.

직업적인 삶과 개인적인 삶에서 다양하게 도출을 적용할 수 있다. 예컨대 협상에서 우위를 점하고 싶거나, 중요한 결정에 영향을 미칠 수 있는 정보를 상대방이 솔직하게 주고 있는지 알고 싶거나, 편안한 환경을 조성해서 주저하는 사람으로부터 정보를 공유받고 싶은 경우에도 유용하다.

도출 기법을 사용하는 이유

개인적인 견해나 업계의 지식과 같은 민감한 정보를 요구할 수 없는 상황이 있다. 이럴 때 '질문'은 무례하고, 갑작스럽고, 비난하는 것처럼 보일 수 있다. 그러면 인터뷰 대상자는 경계하게 될 것이다.

이러한 맥락에서 질문은 대화를 방해할 수 있기에 도출 기술은 더더욱 중요하다. 잘하면 인터뷰 대상자를 대화에 더 오래 참여시키고, 의미 있는 길을 새롭게 열 수도 있다. 당신이 그를 인터뷰하고 싶어 한다는 것을 인터뷰 대상자가 알고 있다면, 그는 불편한 상황을 피하려고 시간이 별로 없다고 답할지도 모른다. 하지만 친밀한 신뢰 관계를 형성한 다음, 인터뷰의 성격을 띠지 않는 일상적인 대화를 나눈다면, 그는 당신에게 더 많은 시간을 할애해주게 될 것이다.

겁에 질린 사람은 자신이 어떻게 느끼는지 혹은 무엇을 알고 있는지 말하는 데 어려움을 겪곤 한다. 낙심한 환자는 의료 전문가들과 건강 문제를 상담하기 힘들 수 있다. 보복이 두려운 목격자는 가해자를 지목하지 못할 수도 있다. 이럴 때 도출 기법을 사용하면 질문을 하지 않고서도 그들이 보다 마음 편히 민감한 정보를 공유하는 환경을 조성할 수 있다.

도출이 효과가 있는 이유

도출은 인간의 심리와 인간의 본성을 이용한다. 사람들은 대부분 자신이 예의 바르고, 정직하며, 신뢰받을 수 있는 사람이기를 원한다. 바로 그 이유로 사람들은 예의 바르고, 정직하며, 신뢰할 수 있다고 여겨지는 사람에게 더 개방적인 경향이 있다. 또한 인간은 말하고, 다른 사람들에게 무언가를 알려주고, 고쳐주며, 자신이 아는 것을 과시하길 좋아한다. 이 점을 이용해 상대방을 유도할 수 있다면, 오히려 그의 말을 멈추는 게 더 어려워질지도 모른다.

인간의 또 다른 욕구는 자신을 괴롭히는 것들에 대한 좌절감을 표출하는 것이다. 또한 다른 사람들도 자신과 같은 감정을 느낀다면, 그 감정에 더 큰 타당성을 부여하는 경향이 있다. 그래서 같은 사항에 대해 좌절감을 분출하는 다른 사람들 주변에 있을 때, 더 쉽게 많은 정보를 흘리게 된다. 공통점이 만들어준 신뢰로 인해 감정적이 되면 정보를 보호하는 데 덜 신중해지고 그 가치를 과소평가하여 중요한 자료를 공개해 공유하기도 한다. 누군가가 "아직 말씀드리지 못한 내용이지만…"이라고 하면서 솔깃한 소식을 전해준 경험이 있을 것이다.

마지막으로 인간은 보통 자신의 존재, 자신이 가진 정보와 지식, 자신의 노력을 누군가 알아주고 가치 있다고 인정해주길 바란다. 그래서 자신을 인정해준 사람에게는 쉽게 친절해진다. 인정 욕구가 충족된 사람은 자신의 의견을 강하게 말할 수 있다. 다른 사람들이 듣고 있는 데서 칭찬을 받았다면 해당 주제에 대해 더 자세히 말할 것이다. 자신이 중요하게 느껴지기 때문이다.

이제 도출 기법이 효과적인 이유를 이해했으므로, 효과적인 도출의 특성에 대해 알아보자.

효과적으로 도출을 하는 사람의 특성

누구나 정보를 끌어낼 수 있다. 하지만 효과적으로 정보를 도출하는 데 도움이 되는 성격적 특성과 자질이 있다.

- 도출 기법을 사용해 대화를 지속하는 자신의 능력에 대한 자신감. 자신이 잘 알지 못하는 사람들이나 자신보다 중요한 사람들과 대화를 할 경우 이런 자신감이 특히 더 요구된다.
- 인내심. 대화를 서두른다면 인터뷰 대상자를 불편하고 걱정하게 만들 것이기 때문이다.
- 경청 기술. 현재 이야기를 나누고 있는 사람에게 집중해야 하기 때문이다.
- 대화 기술과 호기심. 이를 통해 정보를 끌어내는 사람에 대한 관심을 드러낼 수 있다. 외향적이어야 할 필요는 없지만, 흥미롭고 다소 카리스마가 있어야 하며, 다양한 주제들에 대해 지식이 있어야 한다.
- 기억력. 일상적인 대화를 다 메모할 수 없으며 수집한 정보의 세부 사항을 기억해야 하기 때문이다.

민간 부문과 공공 부문에서의 도출 활용

공공 부문에서 정부 기관, 군 기관, 법 집행기관은 곧 있을 공격, 불법 활동, 조직 간의 제휴, 자금 세탁, 자금 조달, 인신매매, 마약 밀수에 대한 정보를 수집하는 수단으로 도출을 사용한다. 도출을 통해서 해당 국가의 사정을 추정하고 검증하는 해외 주재 대사관을 위협하는 요인들에 대한 구체적인 정보를 수집한다. 그 지역이 얼마나 안전한지 판단하기 위해 해당 지역의 분위기에 대한 정보를 모은다. 그리고 그 지역의 나라를 정찰할 사람들을 모집한다.

민간 부문에서 기업은 경쟁사, 기술 혁신, 시장 예측, 이해관계자 가치, 고객 요구 사항에 대한 정보를 찾기 위해 도출을 사용한다. 도출을 통해 관계를 중개하고, 제휴를 맺고, 인재를 확보하며, 수익성을 높이는 요소를 파악하고, 조직의 전반적인 비즈니스 통찰력을 높여 경쟁 우위를 확보한다.

어떤 산업에서 일하든 대화를 통제하고 필요로 하는 것을 얻기 위해 도출 기술을 사용할 수 있다.

8가지 간단한 도출 기술

정보 도출을 자극하는 서술형으로서 총 15가지의 도출 기술을 가르치고 있지만, 이 책에서는 질문하지 않고도 정보를 얻을 수 있도록 내가 이지 에이트Easy Eight라고 부르는 8가지 간단한 도출 기술을 소개한다. 각각의 기법을 개별적으로 사용할 수 있지만, 더 많은 정보를 이끌어낼수록 더 많은 기법을 결합해 사용할 수 있음을 알게 될 것이다.

1 순진한 연기하기

상대방이 지식과 경험이 없어 보이면 지식이 풍부한 사람은 자신이 아는 것을 알려주고 싶어진다. 이 기술은 자신을 무지한 존재로 내보여야 하므로 그 순간에는 자아를 정지할 필요가 있다. 실제로 무지하거나 경험이 부족한 경우 연기할 필요가 없이 자연스러운 것이 더 나을 수 있다. 인터뷰 대상자가 스스로를 전문가라고 생각하고 자신과 자신의 일에 대해 이야기하는 것을 좋아한다고 가정해보자. 이 기술은 상대방을 가르치는 것이 그의 기분을 좋게 할 것이기 때문에 도움이 될 것이다. 그러나 일부 인터뷰 대상자는 이 기술에 부정적으로 반응할 것이다. 이들은 자신과 같은 생각을 가진 사람들 또는 지적이고, 지식이 있거나, 자신만큼 성취를 이뤘다고 생각히는 사람들과 어울리는 것을 선호할 수 있다. 그럴 때 이 기술은 예컨대 이렇게 말하는 것이다. "그것이 가능하다고 생각하지 않습니다.", "믿기 어렵네요.", "그런 일이 일어날 수 있을지 확신할 수 없네요."

2 아첨하기

아첨은 친밀한 관계를 증진시키고, 상대방에게 긍정적인 감정을 만들어내며, 마음을 열도록 할 수 있다. 사람들은 자신에 대해 만족감을 느끼길 좋아해서 이 기술은 상대방이 계속 이야기하도록 만든다. 그러나 조심하라. 작은 아첨이 큰 역할을 한다. 가식적이거나 자신을 낮추는 것으로 보일 수 있으니 지나치게 비위를 맞추지는 마라. 상대방을 칭찬하기로 선택했다면 주의해야 할 사항이 있다. 사람들의 외모나 소유물에 대해 아첨하는 것을 피하라. 사람에 따라 끔찍이 싫어할 수도 있기 때문이다. 외모에 대한 칭찬을 불쾌하게 여기는 사람도 있다. 가장 안전하고 효과적으로 환심을 살 수 있는 몇 가지는 그의 도덕, 윤리, 용기, 근면, 인내, 교육, 자격증, 프로젝트, 연구, 가정생활, 자녀 교육법 등이다. 아첨은 어떤 인터뷰 대상자에게는 효과적일 수 있지만, 어떤 이들에게는 그렇지 않을 수 있음을 기억하길 바란다. 아첨은 예컨대 이렇게 말하는 것이다. "접근하시는 방법이 감탄스럽습니다.", "참 끈기가 있으시네요.", "용기를 내서 하셨군요."

3   관심 보이기

인터뷰 대상자와 그가 하는 말에 관심을 보이면 그는 자존감이 높아져 관련 정보를 공유할 가능성이 커진다. 당신이 보이는 관심은 진심일 수도 있고 그렇지 않을 수도 있다. 관심 있는 척하는 것이라면 반드시 진심으로 보이게 하라. 그렇지 않으면 신뢰를 잃고 라포르가 깨질 것이다. 아첨과 마찬가지로 작은 관심은 큰 효과를 낸다. 신뢰도를 유지하기 위해 간결한 형태로 관심을 보이라. 상대에게 관심을 보이면 서로의 관심사가 드러날 수 있다. 만약 인터뷰 대상자와 공통점을 발견한다면, 그는 아마도 당신을 더 신뢰하기 시작할 것이다. 인터뷰 대상자가 많이 말할수록 공통점을 발견할 가능성이 커진다. 공통점이 정말 같다면 진정성이 생긴다. 관심을 보이는 말의 예는 다음과 같다. "그것에 대해 더 듣고 싶습니다.", "재미있네요.", "어떻게 생각하시는지 듣고 싶습니다."

4   퀴드 프로 쿼 이용하기

라틴어로 '동등한 교환'을 의미한다. 즉, 내가 상대방에게 정보를 주고, 상대방 또한 나에게 정보를 주는 것이다. 우리가 자주 사용하는 가장 간단한 형태의 퀴드 프로 쿼는 누군가를 만나 서로 이름을 밝히는 것이다. 내가 원하는 정보와 대등하게 내가 공유할 수 있는 정보를 생각해보자. 예를 들어 인터뷰 대상자가 가장 좋아하는 스포츠나 취미가 무엇인지 알기 위해, 그가 "아, 저도 테니스를 좋아해요"와 같이 반응하기를 바라면서 "저는 스키를 좋아해요"라고 말하기는 쉽다. 하지만 쉽지만은 않다. 좀 더 창의적이어야 할 수도 있다. 부드러운 화제 전환과 신뢰성을 위해서는 정보 도출을 자극하는 퀴드 프로 쿼 서술문으로 이야기를 만들어야 한다. 예를 들어 상대방의 취미를 알고 싶다면 자신의 취미를 바로 공유하는 대신에 그 취미에 대한 스토리를 만들자. "드디어 여름이 와서 너무 좋아요. 물에 들어가고 싶어서 몸이 근질근질했거든요. 인생에서 이걸 하지 않고는 살 수 없다 싶은 게 거의 드문데, 요트 타기가 그중 하나예요!" 이런 식으로 정보 도출을 자극하는 퀴드 프로 쿼 서술문은 대화 속에서 너무 갑작스럽거나 어색해 보이지 않는다.

퀴드 프로 쿼를 사용하면서 사람들이 나보다 우월감을 느끼고 싶어 하는 것을 볼 수도 있다. 그 심리를 이용하라. 내가 실수한 순간을 들려주면 상대방은 우월감을 느끼며 자신이 겪은 비슷한 경험을 이야기할 수도 있다. 예컨대 당신은 이렇게 말하는 것이다. "제가 …했던 때에 대해 말씀드릴게요.", "어렸을 때 저는 항상 바르지만은 않았어요. 한번은 이런 적이 있었는데….", "우리 모두는 인간이니까 저도 실수를 하죠. 아찔했던 이야기를 들려드릴게요."

퀴드 프로 쿼를 반사적으로도 사용할 수 있다. 인터뷰 대상자가 이야기하기를 바라는 주제에 대해 깊이 파고들 지식이나 경험이 부족할 때 다른 사람의 입을 빌려 정보를 전하는 방법이다. 예를 들어 "펜타곤에서 일하기 위해서는 일급비밀 취급 허가가 필요하다고 들었습니다"라고 말하는 대신 "제 친구 중 한 명이 펜타곤에서 일하려면 일급비밀 취급 허가가 필요하다고 말했습니다"라고 하는 것이다. 이 예는 순진한 연기를 사용하는 것으로 전환할 수 있지만, 인터뷰 대상자가 순진한 사람보다 사정을 잘 아는 사람에 더 반응할 것이라고 느낀다면 퀴드 프로 쿼를 반사적으로 사용하자. 다음은 다른 예이다. 당신은 인터뷰 대상자가 X라는 나라의 정치적 안정성에 대한 정보에 접근할 수 있는지 궁금하며, 당신은 X 국가의 정치적 안정성에 대한 지식이 없다. 대신 X 국가에서 기자로 일했고 최신 정보를 알고 있는, 가상의 인물일 수도 있는 당신의 동료에 대한 정보를 인터뷰 대상자에게 제공할 수 있다. 이렇게 말하면 당신이 약간의 정보만 아는 것이 그럴듯해 보일 것이다. 해당 주제에 대한 정보가 전혀 없다는 사실을 공개해서 득이 될 건 없다. 인터뷰 대상자가 당신이 알고 있는 다른 정보가 있는지 묻는다면, 이런 식으로 말하면서 세부 사항을 조작해내지 않고도 벗어날 수 있다. "그녀가 더 자세히 말해주지는 않았어요. 그게 제가 아는 전부예요."

5 아는 척하기

이 기술은 인터뷰 대상자가 민감한 정보를 더 편안하게 공개할 수 있도록 무언가에 대해 아는 척하는 것을 말한다. 효과적으로 사용하면 인터뷰 대상자는 '이미 그것에 대해 알고 있는 사람과 정보를 공유하는 것이 해가 되겠어?'라고 생각하게 된다. 이 기술을 통해 상대방은 당신을 더 신뢰하게 되며 당신은 공통점을 찾고 만들 수 있다. 알려진 용어와 속어를 사용하거나 기술 자료를 공유함으로써 내가 알고 있다는 것을 인터뷰 대상자에게 증명해야 한다. 이 기술을 사용하기 위해 약간의 조사를 해야 할 수도 있다. 아는 척하기 위한 지식은 출판물, 뉴스, 소셜 미디어, 사람들에게서 얻을 수 있다. 예컨대 이런 식으로 말할 수 있다. "제 친구가 방송국 뉴스 프로듀서인데 제게 그 사업이 얼마나 경쟁이 치열한지 말해줬습니다.", "누구도 스페이스X 팰컨 9과 같은 재사용 가능한 로켓을 설계할 수 없습니다." ('팰컨 9'이라는 로켓 이름을 사용하면 당신이 해당 분야에 대해 좀 아는 것처럼 보이게 할 수 있다.)

인터뷰 대상자가 속해 있거나 관심이 있는 것을 비판하여 그가 자신의 위치를 방어해야 한다고 느끼도록 하라. 때때로 그는 자신을 방어하려고 노력하는 동안 감정적이 되어 민감한 정보를 무심코 흘릴 것이다. 비판할 때 감정을 상하게는 하지 마라. 그를 불쾌하게 하면 지나치게 방어적이 될 수 있기 때문이다. 과정, 조직, 집단, 규칙, 미디어가 보도한 내용, 다른 사람들을 비판할 수는 있지만 인터뷰 대상자는 비판하지 마라. 가벼운 조롱으로 무심코 시작할 수 있지만, 역효과를 낼 수 있고 친밀한 신뢰 관계를 잃을 수 있기 때문에 조심스럽게 꺼내야 하는 기술이다. 당신이 도출 기법을 이용해 비행 대대장인 한 중령에게서 정보를 이끌어내고 있고, 올해 F-16 추락 사고가 많았던 이유를 알고 싶다고 해보자. "중령 님의 비행대대 소속 조종사들이 그 비행기들을 조종할 수 있는 적절한 훈련을 받지 못하는 것 같습니다"라는 말은 훈련에 대해 비판하는 것이지 조종사나 중령을 비판하는 것이 아니다. 그러나 그는 감정이 상해 "저희 조종사들은 최고의 조종사들입니다! 문제는 이 비행기가 제조 과정에서 지원이 충분하지 않아 전기 부족 현상을 겪고 있고, 그로 인해 오작동이 발생하고 있다는 것입니다"라고 대답할 수 있다. 그러니 이렇게 말하는 것이 더 낫다. "저는 중령 님의 대대 조종사들이 불완전하게 만들어진 제트기를 조종해야 하는 것이 안타깝습니다. 그 제트기들은 하늘에 제대로 뜨지 않을 것 같던데요." 정보 도출을 자극하는 이 비판 서술문에서 중령의 감정이 상하지 않도록 제트기를 목표로 삼아 비판할 수 있다.

7   불신 표현하기

이 기술은 말 그대로 무언가에 대해 불신을 표현하는 것이다. 우리는 대화에서 무의식적으로 불신을 표현하는 경향이 있기 때문에 이 기술은 사용하기가 쉽다. 인터뷰 대상자가 자신이 말했거나 알고 있는 것의 진실성을 정당화하도록 유도하기 때문에 사용에 용이하다. 당신이 드러내는 불신은 진짜일 수도 있고 가짜일 수도 있다. 만약 그것이 가짜라면 진심인 것처럼 보이게 하라. 또한 자신의 불신 표현이 타당한 것인지 아닌지 생각해보라. 상식으로 여겨지는 것에 대해 불신감을 표현한다면 신뢰를 잃을 수도 있다. 순진한 연기처럼 이 기술은 인터뷰 대상자가 당신을 이해시켜주고 싶게 만든다. 그래서 자아를 크게 의식하는 사람들에게 효과가 있다. 예컨대 이렇게 말하는 기술이다. "그가 그런 짓을 했다고 생각하지 않습니다.", "그걸 봐야 믿겠는데요.", "그렇게 빨리 디자인하고 생산하실 수는 없겠지만 만약 하신다면 깜짝 놀라게 될 겁니다!", "이론적으로는 가능하겠지만 실제로는 안 될 겁니다.", "그런 기술이 존재할 리가 없죠.", "당신은 그렇게 먼 곳에서 그를 봤을 리가 없어요."

8   잘못된 정보 제공하기

잘못된 정보를 제공하면 인터뷰 대상자는 제대로 알려주고 싶은 마음이 든다. 그렇게 하면서 그는 정보를 준다. 고의로 거짓 정보를 흘리는 것이기 때문에 진짜처럼 보이도록 충분히 믿을 만한 정보를 지어내라. 혹은 일부러 부정확하게 알고 있는 것처럼 말하며 인터뷰 대상자는 당신이 알고 있는 내용을 바로잡고 싶어 할 것이다. 만약 그가 내성적인 사람이라면 당신이 준 정보에 반응할 시간이 필요할 수도 있으니 인내심을 가지고 기다려라. 인터뷰 대상자는 정보의 민감한 특성 때문에 망설일 수도 있다. 당신이 틀렸다는 것을 증명할 수 있겠지만 자신이 알고 있는 것을 공유하고 싶은지는 확신하지 못할 수 있다. 하지만 인터뷰 대상자의 마음에 어떠한 감정을 일으킨다면, 그는 신중함을 잃고 정보를 공유하게 될 것이다.

프린스턴 신경과학 연구소Princeton Neuroscience Institute의 조나단 코헨Jonathan Cohen 교수는 의사 결정과 관련된 연구를 수행했다. 그는 f-MRI(기능적 자기공명 영상)를 사용해 많은 사람들이 이성이 아닌 감정에 근거해 결정을 내린다는 것을 증명했다. 그래서 만약 인터뷰 대상자가 어느 정도 감정적이라면 경계심을 덜 느낄 수 있다. 사람들의 마음에 감정을 만들어내는 것은 효과적일 수도 있고 효과적이지 않을 수도 있음을 기억하고 주의하자. 예를 들어 이렇게 말하는 기술이다. "어디선가 읽었는데… [그러면서 잘못된 정보를 말한다]", "그건 제가 들은 내용하고 다르네요. 저는 이렇게 들었어요. [그러면서 잘못된 정보를 말한다]", "저희는… [잘못된 정보를 말한다]라는 것을 알게 되었어요."

원하는 주제로 대화를 이끌어가는
2가지 기술: 연결과 전환

인터뷰 진행자는 대화의 어조와 속도, 길이, 그리고 가장 중요한 토론 주제를 정해야 할 뿐 아니라 대화를 주도적으로 이끌어나가야 한다. 연결bridging과 전환transitioning이라는 2가지 기술을 사용하면 대화를 원하는 주제로 효과적으로 이끌어갈 수 있다.

갑자기 완전히 새로운 주제를 꺼내는 것보다는 대화 주제를 연결해 진행 중인 대화를 이끌어가는 것이 항상 더 쉽다. 인터뷰 진행자가 갑자기 주제를 바꾸면 인터뷰 대상자는 불안감을 가지고 경계할 것이다. 이를 자연스럽게 해결하기 위해 진행자는 인터뷰 대상자가 꺼낸 주제 또는 현재 논의 중인 주제를 원래 주제와 관련이 없는 다른 주제로 매끄럽게 연결할 수 있어야 한다. 당신이 잠재적인 구직자를 인터뷰하고 있고 그녀가 과거에 법을 위반한 적이 있는지 알아내야 한다고 가정해보자. 그녀는 가장 좋아하는 TV 드라마가 〈매그넘Magnum P.I.〉이라고 말한다. 자연스럽게 보이도록 그 드라마의 주제를 범죄 혐의의 주제로 연결시킬 필요가 있다. 예컨대 주인공인 토마스 매그넘이 어떻게 항상 자백을 받을 수 있는지, 용의자들이 어떠할 때 그가 정직하다는 느낌을 갖게 되는지에 대해 말하면서 그녀가 지원하는 일에 요구되는 정직함에 관한 대화를 이어갈 수 있을 것이다.

인터뷰 대상자가 입을 다물기 시작했다면, 충분히 논의하지 않았던 이전 주제로 다시 전환할 필요가 있다. 아마도 인터뷰 대상자는 논의하기를 원하지 않았기 때문에 의도적으로 그 주제에서 벗어났을 것이다. 만약 그 주제로 다시 전환해야 한다면 "당신은 제가 여전히 곰곰이 생각하고 있는 것을 앞서 말했습니다" 또는 "당신이 방금 한 말이 앞서 당신이 했던 말을 생각나게 하네요"와 같이 말하라.

또한 인터뷰 대상자가 그에게 편안한 주제에 관해 말하기를 멈출 기미가 없어서 대화를 진전시켜야 할 때가 있다. 새로운 주제로 전환하려면 "그 말을 하시니 제가 아직 하지 않은 다른 질문이 생각나네요"와 같이 말하자.

주제 전환을 연습하려면 다음과 같이 해보아라. 관련이 없는 임의의 두 단어 또는 주제를 선택하고 여섯 단어(6단계)를 사용해 연결하라. 예를 들어 '눈'을 '베를린 쇼핑몰 테러 공격'으로 여섯 단어를 사용해 전환하라. 예컨대 '눈ㅡ겨울ㅡ크리스마스ㅡ유럽에서 스키 타기ㅡ유럽의 불안정ㅡ베를린에서의 테러 공격'과 같이 연결해 전환할 수 있다. 이번에는 '얼음'을 '방화범'에 6단계로 연결해 전환하라. 예컨대 '얼음ㅡ다이아몬드를 뜻하는 속어ㅡ아프리카의 블러드 다이아몬드(분쟁지역에서 생산되어 전쟁 비용 충당을 위해 불법적으로 거래되는 다이아몬드)ㅡ분쟁ㅡ유괴ㅡ방화범'으로 연결해 전환할 수 있다. 이 연습은 빠르게 주제를 전환하며 효과적인 인터뷰를 하는 데 도움이 된다.

도출은 정보를 흘리도록 유도하는 서술문으로 말하는 기법이다. 다음 11개의 질문을 도출 기술을 사용해 서술문으로 바꿔라. 모범 답안은 부록 C에 있다.

1. 어디 사시나요?
2. 어디에서 일하세요?
3. 10대들이 셀카에 집착하는 것에 대해 어떻게 생각하시나요?
4. 운동을 하시나요?
5. 취미 생활로 어떤 것을 하고 계신가요?
6. 가장 좋아하는 노래는 뭔가요?
7. 집을 수리해서 그렇게 높은 수익으로 되팔 수 있었던 비결이 뭔가요?
8. 왜 항상 모든 대화에서 당신이 결론을 지으며 대화를 마무리하려 하죠?
9. 기회가 있었는데 왜 진실을 말하지 않았나요?
10. 별명이 뭔가요?
11. 지난 두 달 동안 테슬라 충돌 사고가 네 건 발생했습니다. 무슨 문제가 있나요?

8장

대화에서의 갈등을
극복하는 법

인생에서 피할 수 없는 것은 2가지, 죽음과 세금이라는 말을 들어봤을 것이다. 한 가지가 더 있는데 바로 갈등이다. 직장에서든 가정에서든 의견 불일치가 발생하는 것은 사람들의 생각과 행동이 서로 다르고, 성격이 다르며, 사회적 상호작용을 할 때 각기 다른 방식을 선호하기 때문이다. 우리는 일률적인 방식으로 변화에 대처하거나 소통하지 않는다. 비록 다양성 없이는 우리가 사는 세계가 제 기능을 할 수 없지만, 이것이 때로는 누구도 원치 않는 불필요한 마찰을 일으키기도 한다. 언제나 갈등을 피할 수만은 없으므로 갈등에 잘 대처할 수 있는 방법을 익혀야 한다.

갈등에 대처할 때는 무엇보다도 언제나 감정이 조절된 상태를 유지하기 위해 최선을 다하자. 물론 말은 쉬워도 실천은 어렵다. 감정을 안정시킬 수 있다면, 비난하지 않고 존중하며 공감하는 대화 접근법을 유지할 수 있다. 이는 우리 모두가 구현하기 위해 노력해야 하는 기본적인 커뮤니케이션 기술이다. 감정은 우리가 필요로 하는 이 기술의 자리를 차지하려고 할 것이기 때문에, 감정적으로 방어적이 되지 않고 반응을 조절하면서 의사를 표현하기 위해 지성을 발휘할 필요가 있다. 내가 "감정을 통제하라"고 말하지 않았다는 점에 주목해주길 바란다. 그것은 우리가 할 수 없는 일이다. 하지만 우리는 감정에 대한 반응과 감정을 표현하는 방법을 조절할 수는 있다.

두려움과 분노와 같은 긴장된 감정을 경험할 때, 뇌의 변연계는 투쟁-도피 반응을 활성화시킨다. 이는 생명을 위협받는 상황에 처해 있는 경우에는 좋지만, 중요한 상대와 인터뷰하거나 협상 또는 대화를 하는 상황에서는 좋지 않다. 만약 투쟁-도피 반응 상태에 부딪치게 되면, 뇌의 우선순위는 안전함을 유지할 수 있는 방법을 찾는 것이다. 뇌는 우리의 생명을 유지하도록 돕기 때문에 호흡, 경계 수준, 신체 기능을 보존, 지속하는 것에 초점을 맞춘다. 이 모든 것이 괜찮으면 뇌는 감정을 고려한다.

만약 우리가 감정에 압도되면 뇌의 변연계limbic system는 이성적으로 사고하는 뇌에 우선할 수도 있다. 인식된 위협이나 스트레스가 심각할 때, 공포를 처리하는 역할로 가장 잘 알려진 신경세포들의 집합인 편도체amygdala라고 불리는 변연계의 한 부분은 우리가 건전한 판단과 결정을 내리는 데 사용하는 뇌의 전두엽을 제압할 수 있을 정도로 빠르게 작용한다. 그렇다면 우리가 공포에 대한 편도체의 반응을 의식적으로 통제할 수 없을 경우 어떤 일이 일어날까? 나중에 후회하리라는 예상을 하지 못한 채 말하고 행동할 수도 있다. 스트레스를 받을 때 우리의 생명 활동이 뇌의 이성적인 능력에 어떤 영향을 미치는지 보기 위해 변연계에 대해 조금 더 알아보자.

논쟁적인 대화 중에 우리는 두려움을 경험하기도 한다. 이때 몸은 빠르게 스트레스 반응 시스템을 활성화시킨다. 미국 국립행동의학임상응용연구소National Institute for the Clinical Application for Behavioral Medicine에 따르면, 우리가 스트레스를 느낄 때 편도체는 불안을 감지하고 시상하부hypothalamus에 고통 신호를 보낸다. 시상하부는 뇌하수체에서 나오는 스트레스 호르몬들을 방출하는 것을 포함해 우리의 신체 기능을 조절한다. 시상하부가 활성화되면 스트레스 반응 시스템이 작동한다. 시상하부는 뇌에서 신장 위에 위치한 부신으로 이동하는 호르몬을 분비하도록 뇌하수체를 자극한다. 부신은 혈류로 아드레날린, 노르에피네프린, 코르티솔을 분비한다. 이 스트레스 호르몬들은 피가 근육, 심장, 다른 장기들로 퍼지는 것을 도움으로써 우리의 몸이 싸우거나 도망갈 준비를 할 수 있게 해준다. 혈액은 산소를 운반하므로 폐의 작은 기도가 확장되면서 더 많은 공기를 받아들일 수 있다. 이를 통해 공급된 여분의 산소는 기민한 상태가 되도록 도와준다. 경계 상태가 되면 나를 지킬 수 있지만, 문제는 변연계 뇌가 이성적으로 사고하는 뇌를 장악할 수 있다는 것이다. 그렇게 되면 객관적으로 듣고, 분명하게 말하며, 좋은 판단력을 사용하고, 현명한 결정을 하며, 감정 없이 대응하고, 비난과 상처를 주는 말을 피하는 것과 같은 일들을 다루는 뇌의 능력은 다른 인지 능력과 함께 상실된다.

감정을 효과적으로 다루려면 우선 침착해야 한다. 하지만 말처럼 쉽지만은 않다. 우리는 일반적으로 편견, 가정, 기대로 인해 특정 상황과 사람에 자동으로 반응하도록 되어 있다. 안타깝게도 어떤 사람들은 스트레스를 받는 시기에 우리 몸에서 방출되는 화학물질에 중독되어 있다. 이로 인해 우리는 그러한 화학물질을 다시 경험하기 위해 자신도 모르게 화를 낼 수 있는 상황을 찾거나 만들기도 한다. 어느 쪽으로든 습관적으로 나오는 비생산적인 감정적 반응을 바꾸기 위해서 뇌의 화학적 반응을 바꾸려는 노력을 해야 한다. 가능한 일일까? 그렇다. 하지만 새로운 신경 경로를 만들려면 노력이 필요하다.

이제 신체의 스트레스 반응 시스템을 이해했으므로, 뇌의 화학 작용을 바꾸기 위해 취할 수 있는 4가지 행동에 대해 이야기하고 싶다. 이 행동들을 통해 타인과 논쟁을 확산하기 전에 자신을 먼저 점검하게 될 것이다.

1 뇌를 잠시 멈추자.

어떤 말을 들었을 때 바로 반응, 즉 행동하고, 말하고, 생각하기 전에 잠시 멈추자. 이성적이어야만 상황이나 대화를 객관적으로 분석할 수 있다. 만약 멈추지 않는다면 비이성적이 될 수 있고, 다른 사람에 대해 억측을 할 수 있으며, 심지어 누군가가 왜 무슨 말을 했는지에 대한 이야기를 지어낼 수도 있다. 우리는 인간이기 때문에 이런 경험이 다들 있다. 우리는 상황을 이해하고 싶어 한다. 당신의 소중한 남편이 1시간 전이면 퇴근해서 집에 왔어야 했다고 하자. 그는 아직 오지 않았고 연락도 없다. 차려진 음식은 점점 차가워지고 있다. 아이들은 배가 고프다. 당신은 어떻게 반응할까?

그에게 문자를 퍼붓는다. "어디예요? 저녁 준비됐어요." 응답이 없다면? 걱정되고 화가 나기 시작한다. 이런 경우 많은 이들이 남편이 늦는 이유에 대해 가상의 상황을 만들어내곤 한다. 그리고 남편이 늦는 이유를 이해하려는 대신 피해자 역할을 하기도 한다. 우리의 뇌는 정보의 공백을 채우기를 원하며 알지 못하는 상태를 좋아하지 않는다. 그렇다면 남편이 마침내 집에 돌아왔을 때 당신은 어떻게 그를 맞이할까? 그가 걱정돼서 따뜻하게 맞이할까? 아니면 걱정하는 마음도 몰라주고 배려 없이 응답하지 않은 것에 마

165

음이 상해서 다소 차가운 기색으로 맞이할까? 만약 약간만 차가웠다면 문제가 없다. 그렇지 않고 변연계 뇌가 당신이 이성적으로 생각하도록 허락하지 않았을 수도 있다. 그러니 분쟁이 발생했을 때는 잠시 멈추자. 감정을 최대한 제거하자. 상대방의 이야기를 들어보자. 만약 상대방이 왜 무언가를 말하거나 말하지 않았는지 모르겠다면 다음과 같이 솔직하고 간결하게 질문하라. "왜 1시간 늦었어요?" 만약 그가 무엇을 했는지, 왜 그랬는지, 그리고 더 나쁜 경우로서 상대방이 느끼고 있는 감정을 추측해서 말한다면, 상대방이 보일 방어적인 보복에 대비하라. 그가 교통사고를 당한 사람을 돕기 위해 늦었을지도 모를 일이다.

2 내면의 목소리 없이 객관적으로 듣자.

상대방의 말을 듣는 것과 내가 하고 싶은 말을 생각하는 것에 똑같이 주의를 기울이기는 어렵다. 보통 둘 중 하나는 레이더망을 벗어난다. 정확한 정보를 듣고 머릿속에 담기 위해서는 내면의 목소리를 낮춰야 한다. 대화 중 내 마음은 나도 모르게 이리저리 방황하게 될 것이다. 피할 수 없이 그러기 마련이지만 통제할 수 있다. 마음이 상대방의 말을 점점 듣지 않고 둥둥 떠다니게 되면, 상대방이 하는 말에 다시 주의를 돌려라. 집중력을 유지하는 좋은 방법은 상대방이 하는 말을 머릿속에서 반복하는 것이다. 하지만 주의력이 또다시 잠깐 흐트러진 것을 발견한다면, 주의력이 제자리로 돌아올 때까지 마음속으로 상대방이 하는 말을 앵무새처럼 따라 해라. 인터뷰나 협상 중에 누군가와 이야기하고 있는데 그가 내 말을 듣지 않는다는 것을 아는 것만큼 실망스러운 일은 없다.

3   자신의 말과 행동에서 부족한 점을 인정하자.

만약 자신이 무언가를 말하거나 해서 타인이 화를 내거나 방어적
이 되거나 마음이 상했다면 기꺼이 책임을 져야 한다. 만약 누군가
가 나의 목소리 톤이나 표현하는 방식, 용어를 바꿨으면 좋겠다고
말한다면, 그가 나에게 솔직히 이야기해준 것에 대해 오히려 감사
해야 한다! 그로 인해서 어조나 단어를 바꿔야 한다는 것을 알게 됐
기 때문이다. 상대방의 피드백을 받아들이자. 그는 단지 내가 더 나
은 의사소통을 할 수 있도록 도와주는 호의를 베풀었을 뿐이다!

4   통제할 수 있는 것에 집중하자.

무의식적으로 우리는 통제할 수 없는 것들을 통제하려고 노력한다.
사람들을 통제할 수 있을까? 그럴 수 없다. 그러니 괜한 시간을 낭
비하지 말자. 한 사람의 믿음을 바꿀 수 있을까? 그렇지 않다. 인생
에는 내가 통제할 수 있는 것과 통제할 수 없는 것이 있다. 내가 영
향을 줄 수 있는 것들에 시간을 사용하자. 예를 들어 코로나 팬데믹,
대통령 선거, 이민 정책, '흑인의 목숨도 중요하다Black Lives Matter' 운
동으로 2020년은 미국에 힘든 한 해가 됐다. 이 문제들은 미국인들
을 화나게 하고 편협하게 만들었다. 당시 나는 정치와 관련해 다른
사람의 분노를 자극할까 봐 감히 가족 외 누구에게도 정당 가입에
대해 말하지 않았다. 사람들이 화가 난 게 내 잘못일까? 아니다. 하
지만 사람들을 일부러 자극해서는 좋을 게 없다는 것은 안다. 나는

사람들이 정치에 반응하는 방식을 바꿀 수 없다. 그렇다면 내가 가진 정치적 입장에 대한 혐오 발언으로 조롱당하고 괴롭힘을 당하는 것을 피하고 싶다면 내가 무엇을 바꿀 수 있을까? 나는 누구에게 내 생각을 공유할지는 선택할 수 있다. 그러면 간단한 일이다.

협상을 할 때는 상대방의 감정에 대해 걱정하는 대신, 나의 감정적인 반응을 조절하는 것에 집중하자. 다른 사람의 자아에 대해 걱정하는 대신, 나의 자아를 잠시 중단시키는 데 집중하자. 내가 통제할 수 있는 문제와 통제할 수 없는 문제의 목록을 만들어보자. 통제할 수 없는 것은 버리고 통제할 수 있는 일에 집중하자. 갈등은 통제할 수 있다. 분쟁이 있을 때 상대방의 반응에 집중하는 대신, 자신에게 집중하자. 다른 사람의 감정에 대해 걱정하는 대신, 자신의 감정을 조절하라. 자신을 잘 통제할수록 상대에게 더 많은 영향을 미칠 수 있다는 것을 알게 될 것이다.

4가지 대화 갈등 상황에서의 해결책

다음의 4가지 시나리오에서 정서 지능과 대화 지능을 향상시키는 데 도움이 되는 해결책을 제시한다.

1   인터뷰 대상자가 대화를 거부하고 있다.

만약 인터뷰하고 있는 사람이 입을 닫고 대화를 중단한다면 어떻게 해야 할까? 아마 그의 시선은 바닥이나 자신의 손에 가 있을 것이다. 내가 즐겨 사용하는 기술은 방 안의 코끼리를 부르는 것이다. 그는 자신이 대화를 거부하고 있음을 알고 있고, 당신도 그가 대화를 거부하고 있음을 알고 있기 때문에 그것은 모두가 아는 사실이다. 적대적이지 않은 방식으로 그의 침묵에 대해 주의를 환기하라. 짚고 넘어가라. 순진한 연기와 같이 지난 장에서 배운 도출 기술을 사용하라. "저는 독심술사가 아니에요. 그러니 당신이 말하지 않으면 저는 당신의 입장을 알 수 없을 겁니다." 도움 요청 기법을 사용하여 이렇게 말할 수도 있다. "당신의 관점을 이해할 수 있도록 도와주세요. 저는 판단하지 않고 당신의 말을 들을 겁니다."

　　그는 이유가 있어서 입을 닫은 것이니, 침묵 상태를 유지함으로써 그의 결심이 강화되지 않도록 조심하라. 나는 관타나모 수용소에서 심문을 하는 동안 이런 상황을 여러 번 만났다. 그 당시에는 '우리 대 그들' 사고방식을 가진 비협조적인 수용자들이 많았다. 종종 통역사를 통해 "나는 말하지 않을 겁니다. 그건 이미 당신이 가지고 있는 저에 관한 파일 안에 있습니다"라는 말을 들었다. 그들의 입을 열게 할 수 없음이 분명했기에, 기술을 한층 더 영리하게 써야 했다. 나는 심문 형태로 접근하기를 중단하고 대화의 방식을 바꾸는 것이 효과가 있으리라 깨달았다. 또한 생각을 바꿔야 했다. 수용자들과 부딪친 것은 내가 아니라 '나와 그들'이라는 사고방식이었다. 이 패러다임의 변화로 인해 나는 조금 더 느긋하고 덜 단호해질 수 있었다. 그러니 만약 인터뷰, 협상, 대화에서 상대방이 입을 닫는다면 친밀한 신뢰 관계로 돌아가라.

　　만약 여전히 침묵을 지킨다면 그가 의사소통을 중단했다는 사실을 언급하라. 그래도 효과가 없다면 그가 말을 꺼내도록 관련 없는 질문을 자유롭게 하라. 또는 질문하는 것을 완전히 멈추고 도출 기법을 사용할 수도 있다. "의도한 건 아닌데 제 말이 당신을 불쾌하게 했을지도 모르겠네요." 그런 다음 "어떻게 도와드릴까요?"와 같이 개방형 질문을 덧붙여라. 상대방이 처음에는 뭐든 말하게 하고 그다음에는 내가 원하는 주제에 대해 이야기하도록 하는 것을 목표로 하라. 그의 불평이나 그가 가장 좋아하는 TV 프로그램에 대해 꽤 오래 들어야 할지도 모르지만, 그가 이야기하도록 만들었다면 그가 나의 질문에도 대답하도록 할 수 있다. 자신과 상대방에 대해 인내심을 가지자.

2 내가 감정적이 된다.

그런 감정을 경험하는 이유를 받아들임으로써 감정을 확인하고, 반응하지 않는 반응을 함으로써 감정을 관리하라. 또한 상대방이 어떻게 느끼는지도 고려하자. 나와 상대방이 느끼는 감정은 모두 타당하다. 비판에 대한 나의 반응을 관리하고 자신을 방어하지 말자. 대신에 그냥 정보를 제공하거나 질문을 하자. 예를 들어 이렇게 말하는 것이다. "제가 당신의 관점을 완전히 이해하고 있는지를 확실히 하고 싶지만, 저의 관점도 당신과 공유하고 싶습니다." 만약 감정을 조절할 수 없을 것이라 느낀다면, 평정심을 되찾기 위해 호흡을 진정시킬 수 있는 마음챙김 명상 기법들을 시도하자.

3 인터뷰 대상자가 감정적이 된다.

당신은 인터뷰 진행자로서 침착한 것이 얼마나 중요한지 알고 있기 때문에 항상 의도적으로 행동한다. 하지만 감정적으로 그리고 종종 비이성적으로 행동하는 화난 사람들과 마주치게 될 것이다. '언어 유도Verbal Judo' 방법론으로 수백만 명의 전문가들을 훈련시킨 조지 톰슨George Thompson 박사는 "화가 나면 사람들은 반응하고, 화가 난 일이 사람들을 통제합니다. 침착할 때 사람들은 응답하고, 통제가 됩니다"라고 말했다. 내가 침착하면 인터뷰의 분위기를 설정하고, 인터뷰 대상자가 화를 멈추고 진정하도록 할 수 있다. 절대 인터뷰 대상자의 분노와 감정이 나를 이기게 하지 말자. 자아를 잠시 거두고 침착함을 유지하자. 하지만 일부 인터뷰 대상자에게는 다른 접근법을 시도해야 할 수도 있다. 인터뷰 대상자가 부정적인 감정을 극복하는 데 도움이 되도록 다음과 같이 말할 수 있다.

> "무슨 말씀인지 이해합니다. 당신이 하는 말을 잘 듣고 있습니다."
> "당신은 그렇게 느낄 권리가 있어요."
> "당신의 기분을 정확히 말해주세요."

화가 난 사람에게 이치를 따지며 설득하려고 하지 마라. 그러면 그는 이성적으로 듣지 못하고 감정적으로 반응하게 된다. 그가 나의 말을 듣기를 기대하기에 앞서 먼지 그를 진정시켜야 한다.

첫째, 방어적이 되지 말고 언어적으로 무례한지, 감정이 고조되었는지를 인식하자. 나와 인터뷰 대상자 모두 다 한 인간으로서 실수하고, 화를 내고, 비이성적이 될 수 있음을 받아들이는 것이 좋다. 둘째, 정상적인 상태로 되돌아가도록 대화를 재구성하자. 파괴적인 방향으로 흘러가기 전의 주제로 돌아가라. "우리는 서로에게 존중하며 말하고 있지 않습니다. 돌아가서 ABC에 대해 다시 이야기한 다음, 지금까지 그랬듯 서로를 존중하면서 이 주제에 대해 이야기할 수 있을까요?" 대화의 방향을 두 사람 모두 긍정적이거나 중립적인 감정을 가지고 있던 주제로 되돌리면, 부정적인 감정은 보통 빠르게 사라진다. 또한 "서로를 존중하는 대화로 돌아가기 위한 해결책을 함께 찾으시죠. 의견을 주세요"라고 말할 수 있다. 또는 비난과 같이 대화에 도움이 되지 않는 말을 도움이 되는 말로 바꾸어 대화가 진전되도록 하자. 예를 들어 만약 상대방이 "글쎄요, 당신이 이 이야기를 꺼냈으니 우리가 지금 논쟁을 벌이게 된 것은 당신의 잘못입니다"라고 말한다면 "제가 잘못된 어조로 말했을 수도 있습니다. 저는 우리가 여전히 그 문제에 대해 논의할 수 있기를 바랍니다. 어떻게 접근하면 좋을지에 대해 어떤 의견을 가지고 계신지 듣고 싶습니다."

흥분해서 직업적인 관계를 파괴할 뻔한 개인적인 경험을 꺼내보려 한다. 몇 년 전에 나는 정부와 새로운 계약을 체결하기 위해 함께 일해본 적 없는 강사 팀에 합류했다. 나는 수업을 진행해도 좋다는 허락을 받기에 앞서 몇 개의 수업을 참관해야 했다. 참관하고 있던 한 수업에서 강사가 의견을 요청해서 나는 수업 중 진행된 토론에 대해 의견을 말했다. 그런데 수업이 끝난 후 그가 나를 한쪽으로 끌고 가더니 내가 한 말에 대해 질책하는 것이었다. 소름이 끼치는 경험이었다. 명백히 그와 나 사이에는 의견 차이가 있었다.

과거의 나라면 그에게 분노를 터뜨리며 내 입장을 방어했을 것이다. 하지만 그런 행동은 결코 생산적이지 않았기 때문에 이때의 나는 감정을 다스리려고 노력했다. 나는 객관적으로 그의 말을 듣기로 결심하고 스스로에게 이렇게 속삭였다. '그 사람은 너에게 상처를 주려고 한 것이 아니야. 그가 한 말은 그에게 아주 중요해서, 네가 하는 말을 감정적으로 받아들였어. 너는 잘못한 게 없어. 그리고 그는 자신의 감정에 대한 권리가 있어. 방어적으로 되지 말고, 대신에 그가 자신의 감정적인 반응을 이해하고 잘 받아들일 수 있도록 도와줘.' 나는 침착함을 유지하고 자아를 잠시 뒤로하고 그가 말을 마쳤을 때 간단히 이렇게 말했다. "어떤 말씀이신지 이해하고 있고, 말씀해 주신 의견을 소중히 생각합니다." 그는 내가 나를 방어하지 않은 것에 대해 충격을 받은 것처럼 보였다. 그 순간 그의 태도가 완전히 바뀌었다. 그는 자신의 입장을 설명하고는 자신을 더 잘 이해할 수 있을 거라며 읽을거리를 주겠다고 제안했다. 그날의 대화는 내 선택에 따라 파괴적으로 흘러갔을 수도 있었다. 하지만 나는 다행히 그런 선택을 하지 않았다. 아이러니하게도 우리는 친구가 되었고, 지금까지도 여전히 좋은 친구로 지내고 있다.

다음에 누군가와 의견이 맞지 않을 때에는 이 장에서 설명한 기술들을 사용해 효과적으로 의견 대립을 완화하며 갈등을 다룰

수 있을 것이다. 이 방법들은 상호 존중하는 관계를 만드는 데 도움
이 된다.

"의사소통에서 가장 큰 문제는
의사소통이 이루어졌다는 착각이다."
-조지 버나드 쇼-

다음은 대화에서의 갈등 시나리오다. 갈등에 대한 해결책이 될 수 있도록 상대방에게 물어볼 수 있는 3가지 질문을 생각해라. 질문은 그의 마음을 열게 해야 한다. 나의 말이 어떻게 받아들여질지에 주의하라! 비난하거나 비판적으로 들리는 말이 아니어야 한다. 모범 답안은 부록 C에 있다.

갈등 시나리오

프로젝트 매니저인 밥은 프로그램 매니저인 당신에게 와서 그의 팀원 중 한 명과 일어났던 일에 대해 이야기한다. 밥은 팀원인 매트가 이렇게 말하는 것을 우연히 들었다고 말한다. "저는 코로나에 질렸어요! 회사 규칙이 계속 바뀌어서 아무도 뭘 어떻게 해야 할지 몰라요. 처음에는 마스크를 쓰지 않아도 되니 백신을 접종하라고 하더니, 이제 와서는 백신을 맞았더라도 마스크를 써야 한다고 해요. 말도 안 되는 일이에요!" 밥은 매트에게 적시에 의견을 주었지만, 매트는 밥이 무슨 말을 하던 신경 쓰지 않는 것처럼 보인다. 그래서 밥은 매트가 걱정이 된다. 그는 당신에게 와서 매트와 이야기를 해달라고 부탁하고 있다. 당신은 매트에게 그의 감정을 주변에 제대로 전달하고 다른 사람의 의견에 대한 공감 능력을 높일 수 있도록 뭐라고 말할 수 있을까?

9장

공감을 이용한
협상 기술

새 차를 구입하거나 집을 팔 때 협상하는 것을 두려워하는 사람들이 있는가 하면, 오히려 즐기는 사람들도 있다. 만약 나에 대해 물어보는 사람이 있다면 부모님은 아마 내가 협상을 위해 태어난 사람이라고 말하실 것이다. 나는 어머니가 집에서 반려동물을 키우는 것을 금지 규칙으로 정했을 때 고양이를 집에 데려오기 위해 어머니와 협상했고, 이후에는 협상을 통해 통금 시간을 연장했으며, 협상의 결과로 고등학교 때 런던으로 여행을 갔다. 심지어 나는 부모님이 집을 리모델링할 때 내가 원하는 침실을 두 형제와 협상했다.

어린 나이에 나는 제대로 말을 하면 원하는 것을 얻기가 얼마나 쉬운지 깨달았다. 하지만 다짜고짜 협상에 돌입할 수는 없었다. 실제로 말을 하기 전에 머릿속에서 나눌 대화를 미리 실행해봐야 했다. 나는 상대방이 내 의견에 반대할 가능성과 반대를 어떻게 비껴갈 수 있는지에 대해 고심했다. 그 이유에 대해서도 생각해봤다. '어떤 이유라면 부모님이 통금 시간을 연장해주시려 할까? 부모님에게 어떤 이득이 있을까?' 그리고 결코 내 의견을 지나치게 공격적으로 밀어붙이지 않았다. 그렇게 하면 상대방을 방어적으로 만들거나 협상을 망친다는 것을 알게 됐기 때문이다.

세월이 흐르고 성장하여 내가 9·11 테러가 일어난 이후에 관타나모 수용소에서 심문관으로서 협상을 하게 될 줄은 몰랐다. 나는 그런 식으로 심문을 생각해본 적이 없었다. 현명한 접근 전략과 질문 기술을 사용할 것이라는 것은 알고 있었지만, 협상 전술에 많이 의존하게 된 것이 놀라웠다. 모든 심문에 대한 나의 3단계 목표는 친밀한 신뢰 관계를 구축하고, 신뢰를 얻으며, 진실한 첩보를 수집하는 것이었다. 하지만 진실을 얻어내는 것은 결국 협상이었다. 수용자들은 이유 없이 나에게 진실을 떠먹여주지 않았기 때문이다, 나는 그들에게 보답으로 무언가를 주어야 했다. 4장에서 언급했듯이 어떤 것은 그들의 개인적인 행동 동인, 동기, 욕구와 직접적으로 연관되어 있다. 나는 수용자가 원하는 것을 주는 대신에 진실을 원했다. 만약 수용자의 욕구를 모른다면 불리한 입장에 서게 되는 것이었다. 그래서 나는 추측해서 말할 것이 아니라 직접 물어봐야 했다. 해외 주둔 미군에 대한 다음 공격이 언제일지 알아내려면 낭비할 시간이 없었다. 만약 내가 진실을 말하지 않는 수용자의 행동 동인이 무엇인지 안다고 지레짐작했다면, 결과에 좌절하고 친밀한 관계와 신뢰를 쌓을 기회까지 망쳤을 수도 있다. 예를 들어 만약 내가 인터뷰한 수용자가 거짓말로 인해 느끼는 죄책감에서 벗어나고 싶을 것이라는 나의 추측과는 달리 관타나모 수용소 안에서 순교자로 죽는 것을 원했다면 나는 아무것도 얻지 못했을 것이다.

다음은 인터뷰와 협상을 계획할 때 생각을 구체화하고 추측을 방지하는 4단계 과정이다.

1   목표 대상을 프로파일링한다.
목표 대상의 성격 특성, 개인적 동인, 동기 요인, 욕구, 기호를 알아낸다.

2 접근 방식을 계획한다.

내가 제일 먼저 할 말은 무엇인가? 나의 태도는 어떨 것인가? 어떻게 친밀한 신뢰 관계를 구축할 것인가? 어떻게 하면 그가 나에게 솔직해지도록 할 수 있을까?

3 대화를 계획한다.

내가 원하는 것은 무엇인가? 그는 무엇을 원하는가? 그가 내가 원하는 것을 주는 이유는 무엇일까? 만약 이런 일이 생긴다면 어떻게 될까? 만약 그가 그렇게 말한다면 어떻게 될까? 나는 어떻게 대답할 것인가?

4 대화를 실행한다.

차분하고 calm, 자신감 있으며 confident, 카리스마 charismatic가 있도록 이 3가지 C를 생각하며 대화를 한다. 카리스마가 있기 위해 반드시 외향적일 필요는 없다. 카리스마는 하나의 매력 요소이다. 매력이 없는 사람은 없다. 그리고 매력은 다른 사람들의 관심을 끌 수 있다.

이렇게 계획하면 상대방의 신뢰를 얻는 데 도움이 된다. 상대방을 믿을 수 없다면 협상을 성공적으로 할 수 없다. 상대도 마찬가지이다. 불편하더라도 솔직하고 정직해야 한다. 어떻게 하면 나에 대한 신뢰를 높일 수 있을까? 실수를 인정하거나 의도하지 않았지만 부정적인 결과를 초래한 말이나 행동에 대해 책임을 지는 것을 두려워하지 말자. 나의 입장을 견지하되 공정하자. 부당한 요구로 협상에 나서지 말자. 그리고 내가 원하는 것과 내가 받을 자격이 있다고 믿는 것에 대해서는 돌려서 말하지 말자. 항상 팀워크를 생각하라. 전투가 아니라 협상을 하는 것이다. 양측 다 이기려고 하는 것이니 서로 협력해서 윈윈할 수 있는 상황을 만들자. 객관적으로 듣자. 상대방이 나의 말을 들어주길 원한다면, 나 또한 상대방의 말을 들어야 한다.

신뢰 연습

- 점수 1은 신뢰가 전혀 없고 10은 가장 높은 신뢰 수준을 나타내는 1에서 10까지의 척도로 의사, 변호사, 경찰관, 소방관, 영업 사원, 선생님과 같은 직업들을 평가하라. 그리고 왜 그처럼 순위를 매겼는지 이유를 적어라.
- 삶에서 신뢰하는 사람들을 떠올리고 왜 그들을 신뢰하는지 자신에게 물어보라. 신뢰할 수 있다고 생각하는 5가지 이유를 적어보라. 나 자신은 내가 그들을 신뢰하는 요소를 가지고 있는가? 그러고 나서 다른 사람들이 나를 신뢰하는 5가지 이유를 적어보라.

상대의 입장을 이해하자

협상 중에는 상대방의 입장을 알아야 한다. 그가 무엇을 원하고 무엇이 그의 행동을 움직이는지 파악해야 한다. 판매원이 당신에게 무언가를 팔려고 할 때, 예를 들어 그는 소파라는 가구를 파는 것이 아니라 당신의 감정적인 동인에 호소하는 무언가를 파는 것이다. 아마도 소파는 가족과 좋아하는 TV 프로그램을 보는 시간이거나, 좋은 책과 함께 휴식을 취할 수 있는 장소일 것이다. 사람들은 이성이 아닌 감정에 근거해 결정을 내리는 경향이 있기 때문에 판매원들은 그 사람이 가지고 있는 동인에 호소해야 한다. 소파에 앉아 내가 좋아하는 영화를 보는 것을 상상하면 긍정적인 감정이 생기고 기분을 좋게 하는 호르몬인 도파민이 분비된다. 나는 그런 느낌을 원해서 소파를 산다.

얼마 전에 나는 새 차를 샀다. (예로 사용할 수 있는 적절한 시기에 잘 사서 좋다!) 우선, 남편이 내가 원하는 랜드로버 디펜더를 그리 좋아하지 않았기 때문에 그와 협상을 해야 했다. 하지만 시운전을 하는 순간 남편은 그 차의 매력에 쏙 빠지게 됐다. 자동차 전문 잡지인 《모터트렌드》가 그 차를 2021년 올해의 SUV로 선정했다는 사실 또한 조금이라도 도움이 됐으리라 생각한다. 나는 4도어를 원했지만 판매 가격은 가히 충격적이었다. 남편은 이렇게 말했다. "이 상자를 가지고 싶으면(차의 모양이 상자처럼 네모나게 생겼다고 남편은 생각했다) 2도어를 선택해. 우린 이미 4도어 램을 가지고 있잖아." 비록 내가 비용을 지불하는 것이었지만 남편과 몇 가지 조건을 두고 협상해야 했고, 결국 나는 2도어를 선택했다.

시승 전에 영업 사원을 만나면서 나는 그에게 위급한 상황에 대비해 눈 더미와 물에 잠긴 거리를 헤쳐 나갈 수 있고, 반려동물들을 모두 실을 수 있는 차를 원한다고 말했다. 나는 그에게 개인적인 동인들을 전달했고, 그는 그것을 고려해 차에 대해 설명했다. 그는 혁신적인 기술에 대해 이야기하는 대신에 드라이브 설정(눈, 자갈, 도로의 경사도)부터 설명하기 시작했다.

영업 사원은 사람들이 무엇을 가장 중요하게 여기는지 알고 그에 맞추어 판매해야 한다. 이는 협상에서도 마찬가지이다. 상대방이 무엇을 중요하게 생각하는지 안다면 그것을 지렛대로 사용할 수 있다. 예를 들어 최근에 나는 멕시코의 카보 산 루카스에 있는 상점에서 장신구를 샀다. 상점이 있던 시장은 관광객의 발길이 뜸한, 생기를 잃은 곳이었다. 그래서 나는 가격을 협상할 때 그 사실을 지렛대로 사용해 유리한 가격에 장신구를 샀다.

협상은 관련된 양측 모두에게 이익이 되는 합의에 도달하는 것이다. 협상은 원하는 가격을 얻고, 결혼 또는 이혼을 하며, 직업을 얻고, 진실을 얻으며, 논쟁을 종결하는 데 도움이 된다. 정부, 노조원, 변호사, 법 집행기관, 관계를 맺고 있는 사람들과 우리는 늘 협상을 한다.

협상에서 지켜야 할 원칙

최고의 협상가들은 개인적인 편견 없이 문제를 객관적으로 보고 해결책을 모색한다. 사욕을 억누르고 상대방을 배려하며, 공정하고 전문적이며, 상대방을 존중하고 도덕적인 기준을 따른다. 협상에서 지켜야 할 원칙은 다음과 같다.

● 침착하자.

마음챙김이란 차분한 마음으로 현재에 더 집중하고 깨어 있는 상태를 말한다. 횡경막 호흡, 명상, 감사한 마음 가지기, 친절하기와 같은 마음챙김 연습으로 주의를 깨우고 모으며, 자신의 느낌, 감정, 감각, 생각, 반응, 결정, 언어적/비언어적 언어, 직관력에 대한 자기 인식을 키울 수 있다. 마음챙김 연습은 또한 타인에 대한 인식을 높여주며, 이는 특히 의사소통을 하는 과정에 도움이 된다. 마음챙김은 마음을 진정시켜주는 호흡으로 시작할 수 있다. 깊게 숨을 들이마신 다음, 몇 초간 잠시 숨을 참고 나서 입으로 숨을 내쉬라. 생리학적으로 마음챙김은 편도체를 수축시키고, 기억과 학습을 관장하는 뇌의 영역인 해마는 확대시킬 수 있다. 마음챙김은 코르티솔을 줄이고, 혈압을 낮추며, 면역 체계 반응을 개선하고, 집중과 공감을 담당하는 신경 회로를 강화한다. 자기 인식이 깨어나고 혼란스러운 마음이 가라앉으면서 협상 중에 정신적으로 민첩해질 것이다.

● 만나서 협상하자.

만나서 얼굴을 보게 되면 상대방과 더 자연스럽게 공감하고 상대를 존중하게 된다. 화상 대화, 전화, 이메일로는 내가 전문가답지 않게 무례한 말을 할 경우, 상대방이 언어적 또는 비언어적으로 반발을 해도 직접 대면만큼 심각하게 와닿지 않는다. 그만큼 자칫하면 예의와 태도에 덜 신경 쓰게 될 수 있다. 상대의 감정을 더 잘 느끼고 반응하려면, 최선의 행동을 위해 가능한 한 직접 만나서 협상을 하자.

● 다른 사람의 입장이 되자.
자신이 원하는 것에 대해 상대가 어떻게 느낄지 생각해야 한다. 상대가 반대 또는 거절할 만한 것과 이유는 무엇일까? 반대를 어떻게 해결할 것인가? 양측 모두 상대의 의견을 비판하지 않으면서 공개적으로 자신이 가지고 있는 생각과 우려를 표명할 수 있어야 한다.

● 미리 준비해서 가자.
협상 중 필요할 경우를 대비해 미리 통계, 사실, 수치를 준비하자. 또한 상대방이 원하는 것과 감정적인 동인, 욕구를 미리 알아야 한다. 한 단계 더 나아가 상대의 성격 특성과 선호하는 커뮤니케이션 스타일을 알아보라. 역할극에서 자신이 상대방 입장이 되어 협상 계획과 설정한 가정에 문제는 없는지, 최악의 경우 또는 다양한 시나리오에서 어떻게 해야 할지 점검하자.

- 상대의 거절 또는 반대를 준비하자.

상대의 거절 또는 반대를 해결하지 못하면 상대를 설득할 수 없다. 마음속으로 대화를 계획하며 자신이 상대방이 되어 내 의견에 반대하는 역할을 하라. 상대방이 나의 요청을 거절할 이유는 무엇일까? 가능한 한 많은 이유를 생각해라. 그러고 나서 어떤 대답을 할지 생각해내라.

용의자에게 살인 사건에 대한 모든 정보를 털어놓으라고 말하는 상황을 상상해보자. 나는 용의자가 협조한 대가로 판사에게 용의자가 반성의 뜻으로 수사에 잘 협조해주었음을 전할 것이고, 그로 인해 판사는 관대한 판결을 내릴 수도 있다. 자신이 협조에 반대하는 용의자가 되어보는 역할극을 통해서 내가 세운 계획이 어려워지도록 시험해보자. 만약 용의자가 "저는 당신을 믿지 않고, 당신에게 다른 어떤 말도 하지 않을 겁니다. 저는 변호사를 원해요. 변호사는 나를 도와주겠지만 당신은 그렇지 않을 거예요"라고 말할 경우 알맞은 답변을 준비한다. 아마도 이렇게 말하면 효과가 있을 것이다. "말씀 이해합니다. 같은 상황에 처한 분들 대부분이 그렇게 생각하십니다. 하지만 변호사가 의뢰인이 아니라 돈 때문에 일한다는 것을 아시나요? 저는 당신을 통해서 돈을 벌지 않기 때문에, 저의 관심은 수수료가 아니라 오로지 당신에게 일이나는 일에 있습니다." (이렇게 말한다고 해서 내가 변호사를 존중하지 않는다는 의미는 전혀 아니다!)

- 공감의 말을 사용하자.

  협상 대화 중에 "제가 더 잘할 수 있기를 바랍니다" 또는 "제가 더 많은 것을 해드릴 수 있기를 바랐습니다"와 같이 상대의 편에서 공감을 나타내는 말을 하자. 이런 말은 여전히 자신의 입장을 지키면서도 상대의 안녕에 진심인 것으로 보일 수 있다.

- 취약점을 드러내는 것을 두려워하지 말자.

  약점, 결점, 실수를 드러내는 사람에게 사람들은 공감하는 경향이 있다. 자신의 취약점을 솔직히 드러내면, 상대방 또한 자신의 단점에 대해 솔직히 드러내는 경향이 있다. 당신의 실수를 보여주기 위해 이 협상을 생각하면서 XYZ에 대한 고려를 잊었기 때문에 제안을 더 적게 하거나 더 많이 했어야 함을 깨달았다고 말할 수 있다. 당신이 좋은 거래를 했다는 것을 속으로는 알지만, 딩신이 실수를 했고, 그 결과 상대가 좋은 거래를 했음을 알려라. 이렇게 함으로써 상대방이 협상 조건에 만족하게 할 수 있다.

- 자신감 있는 목소리를 사용하자.

  자신감 있는 목소리가 큰 소리나 강한 요구를 의미하는 것은 아니다. 어조와 음조를 낮추어 보다 권위 있지만, 여전히 따뜻하고 친근한 느낌의 목소리를 말한다. 높은 음조의 목소리는 감정의 고조와 기만과 관련이 있다. 거짓말을 할 때 어떤 사람들의 목소리는 음조가 높아진다. 왜 이런 일이 일어나는지 과학적으로 이해해보자. 거짓말을 할 때 긴장하고 걱정하는 사람이라면 스트레스 호르몬이 분비된다. 그 결과, 몸은 땀과 맥박의 증가와 같은 생리적인 반응을 경험한다. 스트레스를 경험할 때 몸의 근육은 팽팽해지고, 성대 또한 팽팽해진다. 그래서 만약 음조가 높아지면 진실하지 않고 신뢰할 수 없는 목소리로 들릴 수 있다.

● 내가 편견을 가졌는지 확인하자.

'편견'은 나쁜 행동이라는 의미를 담고 있는 단어지만, 모든 사람이 편견을 가지고 있다. 편견이 진화의 결과임을 아는가? 애초에 편견의 역할은 우리가 생명을 유지하며 안전하게 지내도록 하는 것이었다. 하지만 편견은 해가 될 수도 있다. 편견으로 인해 지나치게 주관적이거나 비판적인 시각을 고수할 수 있기 때문이다. 옥스포드 사전은 편견을 "부당하다고 여겨지는 방식으로 사람이나 집단에 대해 좋아하거나 싫어하는 성향이나 선입관"으로 정의하고 있다. 우리가 가진 호불호는 가족, 친구, 동료, 언론, 경험 등으로부터 얻은 것들을 토대로 하므로 어린 나이부터 편견은 형성될 수 있다. 심지어 스스로 편견을 가지고 있다는 사실을 깨닫지 못한 채로 특정한 유형의 사람이

나 집단, 심지어 지리적인 지역에 대해 편견을 가질 수도 있다.

사람을 겉모습만 보고 판단해서는 안 된다는 것을 알지만, 많은 사람이 겉모습만 보고 사람을 판단하는 경향이 있다. 왜일까? 진화를 따르기 때문이다. 누군가를 만나는 순간 우리의 마음은 즉시 그 이미지(또는 목소리)를 다른 비슷한 이미지들과 비교하면서 그 사람에 대한 가정을 하기 시작한다. 아마도 이 이미지들은 과거에 만났거나 TV에서 본 사람들의 모습일 것이다. 예를 들어 뇌는 좋은 사람인지, 나쁜 사람인지, 해로운 사람인지, 안심할 수 있는 사람인지, 성가신 사람인지, 재미있는 사람인지, 신뢰할 수 있는 사람인지 알아내기 위해 우리가 보고 듣는 사람들을 분류한다. 뇌는 언제나 우리를 보호하려고 노력한다. 뇌는 나를 해칠 수 있는 사람과 친분을 갖게 되길 원하지 않기 때문이다. 하지만 첫인상은 틀릴 수 있다. 첫 판단이 결정적인 요소가 되지 않는 한, 새로운 판단이 처음의 판단을 뛰어넘을 수 있다. 편견을 극복하는 가장 좋은 방법은 내게 편견이 있음을 깨닫고 열린 마음을 유지하는 것이다.

친밀한 신뢰 관계 및 커뮤니케이션에 부정적인 영향을 미칠 수 있는 5가지 일반적인 편견이 있다.

1   정형화된 편견Stereotype Bias은 우리가 어떤 집단이나 사람에 대해 잘 알지 못하면서도 어떤 특성을 갖기를 기대하는 것이다. 일반

적인 고정관념은 성별, 언어, 사투리, 옷, 위생, 직업, 취미, 건강습관, 타투 또는 피어싱, 헤어스타일, 사는 지역, 소유하고 있는 자동차, 나이, 교육에 관한 것이다.

2   유사성 편견Similar to Me Bias은 나와 공통점이 있으니 나와 같다고 인식하는 것을 말한다. 그 때문에 누구인지도 모르면서 자동적으로 그 사람을 좋아하거나 선호한다. 이러한 편견은 안전에 있어 문제가 될 수 있다. 좋은 관계를 맺고 있다고 생각하면 그와 함께 있을 때 방심할 수 있다. 어떤 사람들은 신뢰를 얻기 위해 의도적으로 상대와 비슷한 척을 하여 속일 수 있다는 사실에 유의해야 한다. 하지만 진짜로 우리와 비슷한 사람들 또한 우리에게 위험할 수도 있다.

3   후광/뿔 효과 편견The Halo/Horns Effect Bias는 특성, 잘못된 전체적인 인상, 역할, 지위, 나이, 직업, 인기를 기준으로 개인을 너무 높거나(후광 효과) 반대로 너무 낮게(뿔 효과) 평가하는 것이다. 좋은 예가 랜스 암스트롱이다. 사람들은 그가 암 생존자였기 때문에 투르 드 프랑스Tour de France(3대 그랑 투르 중 가장 오래되고 유명한 도로 사이클 대회)에서 우승하기 위해 경기력 향상 약물을 복용했을 리가 없다고 믿었다. 암을 이겨낸 사람이 거짓말을 한 이유는 뭘까? 간단하다. 경기에서 우승하기 위해서였다. 후광 효과의 예이다. "그분은 이 프로젝트에서 최고의 과학자 중 한 사람이니 좀 고압적이더라도 참으세요.", "그는 의사가 되려는 의과 대학생입니다. 그러니 그가 여자

189

친구를 그렇게 학대할 리가 없습니다." 이런 선입견을 가지고 온라인 데이트를 하면 정말 위험하다. 온라인에서 경찰 행세를 한 살인자가 있었다. 그를 경찰로 생각한 여자들은 자동적으로 그를 믿었다. 결과는 강력한 후광 효과의 힘을 보여준다. 그는 5명의 여자를 죽였는데도 잡히지 않을 뻔했다. "그녀는 뉴잉글랜드 출신이에요. 뭔가 문제가 있을 걸요. 그 지역 사람들은 좋은 사람들이 없어요." 이 또한 바로 뿔 효과의 예이다.

4   확증 편향Confirmation Bias은 선입견을 강화하는 정보만 받아들이는 것을 말한다. 결과적으로 기존의 견해와 모순되는 모든 정보를 무시하게 된다. 확증 편향은 속임수를 감지할 때 부정적인 결과를 초래할 수 있다. 때때로 인터뷰 진행자들은 거짓말 탐지기가 검사를 받는 사람의 진실성을 뒷받침함에도 유죄이거나 거짓말을 하고 있다는 확증을 버리지 못한다.

5   유대 편향Bond Bias은 호불호, 성격적 특성, 경험, 공통점으로 유대감이 형성된 집단의 일부라고 느낄 때, 설령 그 사람들을 알지 못하더라도 그 집단 밖의 사람들을 두려워하고 싫어하는 경향을 말한다. 다양한 프로세스와 팀 또는 부서가 있는 조직에서 이러한 현상이 발생하는 것을 볼 수 있다. 예를 들어 엔지니어들은 모두 같은 기술적 언어를 사용하고 유사한 작업을 수행하기 때문에 유대감이 생기는 경향이 있다. 하지만 마케팅 부서나 영업 부서에서 온 사람이 그들과 대화를 할 때, 엔지니어들의 유대 편향 때문에 효과적으

로 의사소통하지 못할 수 있다. 엔지니어들은 엔지니어가 아닌 사람들을 '외부인'으로 보고, 기술 언어를 공유할 수 없기 때문에 그들과의 협업에 어려움을 겪을 수도 있다. 유대 편향은 스트레스를 받는 환경에서 낯선 사람들과 함께 있을 때 일어나기 쉽다. 모두 트라우마를 경험하고 있기 때문에 자동으로 유대감이 생기는 것이다.

몇 년 전 토요일 아침 내가 반려동물인 친칠라를 응급 수의사에게 데려갔을 때 그런 일이 있었다. 대기실에 있던 사람들의 반려동물은 하나같이 응급처치가 필요했다. 그래서 우리는 자연스럽게 대화를 시작했고 마치 평생 친구인 것처럼 유대감을 가지게 됐다. 만약 이런 응급상황을 만들어내거나 이용해서 연결되는 느낌을 가질 수 있다면 사람들의 신뢰를 얻을 것이다. 이렇듯 인터뷰 대상자를 인터뷰 공간 밖에서 일어나고 있는 일로부터 안전하다고 안심시킴으로써 신뢰를 얻을 수 있다.

바트나, 와트나, 본드

모든 협상이 성공할 것이라고 생각하는 것은 어리석은 일이다. 성공하지 않을 수도 있다. 하지만 실패보다는 성공의 길로 가기 위해 노력하는 것이 당연히 낫다. 바트나BATNA는 'Best Alternative to a Negotiated Agreement'의 줄임말로, 협상에 의한 합의에 도달할 수 없는 경우 양측이 취할 수 있는 최선의 대안을 의미한다. 양측은 각각 어느 정도의 결과를 얻지만, 원래 의도했던 최종 결과는 아니다. 일부 전문가들은 이 대안이 원래 의도한 협상된 합의보다 나을 수 있다고 말하는데, 그 말이 정확할 수도 있다. 하지만 반대로 더 나쁠 수도 있다. 최악의 경우가 협상에 의한 합의의 최악의 대안 Worst Alternative to a Negotiated Agreement인 와트나WATNA이다. 타협해야 하지만 원하는 것을 얻지 못하고 그럴 희망도 없는 경우다.

바트나와 와트나는 수십 년간 사용되어왔다. 바트나와 와트나는 협상이 성공적이지 않을 때 두 당사자가 조건에 합의하게 한다. 협상 중에 한쪽이 한계치에 달해 협상이 이루어지지 않을 수 있다. 협상을 계속할 능력, 자원, 수단이 이럴 때 대안을 통해 더 유리한 합의에 도달할 수 있다. 심문관으로서의 경험을 통한 예다. 나는 수용소에서 진실을 얻어내기 위해 수용자와 협상했다. 하지만 한계도 있었다. 내가 할 수도 없고 제시할 수도 없는 일들이 있었기 때문이다. 만약 수용자가 수용소에서 나와 집으로 가기를 원한다면, 그것은 내가 약속할 수 없는 일이었다. 하지만 휴대폰을 바꾸거나 누군가에게 편지를 쓰기를 원한다면, 그것은 해줄 수 있다. 그래서 수용자의 바트나는 내가 그를 감옥에서 내보내는 대신에 감방을 옮기고 집에 편지를 쓸 수 있도록 허락하는 것일 수 있다. 협상을 계속할 수 없을 때, 바트나는 협상을 진전시키는 하나의 방법이다.

바트나 또는 와트나를 협상이 중단될 때의 백업 계획으로 고려하라. 상대방을 위해 바트나를 고려하는 데는 문제가 없지만, 내 쪽에서는 바트나를 고려하지 않을 수 있다. 원하는 것을 얻지 못할 것이고 타협해야 할 수도 있다고 가정하면 협상에 실패할 수도 있다. 대신에 나는 본드BOND, 즉 협상된 합의의 최상의 결과Best

Outcome in a Negotiated Deal의 관점에서 계획한다. 바트나와 와트나 대신에 본드를 선택하자.

본드는 협상에 대한 당신의 사고방식을 바꿀 것이다. 본드는 양측 모두에게 최선이 될 것이다. 나는 무의식적으로 윈윈을 생각하고 있다. 그리고 대안을 선택하는 대신 협상이 왜 실패하고 있는지 알아야 한다. 양측 모두 솔직하고 현실적이며 공정한가? 감정이 더 나은 판단에 영향을 미치고 있는가? 이유를 알게 되면 다시 마음을 가다듬고 본드를 선택할 수 있다.

본드를 고려할 때 자신의 입장을 포기하지 말자. 입장을 고수하라. 나에겐 분명히 상대방이 원하는 것이 있다. 항상 상대방에게 공감하고 윈윈을 생각하자. 너그럽게 굴어라. 절대로 공격적이거나 오만하지 마라. 인질 협상의 경우에는 바트나나 와트나는 없고 본드만 있다. 인질들이 희생되게 할 순 없기 때문이다. 선택해야 할 유일한 결과이자 최선의 결과는 인질범이 평화적으로 항복하고 모든 인질을 무사히 석방하는 것이다. 그래서 본드는 협상 과정을 계획하는 방법이다.

협상 파트너의 유형을 파악하자

나는 성격유형과 인간 행동 프로파일링에 대한 전문 지식, 그리고 수십 년간의 심문, 인터뷰, 협상 경험을 바탕으로 8가지 협상 파트너 유형negotiation partner types(NPT)을 개발했다. 이 유형들을 만들기 위해 사용한 3가지 이분법은 냉철한Hard vs 부드러운Soft, 경험이 많은Experienced vs 경험이 적은Inexperienced, 외향적Extroverted vs 내향적 Introverted이며, 가능한 모든 조합을 통해 8가지 유형으로 협상 파트너를 분류했다. 유형을 이해하면 협상 상대와 언어적 및 비언어적으로 상호작용하는 방법을 알게 되고, 상대하는 데 도움이 될 것이다. 먼저 냉철한 협상가와 부드러운 협상가부터 살펴보자.

냉철한 협상가는 능숙하고 설득력이 있으며, 단호하고 강압적일 수 있다. 이기기 위해 협상 테이블에 나오고 협상을 승리의 기회로 본다. 적은 것을 주면서 가능한 한 많은 것을 얻으려고 한다. 문제로부터 사람들을 쉽게 분리한다. 다른 사람들을 신뢰하지 않고 자신을 보호하고 싸울 준비가 된 상태에서 협상에 임한다.

부드러운 협상가는 수동적이고 우호적이며 갈등을 피하고 싶어 한다. 따라서 더 양보하려 하고 덜 대립하려 한다. 협상을 쌍방이 이익을 볼 수 있는 합의로 본다. 쉽게 다른 사람들을 신뢰하고 인간관계에 집중한다. 그래서 사람들을 문제의 일부로 생각한다.

협상 상대는 냉철한지, 부드러운지, 경험이 많은지, 경험이 적은지에 따라 4가지 유형의 협상가가 있다. 냉철하면서 경험이 많은 협상가, 냉철하지만 경험이 적은 협상가, 부드러우면서 경험이 많은 협상가, 부드러우면서 경험이 적은 협상가이다. 경험 많은 협상가는 원칙 있는 협상 전술을 사용하고, 경험이 미숙한 협상가는 당신에게 굴복해 패배를 선언하거나 원칙 없는 전술을 사용할 것이다. 이들은 준비가 안 되어 있을 수도 있고, 편견을 가지고 협상 테이블에 나올 수도 있고, 상대를 배려하지 않을 수도 있고, 자신이 얼을 수 있는 최선의 이익을 추구할 수도 있다. 궁지에 몰렸다고 느끼면 감정적이 되어 정당하게 승부하지 않을 수도 있다. 지나치게 감정적이 되면 내면의 도덕적 기준을 잃을 수도 있다.

마지막으로, 이 4가지 유형은 다시 각각 외향적이거나 내향적인 유형으로 나뉜다. 따라서 당신이 만날 협상 파트너는 총 8가지다. 각 협상 파트너 유형에는 도전 과제와 이점이 있다. 각 유형의 특성과 효과적으로 이들과 협상하는 방법에 대해 알아보자.

냉철하고 경험이 많은 협상가 | 외향적

협상 기술을 가지고 있기 때문에 당신을 일하게 만들 것이고, 당신의 말을 재빨리 차단하고 대화를 지배할 것이다. 사교적이고 설득 전술에 능하다. 그의 매력이 당신을 쥐락펴락할 수 있기 때문에 정신을 바짝 차려야 한다. 그러려면 먼저 말하는 속도를 늦추는 게 좋다. 그러면 그의 마음이 다소 느긋해진다. 대화를 통제하는 것을 두려워하지 마라. 이 유형이 상대를 약한 사람으로 인식하면 모질게 다루며 완패시키려 한다. 그러니 기상을 잃지 말고 입장을 고수하라. 어깨를 펴고 바르게 허리를 세운 자세를 유지하라. 공간을 차지하라. 팔을 움직이며 말하고 방 안에서 이리저리 움직여라. 항상 그와 눈을 잘 맞추고 배꼽과 발이 그를 향하도록 하라. 이는 그와 정면으로 마주하는 것을 두려워하지 않는다는 신호이다. 외향적인 사람들은 이를 좋게 받아들인다. 팔과 다리를 꼬지 마라. 그러는 순간 외향적인 사람은 당신이 솔직하지 않다고 느낀다. 열린 자세를 유지하라. 슈퍼맨이나 원더우먼 포즈를 취할 수도 있다. 만약 테이블에 앉아 있다면, 똑바로 앉아서 상대 쪽으로 몸을 기울이라. 받아들일 준비가 되어 있음을 보여주는 동작이다. 잡담 또한 서슴지 말고 하라. 외향적인 사람들은 말하기를 좋아한다. 일단 그들을 더 편안하게 느끼게 해주면, 당신과 유대를 맺고 싶어 할 것이다. 외향적인 사람들은 외부의 경험에 자극을 받기 때문이다. 함께 친분을 나눌 수 있다면, 이들은 원칙적인 협상 전술을 사용할 것이기 때문에 원하는 것을 얻을 기회가 있다.

냉철하고 경험이 많은 협상가 | 내향적

양의 옷을 입은 늑대와 같다. 자연스럽게 먼저 생각하고 반성하고 행동하기 때문에 매끄럽고 세련되어 있다. 방법론적으로 접근하기 때문에 이들과 협상할 때 집중해야 한다. 협상의 모든 측면을 연구하고 연습하며 가능한 모든 전술을 시도할 것이다. 그의 공간을 침범하거나 눈싸움으로 이기려 하지 않는 게 좋다. 당신이 더 내향적이고 조용하다는 보디랭귀지를 보이는 것을 더 선호할 것이다. 만약 당신이 지나치게 외향적이거나 무리 지어 있는 사람들과 함께 있거나, 방에 소음이 너무 크고 혼잡하다면 그는 감각 과부하를 겪으며 입을 다물 수 있다. 이는 그를 협상 테이블에서 멀어지게 할 수 있고, 당신은 바트나를 찾으며 헤맬 수도 있다. 만약 본드를 염두에 두고 계획을 세우고 있다면, 함께 있으면서 편안함을 느끼도록 언어적, 비언어적 언어를 사용해야 한다. 더 부드러운 목소리로 말하는 것이 좋다. 당신이 말하고 있는 내용에 대해 내적으로 숙고할 시간을 갖도록 잠시 멈추라. 그런 시간을 주지 않으면 당신이 보내는 메시지가 사라질 수 있다.

냉철하지만 경험이 부족한 협상가 | 외향적

당신의 신경을 긁고 지치게 할 수도 있다. 자신의 입장을 고수하기 위해 타인과 다른 것들에 의지하지만 협상 경험이 없다. 하지만 그는 신경 쓰지 않을 것이다. 무엇이든 말로 모면할 수 있고, 마치 자신이 무엇을 하고 있는지 알고 있는 것처럼 보이려 들 수 있다. 방어적으로 만들고 쉽게 화나게 할 수 있기 때문에 허세 부린다고 그에게 말하지 마라. 만약 부정적인 감정에 휩싸이면, 비이성적이고 격해질 수 있다. 내심 자신이 협상 기술이 없음을 알지만, 무엇이든 할 것이기 때문에 그의 행동을 예측하기 힘들다. 감정적으로 받아들이고 공격적이 되는 것을 설득력 있는 기술로 포장하고 활용해서 당신을 비난하거나, 자신감 부족을 오만함으로 숨기려 할 수도 있다. 그런 행동과 말을 하더라도 넘어가주고 감정적으로 받아들이지 마라. 상호 존중하는 관계를 가져야 하므로, 그에게 이야기할 때 경멸하는 표정을 짓지 마라. 도덕적 우월감을 의미하는 경멸은 희미한 미소 또는 억지웃음으로 얼굴에 나타난다. 만약 그가 당신이 자신보다 더 기분이 좋거나 자신의 기분을 달래고 있다고 생각하면, 우위를 점하기 위해 협상을 중단할 수도 있다. 위험에 노출되었다고 느끼면 적대감을 느낄 수 있으니 협상할 때 절대 손을 숨기면 안 된다. 마음을 열지 않는다는, 정직하지 않다는 신호이기 때문이다. 보디랭귀지로 해석하면 손을 숨긴다는 것은 무언가를 숨긴다는 의미다. 그에게 공정하게 협상하는 법을 조심스럽게 알려주면서 차분하고 자신감 있는 태도를 보여야 한다. 그가 한 말을 그에게 다시 반복해서 말함으로써 소통을 분명하게 만들라. 효과적인 의사소통에 도움이 된다.

냉철하지만 경험이 부족한 협상가 | 내향적
누구도 신뢰하지 않고, 매우 고집이 세다. 강압적이고 배려심이 깊지 못한 것처럼 보일 수 있다. 자신의 의사소통과 협상 능력에 대한 신뢰가 부족하기 때문에 조심스럽게 대해야 한다. 그렇지 않으면 험한 산 위로 끝없이 바위를 밀어 올리는 기분이 들 것이다. 그가 궁지에 몰렸다는 생각이 들게 하지 않도록 말이나 행동을 조심하라. 당신과의 협상 과정을 두려워하겠지만 여전히 싸울 준비가 되어 있다. 두려움을 내면화하기 때문에 차분해질 수도 있다. 그러니 그의 신뢰를 얻고 계속해서 대화에 집중해서 참여하도록 해야 한다. 일단 입을 닫으면 다시 입을 열기 어려울 것이다. 언어적, 비언어적 언어를 냉철하지만 경험이 부족한 외향형 협상가에 적용하는 것과 동일하게 사용하되, 이 협상가에 대해서는 인내심과 침착함이 필요하다. 감정을 잘 감추기 때문에 읽기 어려울 수 있다. 숨겨진 메시지를 발견하기 위해 보디랭귀지에 대해 설명한 11장의 기술을 사용하라. 만약 그가 할 말이 있다면 편하게 말할 시간을 주라. 그것에 감사해할 것이고, 자신을 무능하다고 무시한다고 느끼지 않을 것이다. 윈윈해야 함을 상기시켜서 협상을 이어나가도록 이끌어라. 당신을 존중하도록 그에게 먼저 존중을 보여라. 도출 기술을 사용해서 공정하고 원칙에 따라 협상하도록 설득하는 것이 좋다. 이런 식으로 마음을 열도록 하면 화를 내지 않을 것이다.

부드러우면서 경험이 많은 협상가 | 외향적

당신에게 즐거운 경험이 될 수도 있다. 이 유형은 외향적이기 때문에 사람을 중심에 둔다. 당신에게 관심을 가지고 알아갈 것이다. 부드러우면서 경험이 많은 협상가이기 때문에, 대화에서 경솔하거나 지배하려 들지 않는다. 우호적이며, 대립각을 세우지 않을 것이다. 당신이 진심으로 자신을 신뢰하기를 바라기 때문에 당신을 쉽게 신뢰한다. 재치 있는 대화를 계속하고 능숙한 협상 기술을 사용하는 데 문제가 없지만, 항상 협의 과정과 합의의 결과가 당신에게 어떤 영향을 미칠지 생각한다. 자신의 이해뿐만 아니라 당신의 이해도 염두에 두고 있다. 기술적인 측면에서는 다소 힘들지만, 우호적이고 낙관적인 사람이기 때문에 협상하기에 가장 좋은 상대이다. 최대한 솔직하게 마음을 열고 대화하라. 열린 보디랭귀지^{open body language}를 유지하고 '우리'와 같은 포용적인 어휘를 사용하라. 또한 그가 사용하는 전술에 감사하고 함께 일하는 것이 즐겁다고 말하는 것이 좋다. 장기적인 관계로도 발전시킬 수 있다.

부드러우면서 경험이 많은 협상가 | 내향적

협상 게임을 알지만, 다소 내성적이고 속내를 드러내지 않기 때문에 모르는 것처럼 보일 수 있다. 신중하게 말하기를 선호하므로 당신에게 무엇을 말하고 어떻게 반응할지 찬찬히 계획한다. 온화한 성품으로 자연스럽게 당신의 관점을 존중한다. 그의 조용한 태도에 속지 마라. 그의 성격 특성임을 깨달아라. 경험이 많은 사람이다. 소통할 때 언어적, 비언어적 언어를 조용하고 침착하게 하면 당신을 좋아하게 될 수 있다. 당신이 왜 그를 신뢰하지 않는지에 대한 이야기를 꾸며내서 생각하길 자제하라. 능숙한 협상 능력과 내성적이고 부드러운 성향으로 인해 당신은 그가 뭔가를 꾸미고 있다고 오해할 수 있다. 그의 언어적, 비언어적 신호를 읽을 수 있다면 진실한지 아닌지를 식별할 수 있을 것이다. 만약 당신이 내성적이라면, 그의 신뢰를 쉽게 얻을 것이다. 대화를 재촉하지 않기 위해 잠시 멈춤의 기술을 사용하고, 긴장을 풀며, 인내심을 가져라.

부드러우면서 경험이 부족한 협상가 | 외향적

이런 협상가는 협상을 해서는 안 된다. 온화한 사람이기 때문에 강요하지도, 요구하지도, 자기중심적이지도 않다. 오히려 건강한 관계를 구축하고 유지하려 한다. 경험이 부족해서 이런 종류의 의사소통에 필요한 훈련이나 대인관계 기술이 부족할 수 있다. 하지만 여전히 당신과 협상하는 것을 매우 좋아할 것이다. 외향적이기 때문에 낯선 사람들과 대화하고 새로운 사람들과 함께 있는 것에 편안할 것이다. 자신의 경험 부족을 가리기 위해 과도하게 말할 수도 있다. 그리고 해서는 안 되는 민감한 정보를 유출할 수도 있는데, 이는 당신에게 이익이 될 것이다. 그렇다고 해도 그들을 이용하지 말라. 만약 당신이 그를 이용하고 그가 당신이 부당한 사람임을 알게 되면, 좋지 않은 결과를 직면할 수도 있다. 당신이 자신에게 공정하게 대하길 바라면서 호의와 친절로 당신을 대한다. 이 유형과 협상할 때는 도덕적 기준을 따르라.

부드러우면서 경험이 부족한 협상가 | 내향적

이 유형을 대상으로 협상하면 마음만 먹으면 거의 모든 사항에 걸쳐 이길 수는 있겠지만, 명성과 같은 다른 것들을 잃을 수도 있다. 이 유형과 협상할 때는 고압적이지 않도록 주의하라. 그가 유능하다고 느끼게 하라. 그가 현명한 선택을 했다고 말하면서 그가 내린 결정을 기분 좋게 치켜세워줄 수도 있다. 경험이 부족하고 온화한 사람이기 때문에 당신에게 분명 이점이 있지만, 이용하려 들지 마라. 협상은 원칙에 입각해야 함을 기억해야 한다. 우리는 상대방을 배려할 필요가 있다. 언젠가 그로부터 무언가가 필요할 수도 있는데, 만약 그가 당신이 자신을 가지고 놀았다고 생각하면 원하는 것을 얻지 못하게 된다.

부드러우면서 경험이 부족한 협상가(내향적)에게 능력이 있다고 느끼게 하고, 냉철하고 경험이 많은 협상가(내향적)는 편안함을 느끼게 하며, 냉철하지만 경험이 부족한 협상가(외향적)에게 허세를 부린다고 말하지 않아야 하는 이유는 이렇다. 그들과 다시 협상해야 할 수도 있기 때문이다! 앞으로 그들에게서 무언가가 필요할지도 모르기 때문에, 만족할 만한 조건으로 모든 인터뷰 또는 협상을 끝낼 마음의 준비를 하라.

협상은 타협이 아니다. 타협으로 원하는 것을 얻는 사람은 없다. 원하는 것을 얻으려면 상대와 그가 선호하는 최선의 접근법을 고려해 양측 모두 이겼다고 느끼는 윈윈 관계를 구축하라.

"두려움 때문에 협상하지 말자.
그렇지만 협상하는 것을 두려워하지도 말자."
-존 F. 케네디-

가구점, 자동차 대리점, 기타 일반적으로 가격을 협상할 수 있는 곳으로 가서, 이 체크리스트를 사용해 정찰 가격에서 최소한 10퍼센트를 할인받도록 하라!

목표를 프로파일링하자.
- 당신의 NPT 즉, 협상 파트너 유형은 무엇인가?

공감하는 협상 방식을 계획하자.
- 직접 만나서 협상하자.
- 다른 사람의 입장이 되어보자.
- 친밀한 관계를 구축하자.
- 사실과 자료를 미리 준비하자.
- 상대의 반대 또는 거절에 준비하자.
- 공감의 말을 사용해 편안한 환경을 만들자.
- 상대가 마음과 입을 열도록 도출 기법을 사용하자.
- 취약점을 드러내길 두려워하지 말자.
- 자신감 있는 목소리를 사용하자.
- 내가 편견을 가지고 있는지 확인하자.

대화를 계획하자.
- 나의 목표는 무엇인가?
- 나의 본드는 무엇인가?
- 그들이 협상에 응할 이유는 무엇인가?

대화를 실행하자.

10장

한계점
대응법

이 장에서는 인터뷰 대상자가 태도를 바꿔 진실을 말할 것인지 아니면 계속 거짓말을 하며 자신의 거짓을 정당화할 것인지 고민하는 지점에 대해 설명한다. 진행자는 인터뷰 대상자가 한계점에 도달하는 때를 알 수 있다. 보디랭귀지와 목소리를 통해 보고 듣기 때문이다. 인터뷰 대상자가 진실을 말할지 말지 고민할 때 보이는 특정 언어적 행동과 비언어적 행동들이 있다. 인터뷰 대상자가 마음을 열고 정직한 답변을 하도록 그 지표들과 진행자가 결정적인 순간에 할 수 있는 말들에 대해 설명할 것이다.

인터뷰 대상자가 한계점에 다다랐을 때, 진행자는 "당신과 나 모두 당신이 거기 있었다는 것을 증명할 수 있는 증거가 있음을 알고 있습니다"와 같이 말함으로써 그를 궁지로 몰아넣을 수 있다. 또는 "걱정하고 있다는 것을 압니다. 당신은 결정을 내려야 한다는 것을 알고 있고, 저는 당신이 옳은 결정을 내릴 것이라고 확신합니다"와 같이 말을 함으로써 궁지에 몰아넣지 않고도 인터뷰 대상자가 자신의 의지로 태도를 바꾸도록 할 수 있다. "지금 기분은 어떤가요?"와 같은 질문을 해도 좋다. 또는 아무 말도 하지 않는 것이 좋을 수도 있다. 어떤 접근 방식을 취하든 인터뷰 대상자가 편안하게 느낄 수 있는 환경을 만들어야 한다. 이번 장에서는 인터뷰 진행자로서 인터뷰 대상자가 올바른 선택을 해서 진실을 말하게 할 수 있도록 준비할 것이다.

그렇다면 인터뷰 대상자는 한계점을 어떤 모습과 언어로 드러낼까? 한계점에 도달했는지를 어떻게 확실하게 알 수 있을까? 그 징후들을 살펴보자.

비언어적 한계점의 속성

한계점을 보여주는 전형적인 비언어적 지표는 신체적으로 공 모양으로 둥글게 몸을 말기 시작할 때이다. 어깨를 앞으로 숙이고, 고개를 떨구며, 때로는 진행자 쪽을 향해 몸을 숙이기도 한다. 마치 어깨에 무거운 것이 실려 있는 모습처럼 보일 수 있다. 거짓말은 죄책감, 걱정, 수치심과 같은 부정적인 감정을 일으킨다. 그러한 감정들은 무거운 무게의 감각을 만들어내고, 우리는 이를 감정적으로 느끼고, 신체적으로도 드러난다. 한계점에 있는 인터뷰 대상자 중 어떤 사람들은 인지적 과부하를 경험하기 때문에 멍해지는 것처럼 보인다. 또 어떤 사람들은 거짓말을 하면서 인터뷰 진행자인 당신을 마주하는 것이 두렵거나, 자신의 거짓말이 밝혀질까 두려워서 눈을 똑바로 쳐다보지 못한다. 이런 인터뷰 대상자들은 대부분 인터뷰 도중에 조용해진다.

언어적 한계점의 속성

한계점에 도달했다는 언어적 지표는 그가 어떤 결정을 내릴지에 달려 있기 때문에 대화 거부를 포함한다. 목소리가 갈라지거나 떨리고, 호흡이 힘들어지며, 목소리의 톤과 음조, 말하는 속도가 변하는 것과 같이 스트레스와 긴장을 나타내는 징후를 들을 수 있다. 한숨을 쉬고 심호흡을 하기도 한다.

자백하려는 개인적 동인과 동기

한계점을 효과적으로 처리하여 인터뷰 대상자가 입을 다무는 대신 진실을 말하게 하려면 자백할 동기를 파악해야 한다. 다음은 개인적 동인과 동기의 예들이다. 인터뷰 대상자는 다음과 같을 수 있다.

- 감옥에 가는 것을 두려워한다.
- 진실을 말하면 특정 사람들이 자신을 죽이려 하거나 해를 입힐 거라 두려워한다.
- 직업이나 생활방식을 잃는 것을 두려워한다.
- 당황, 죄책감, 수치심을 느끼고 있다.
- 인터뷰 진행자를 믿지 않는다.
- 자신이 자백하면 상대방인 인터뷰 진행자가 이기는 것이라고 믿는다.

인터뷰 대상자는 결과에 관계없이 심리적 필요성 때문에 자백하기를 원하기도 한다.

- 감사함. 인터뷰 진행자가 친절하고, 비난하지 않으며, 인내심이 있고, 정직한 것에 대해 보상하기를 원한다.
- 고통의 제거. 본질적으로 사람들은 정직하기를 원한다. 인터뷰 대상자는 정직하고 싶고 죄책감을 덜고 싶을 수 있다.

- 보상. 진실을 말하는 것이 가족, 친구들을 위해 최선이라고 믿을 수 있다.
- 자존감. 자신에 대해 만족감을 느끼고 싶고 마침내 옳은 일을 해야 한다고 느낀다.

중요한 이 시간 동안 잠시 멈춤의 기술을 사용해 목소리의 어조와 크기를 부드럽게 하는 것이 좋다. 안전을 먼저 염두에 두어 팔이나 다리와 같이 터치해도 안전한 곳을 가볍게 터치(진행자와 대상자가 동성이고 항상 문화적 규범을 준수할 때만 사용)함으로써 일체감을 조성하는 것이 좋다. 터치는 유대감을 더 느끼게 할 수 있다. 인터뷰 대상자에 더 가까이 앉는 것도 좋다. 자신의 공간을 침입하는 것을 꺼리는지 아닌지 보기 위해 보디랭귀지를 읽어보자. "무엇을 도와드릴까요?" 또는 "저에게 물어보고 싶은 것이 있나요?"와 같은 질문을 하라. 일체감을 만들기 위해 대명사 '우리'를 사용하라.

한계점은 거짓말을 했음을 진행자가 눈치챘다는 것을 인터뷰 대상자가 알 때 올 수 있다. 그가 거짓말을 했다는 것을 알리되 비난하는 것처럼 들리지 않도록 해야 한다. 이를 위해 "제가 보기에…"라고 말할 수 있다.

- "…말하고 싶은 것이 더 있어 보이네요."
- "…이야기하실 게 더 있어 보이네요."
- "…이야기하고 싶은 뭔가가 있어 보이네요."
- "저에게 말하지 않은 것이 더 있죠?"라고 말하는 것은 비

난조로, 인터뷰 대상자의 입을 닫게 할 수도 있다.

또한 "제가 틀릴 수도 있지만…"이라고 말할 수 있다.

- "…대답에서 망설임이 느껴집니다."
- "…마음이 불편해 보이는군요."
  그가 대답한 후에, 덧붙여서 다음과 같이 후속 질문을 할 수 있다. "저를 신뢰하시려면 제가 어떻게 하면 될까요?" 또는 "마음이 편해지시려면 제가 어떻게 하면 될까요?"

잠입 명령어

또한 잠입 명령어를 사용해 한계점을 깨도록 할 수 있다. 예를 들어 "[주제]에 대해 질문했을 때 …라는 것을 알았습니다"라고 말한다.

- "…당신은 긴장했습니다."
- "…죄책감을 느끼는 것 같았어요."
- "…저에게 뭔가 말하고 싶어 하는 것처럼 보였어요."

"이제 제가 당신의 이야기에서 진술 불일치를 발견했다는 것을 아셨으니…"라고 말할 수 있다.

- "…당신은 죄책감을 느끼고 있습니다."
- "…진실을 말하는 것이 좋습니다."
- "…마음의 짐을 내려놓고 진실을 말해주세요."

"결국…"이라고 말할 수 있다.

- "…저에게 진실을 말하실 겁니다. 그게 옳은 일이니까요."
- "…거짓말에 따른 부담감을 감당하기가 버거우실 겁니다."
- "…거짓말한 게 드러났다는 것을 받아들이실 겁니다. 우리에겐 증거가 있으니까요."

다음과 같이 말할 수도 있다.

- "거짓말하는 것은 쉽지 않아요. 혼란스러워지실 겁니다."
- "미리 연습한 거짓말을 다 기억할 수 있는 사람은 없어요. 당신은 세부 사항을 잊어버릴 겁니다."
- "지금 얼마나 두려운지 곧 느끼시게 될 거예요."
- "거짓말을 한 건 실수였다고 곧 생각하시게 될 거예요."
- "아마도 지금이 진실을 털어놓을 때라고 생각하고 계실 겁니다."
- "거짓말을 나타내는 지표를 드러내지 않는 사람은 없어요. 저는 그걸 아는 훈련을 받았습니다."
- "제가 왜 당신을 믿지 않는다고 생각하는지 이유를 말해

보세요."

한계점은 심문에서 중심축이 되는 지점이다. 자신과 인터뷰 대상자에 대해 인내심을 갖자. 질문을 서두르거나 대답을 강요하지 말자. 긴장을 풀고 자신의 기술을 신뢰해 인터뷰 대상자가 올바른 결정을 하도록 이끌며 진실을 말하게 하자. 언어 선택과 전달 방법은 인터뷰 대상자가 진실을 말하도록 설득하는 데 있어 성공을 좌우한다.

"결정적인 순간에
당신이 할 수 있는 최선은 옳은 일을 하는 것이다.
당신이 할 수 있는 최악은 아무것도 하지 않는 것이다."
-테오도어 루즈벨트-

11장

보디랭귀지
분석 방법

'행간 읽기'는 숨겨진 의미를 뜻하는 관용구이다. '암호작성(해독)법Cryptography'은 '숨겨진' 또는 '비밀'을 의미하는 그리스어 크립토스kryptós와 '글쓰기'를 의미하는 그라페인graphein이 합쳐진 말이다. 암호작성(해독)법은 양측 간의 통신을 안전하게 지키고 제3자가 메시지를 해독하지 못하도록 비밀 메시지를 작성하고, 읽으며, 분석하는 행위이다. 암호작성(해독)법의 초기 형태에는 '투명 잉크invisible ink'(일반적으로 산 또는 화학물질로 만들어진다)로 기밀이 아닌 일반 문서의 행간에 글을 작성하는 방법이 있었다. 문서가 도착하면 수신자는 화학물질을 사용해 비밀 메시지를 보이게 해서 읽었다.

투명 잉크와 유사하게 사람들은 커뮤니케이션 과정에서 언어적으로, 비언어적으로, 의식적으로, 무의식적으로 진짜 감정과 생각을 숨긴다. 타인을 신뢰하면 우리는 그가 소통할 때 정직하고 진실할 것이라고 당연하게 여긴다. 인간의 본성은 우리 자신이 정직하고 타인을 신뢰하기를 원한다. 하지만 모든 사람이 신뢰할 만한 것은 아니다. 당신은 직원이 돈을 몰래 빼내고 있는 것을 전혀 알지 못하고 지점의 운영을 오랫동안 맡기고 있을 수도 있다. 공개되지 않은 중죄 기록이 있는 구직자, 국경 검문소를 통과하는 마약 밀수 승객, 진실을 숨기고 있는 사람을 인터뷰하고 있을 수도 있다.

정서 지능Emotional Intelligence, EI에 대해 들어본 적이 있을 것이다. 내가 보디랭귀지 지능Body Language Intelligence, BLI라고 부르는 것을 알려주고자 한다. 비언어적인 행동을 분석할 때는 먼저 자신의 행동을 정확하게 인식할 줄 알아야 한다. 그다음에 다른 사람들을 정확하게 평가하는 것을 배울 수 있다. 보디랭귀지 지능은 우리의 동작과 몸짓이 태도와 행동을 어떻게 바꿀 수 있는지 이해하는 데 도움이 된다. 또한 사람들이 정직하지 않을 때를 발견하고, 거짓말로 인해 스트레스를 받거나 긴장했는지 해독하는 방식에 도움이 된다.

이 장에서는 사람들이 거짓말을 꾸며내는 방법과 두 유형의 거짓말하는 사람의 차이에 대해 배울 것이다. 거짓말을 분별하는 행동 기준과 가장 정확한 거짓말 지표를 설명하려 한다.

자신의 몸에 대해 잘 인식하자

인터뷰나 협상에서 내가 보이는 비언어는 의사소통의 장벽을 만들어 타인이 나를 불신하고 외면하게 만들 수 있다. 무심코 상대방에게 관심이 없다거나, 상대방의 생각을 들을 생각이 없다거나, 내가 그보다 우월하다고 느낀다거나 방어적이거나 공격적이거나, 정직하지 않다거나 하는 신호를 보낼 수 있다. 진실한지를 판단하기 위해 타인에게서 신호를 찾아야 하기도 하지만, 나 자신 또한 무심코 내가 신뢰할 수 없는 사람이라는 신호를 내보낼 수 있기 때문에 나의 보디랭귀지를 점검해야 한다.

보디랭귀지 연구 분야에서는 "몸을 움직이면 마음이 움직인다Move the body, move the mind."라는 말이 있다. 자세를 바꾸는 것만으로도 사고방식을 바꿀 수 있다. 에이미 커디Amy Cuddy가 파워 포즈에 대해 이야기한 TED 강의를 보길 권한다. 그녀는 슈퍼맨처럼 당당한 자세가 뇌의 화학작용을 변화시키고 코르티솔을 억제할 수 있음을 구강 면봉에 존재하는 코르티솔 수치를 통해 증명했다. 몸이 더 많은 공간을 차지할수록, 우리는 더 자신감을 느낀다. 대부분의 사람은 불안감이나 걱정을 느낄 때 몸을 공 모양으로 만든다. 어깨는 축 처지고 앞으로 웅크린다. 몸을 구부리고, 고개를 떨구고, 턱을 움츠린다. 몸이 작아지는 것이다. 이러한 자세들은 닫힌 보디랭귀지를 나타내며, 타인은 나를 불편하고 믿을 수 없는 사람으로 인식할 수 있다. 내가 신뢰할 수 없어 보인다면 어떻게 마음을 얻을 수 있을까? 자신감 있어 보이고 자신감을 느끼려면 열린 보디랭귀지를 유지해야 한다.

　　다음은 타인으로부터 관심과 신뢰를 얻기 위해 나의 보디랭귀지가 어떠해야 하는지에 대한 체크리스트다.

열린 보디랭귀지를 유지하자.

목, 배꼽, 사타구니를 가리지 말자. 공포를 느낄 때 우리는 무심결에 이 세 부위들을 가리기 때문에 이 부위들은 '파워 존power zone'이라고 불린다. 편도체가 진실을 말하는 것에 대한 두려움을 감지하면, 중요한 장기를 보호하는 신체의 이 3가지 중요한 부분을 지키는 경향이 있다. 사람들이 두려움을 감지하는 신호이기 때문에 다른 사람들이 이 부위들을 언제 가리는지 눈여겨보라. 반대로 내가 그렇다면 신뢰할 수 없는 사람이라는 신호를 보내는 것이니 이 부위들을 가리지 않도록 주의하자.

팔짱을 끼지 말자.

사람들은 편안함 때문에, 그리고 큰 결정을 내리기 전에 팔짱을 끼곤 하지만, 이는 일반적으로 방어적인 자세로 인식된다. 그러니 팔짱을 끼지 말고 팔을 몸 옆에 두는 습관을 가지자.

눈을 마주치자.

눈을 마주치되 공격적으로 인식될 수 있으니 눈싸움하듯이 보지는 말자. 눈을 마주치는 것을 불편하게 느끼는 사람에게 지나치게 아이 콘택트를 하면 그의 불안감은 증가한다. 그 불안감을 내가 뭔가 속이려는 행동으로 착각할 수 있다.

상대와 몸을 맞추자.

배꼽과 발을 인터뷰 대상자의 배꼽과 발에 일직선으로 유지하자. 이는 그에게 집중하고 있다는 신호다. 몸을 뒤로 젖히거나 다른 쪽으로 향하게 하면, 그에게 집중하지 않는다는 신호다. 이는 인터뷰 대상자에게도 해당된다. 만약 그가 갑자기 몸의 방향을 바꾸고 몸과 발을 문 쪽으로 향하게 한다면 자리를 뜨고 싶은 것이다.

자신을 달래는 동작을 피하자.

사람들은 긴장하거나 불안할 때 자신의 몸을 만지작거리기도 한다. 손, 팔, 다리를 비비거나, 손톱을 뜯거나, 반지를 만지거나, 옷을 잡아당기기도 한다. 손가락으로 윗입술을 어루만지기도 한다. 사람들은 불편함을 느낄 때 자신을 달래기 위해 이런 행동을 하는 경향이 있다. 만약 무심결에 내가 이런 동작을 하고 있다면, 손을 탁자 위나 무릎 위로 다시 올려놓자.

진실을 감지하자

속임수를 감지할 때, 특히 비언어적 행동을 분석할 때 먼저 알아야 할 것이 있다. 진실을 감지할 때만큼 집중해야 한다는 사실이다. 그렇지 않으면 속임수를 보지 못할 수도 있고, 진실한 사람들이 속임수를 쓰고 있다고 오판하는 경우도 생길 수 있다. 보디랭귀지를 읽는 법은 누구나 배울 수 있지만, 비언어적 행동을 객관적으로 평가하고 일반적인 스트레스와 거짓말을 하는 데 따른 스트레스를 구별하는 법을 알아야 한다. 긴장된 분위기로 인해 사람들은 스트레스에 대한 생리적 반응을 보인다. 거짓말을 하는 사람들도 같은 반응을 보일 수 있다. 하지만 거짓말을 하는 사람들이 모두 불안감을 느끼는 것은 아니다.

언어적, 비언어적 분석을 할 때 나는 진실한 신호와 기만적 신호 모두를 적는다. 친밀한 관계를 쌓는 단계인 인터뷰를 시작할 때나 인터뷰를 하는 내내 개인을 평가하면서 메모장에 비언어적인 경우는 'NV', 언어적인 경우는 'V'라고 표시하며 적는다. 그리고 알아차린 행동들을 각 표시 밑에 적는다. 나는 표시한 수를 세고 비교한다. 누군가 그가 진실을 말하고 있다고 생각하는 이유를 묻는다면 "기만적인 지표를 보지 못했습니다"라고 말하는 대신 "진실을 나타내는 지표가 7가지 있었습니다"라고 말할 수 있다.

속임수를 잘 탐지하기 위해서는 진실을 잘 탐지해야 한다. 진실한 지표뿐만 아니라 기만의 지표를 보고 들을 때도 있겠지만, 어떤 것이 진실을 나타내고 어떤 것이 거짓인지 구별할 줄 알면 어느 쪽을 더 많이 보고 듣고 있는지 판단할 수 있다. 먼저 속임수를 나타내는 비언어적 지표들을 살펴보고, 반대편인 진실을 나타내는 지표를 살펴볼 것이다.

먼저, 거짓말 이면에 숨겨진 과학에 대해 이야기하고자 한다. 왜 진실한 사람이 기만적으로 보일 수 있는지, 왜 거짓말을 하는 사람이 자신감 있게 보이고 거짓말 탐지기 테스트를 통과할 수 있는지 이해하게 될 것이다.

거짓말 탐지기

거짓말 탐지기에 앞서(그나저나 거짓말 탐지기 같은 것은 없다) 신경계와 기억에 대해 이야기하고자 한다. 신경계를 메시지가 끊임없이 들어오고 나가는 콜센터라고 생각하자. 신경계는 중추신경계와 말초신경계로 나뉜다. 중추신경계는 뇌와 척수를 포함한다. 뇌에 대해 집중해서 알아보자. 이미 8장에서 변연계에 대해 설명했지만 더 자세히 다뤄보려 한다.

변연계는 감정, 동기, 생존 본능, 기억을 관장한다. 자극에 실시간으로 반응하고 비이성적으로 분노가 폭발할 때에도 반응하기 때문에 '정직한 뇌'로 불린다. 변연계는 대부분의 사람이 거짓말을 할 때 불안하게 반응하는 이유이다. 하지만 거짓말을 할 때 불안감을 느끼지 않는 사람들도 있으니 이에 주의해야 한다. 과학 저널리스트 로널드 코툴락Ronald Kotulak은 기사에서 이렇게 설명했다. "뇌 영상 기술로 거짓말이 감정과 자기 보존의 중심인 변연계 깊숙한 곳에서 뇌 활동을 어떻게 촉발시키는지 볼 수 있다. 거짓말은 좌우 측두엽의 기억 저장소로부터 지원을 받은 다음 전두엽으로 돌진하는데, 그곳에서 뇌가 진실이라고 알고 있는 것을 억제하는 결정이 내려진다."

전직 호주 경찰관인 내 친구 엘리 존슨이 말했듯이 거짓말은 선택이다. 거짓말을 하기에 앞서 우선 진실을 억제해야 한다.

대부분의 사람들은 거짓말 탐지기가 거짓말을 탐지할 수 있다고 믿지만 그렇지 않다. 스트레스에 대한 생리적 반응만 감지할 수 있다. 거짓말을 하는 사람에는 일반적으로 거짓말을 하는 사람과 강력한 거짓말쟁이의 두 종류가 있다. '일반적'으로 거짓말을 하는 사람은 거짓말을 지어내고, 계속해서 거짓말을 하며, 거짓말을 들키는 것에 대해 걱정한다. 대부분의 사람이 이에 해당한다. 이런 유형이 거짓말을 하면 지나치게 긴장해서 인지 부하를 경험할 수 있다. 다른 유형의 거짓말쟁이는 '강력한' 거짓말쟁이라고 불린다. 실은 이들은 거짓말을 잘 못한다. 다만 이들은 거짓말이 탄로 날까 봐 걱정하는 것이 아니라 거짓말을 통한 보상에 집중한다. 예를 들어 이력서에서 거짓말을 한다면, 들키는 것보다는 그 직업을 얻는 데 더 집중한다. 거짓말에 대해 걱정하지 않기 때문에 스트레스를 경험하지 않으며, 따라서 스트레스 반응 시스템이 작동하지 않는다. 많은 사람들이 내게 강력한 거짓말쟁이가 하는 거짓말을 잡아내는 것이 가능한지 묻는다. 나는 "그렇다"라고 대답한다. 이들은 속임수를 나타내는 비언어적 지표를 누출하지 않는다 해도, 말할 때 분명히 거짓말의 지표를 드러낸다. 이에 대해서는 다음 장에서 자세히 알아볼 것이다.

거짓말 탐지기는 거짓말을 하는 모든 사람이 스트레스와 불안을 경험할 것이라고 가정한다. 하지만 모든 사람이 그런 것은 아니다. 애나 몬테스, 올드리치 에임스, 로버트 한센 등 미국 스파이들이 외국 정부에 비밀을 팔았지만 매년 거짓말 탐지기 테스트를 통과한 것도 이 때문이다. 이들은 거짓말이 주는 보상에 초점을 맞춘 강력한 거짓말쟁이들이었다.

거짓말을 정확하게 감지할 수 있는 유일한 기계는 거짓말과 진실을 말하는 것과 관련된 뇌 활동을 볼 수 있는 f-MRI 스캐너이다. 내가 하고 싶은 말은 거짓말하는 것을 좋아하지 않는 사람의 변연계는 거짓말에 불안감으로 반응하기 때문에 이는 말과 행동으로 관찰하기에 좋다는 것이다. 스트레스는 또한 인지 과부하를 유발하며 거짓말은 빠르게 흐트러지기 시작할 것이다.

나는 종종 소시오패스와 병적인 거짓말쟁이들에 대해 질문을 받는다. 병적인 거짓말쟁이들은 후회, 죄책감, 수치심을 느끼지 않고 다른 사람들을 조종하고 속이려고 거짓말을 한다. 자아도취가 돼 있고 거짓말에 직면하면 불안해하는 경향이 있다. 강박적인 거짓말쟁이, 즉 상습적인 거짓말쟁이는 아무 이유 없이 거짓말을 한다. 개인적인 이익을 위해 거짓말을 하는 것이 아니며, 거짓말을 하는 명확한 동기도 없다. 이 2가지 거짓말쟁이들의 거짓말은 쉽게 드러날 수 있지만, 상대가 자신의 거짓말을 눈치챘다는 것을 알면서도 천연덕스럽게 계속해서 거짓말을 하기도 한다.

과학자들은 뇌가 거짓말에 적응한다고 말한다. 거짓말을 많이 할수록 더 쉽게 거짓말을 한다는 말이다. 끊임없이 과장해서 말하는 거짓말쟁이에서 병적인 거짓말쟁이에 이르기까지 그들의 변연계는 거짓말에 따르는 불안감에 둔감해지고 덜 느낀다. 이제 이 사실을 알게 됐으니 거짓말을 들키지 않기를 바라는 마음으로 강박적으로 거짓말을 하지 말자. 거짓말에 따른 감정적 반응이 덜 불안하게 나올 때에도, 거짓말은 항상 드러나기 마련이다.

기억을 통해 거짓말 만들기

변연계 안에는 기억을 주로 담당하는 해마가 있다. 해마는 단기 기억에서 장기 기억으로 정보를 통합한다. 기억에는 사건형episodic과 의미형semantic의 2가지 유형이 있다. 사건형 기억은 자전적으로, 실제 현실의 경험으로부터 만들어진다. 했던 일들, 갔던 장소들, 만난 사람들, 본 것과 소리, 느낀 감정들로 구성된다. 뇌는 자전적 기억들을 별개의 정보들로 저장한다. 그래서 기억들을 떠올리려 할 때, 정보의 조각들을 모아서 사건을 다시 만들어야 한다. 어젯밤에 내가 한 일을 생각해보자. 한 일들을 큰 소리로 열거해보자. 아마도 이야기보다는 시간 순서별로 열거하게 될 것이다. 다음 주, 다음 달, 내년에도 어젯밤 일을 똑같이 열거해보면, 떠올릴 때마다 완전한 이야기를 만들기 위해 지금과 마찬가지로 각각의 정보 조각들을 조합하게 될 것이다. 문제는 지금으로부터 1년 후에는 그 정보 중 일부가 기억 저장소에서 떨어져나간다는 것이다. 잊어버려서 떠올릴 수 없을 것이다. 시간이 지남에 따라 실제적이고 자전적인 사건들을 종합하기 위해서는 더 많은 작업이 필요하다. 속임수를 탐지하는 데 있어 문제가 여기에 있다. 만약 몇 달 전에 일어난 실제 사건에 대해 인터뷰 대상자에게 질문한다면, 어젯밤에 무엇을 했는지 물었을 때보다 사건형 기억의 조각들을 기억해내는 데 더 어려움을 겪을 것이다. 거짓말 분석 전문가인 우리는 사건을 회상하는 데 어려움을 겪는 그를 두고 거짓말을 하고 있다고 성급히 가정하지 않도록 주의해야 한다.

의미형 기억은 개인적인 경험이 아닌 우리에게 공통된 지식인 생각과 개념으로부터 처리한 기억이다. 우리는 인간으로 태어나 지구상에 살면서 이러한 정보들을 수집한다. 우주 왕복선을 타보거나 실제로 본 적이 없어도 우주 왕복선이 무엇인지 안다. 속임수를 탐지할 때, 사람들의 의미형 기억(개인적으로 경험하지 않음)과 사건형 기억(개인적으로 경험함)을 구별하려고 노력하는 것이 어려움을 초래한다. 거짓말을 할 때 사람들은 의미형 기억을 사용해서 진실하지 않은 이야기나 사건을 꾸며낸다. 예를 들어 내가 당신에게 거짓말로 플로리다에 있는 케네디 우주 센터에 직접 가서 우주 왕복선의 발사를 지켜봤다고 말한다고 해보자. 내 이야기를 증명하기 위해 시각적으로 그 장면을 묘사까지 한다. 하지만 실제로는 케네디 우주 센터에 가본 적이 없기 때문에 TV에서 본 의미형 기억들을 사용하게 된다. 이제 이런 의문이 들 것이다. '그렇다면 의미형 기억에서 만든 사건으로 거짓말을 하고 있는지 어떻게 알 수 있을까?'

이는 인지 과부하 과정에서 나타나는 말과 행동으로 알 수 있다.

인지 과부하

다행스럽게도 두 유형의 거짓말쟁이 모두 인지 과부하에 이를 수 있다. '인지 과부하Cognitive load'는 뇌가 끊임없이 정보를 처리하는 부분인 작업 기억working memory(정보들을 일시적으로 보유하고, 각종 인지적 과정을 계획하고 순서 지으며 실제로 수행하는 작업장으로서의 기능을 수행하는 단기적 기억)에 사용되는 정신적 노력의 총량이다. 작업 기억은 장기 기억으로 전송되는 기억 스키마를 생성한다. 상황과 사물을 이해하기 위해 우리는 장기 기억에서 작업 기억으로 기억 스키마를 끌어낸다. 만약 이 과정이 없다면 우리는 정지 신호가 무엇을 의미하는지 기억하지 못할 것이고, 나는 키보드를 보지 않고는 이 책을 쓸 수 없을 것이다.

이제 거짓말을 지어내는 데 사용되는 인지 과정에 대해 이야기해보자. 이야기를 하려면 기억들을(진실한 기억이든 가짜 기억이든) 되살려야 하고, 한데 모아야 한다. 특히 날짜와 시간. 진실한 사람들이 기억을 되살리려고 노력하며 특정 정보에 대해 대답하려면 정신적인 노력이 필요하다. 거짓말쟁이들은 기억도 되살린다. 그리고 이들은 거짓말을 꾸미기 위해 의미형 기억을 가져오려다 작업 기억에 과부하가 걸렸을 때 인지 과부하를 경험할 수 있다.

인지 과부하 상태에서는 정상적인 사고 과정을 처리할 수 없으며, 다음과 같이 된다.

- 세부 사항을 혼동하거나 완전히 잊어버린다.
- 말이 느려지고, 적게 말한다.
- 더 적은 단어, 간단한 단어들을 사용한다.
- 문장이 점점 짧아진다.
- 말하고 있는 이야기에 첨부되어야 하는 감정은 존재하지 않게 된다(스트레스와 불안을 제외하고).
- 질문을 해도 듣지 못한다. 주의력이 외부가 아니라 내부로 향하고, 정신이 멍해 보인다.
- 스트레스로 인해 신체적으로 아플 수도 있다.

인터뷰하고 있는 사람이 인지 과부하에 도달한다면, 거짓말을 계속할 수 있는 정신력이 없을 것이다. 정신력이 빠르게 흐트러지기 시작해 곧 한계점에 도달할 것이다.

기준 세우기

이제 2가지 유형의 거짓말쟁이와 거짓말이 만들어지는 방법을 이해했으니 속임수를 탐지하는 데 중요한 도구인 기준을 세울 준비가 됐다. 기준선을 통해 사람들이 긴장을 풀었을 때 어떤 행동을 선호하는지를 정확하게 읽을 수 있다. 편안한 행동 패턴은 스트레스를 받을 때와 거짓말을 할 때 바뀔 것이다.

전반적인 태도에 대한 정확한 기준을 얻는 가장 좋은 방법은 상대를 여유 있고 편안한 환경에 두는 것이다. 기준은 일반적으로 인터뷰 초기의 친밀한 신뢰 관계 형성 단계에서 발생한다. 상대의 취미, 가족, 뉴스에서 다뤄지는 소식들에 대해 이야기하자. 그냥 앉아서 상대가 원하는 대로 이야기하는 것을 들을 수도 있다. 이 시간 동안 상대의 언어적, 비언어적 언어에 대한 기준을 정할 수 있다.

다음은 인터뷰 대상자의 비언어적 의사소통에서 찾아야 할 사항이다.

- 안절부절못하는가, 아니면 가만히 있는가?
- 직접 눈을 마주치길 피하는가?
- 발이나 손가락을 두드리는가?
- 얼굴에 표정을 짓고 눈썹을 자주 치켜올리는가?
- 고개를 끄덕이고 흔드는 것과 말의 내용이 일치하지 않는가? ("예"라고 말할 때도 항상 "아니요"라고 고개를 흔드는가?)

- 흥분을 잘하고 활기가 있는가, 아니면 여유 있고 침착한가?
- 바른 자세를 하고 있는가, 아니면 구부정한가?
- 자신을 달래는 동작을 하는가?
- 사건형 기억과 의미형 기억을 떠올릴 때 눈이 어디에 고정되어 있는가?

다음은 언어적 의사소통에서 기준을 정할 때 들어야 할 것이다.

- 말하는 속도는 어떤가? 원래 말이 빠른가, 혹은 느린가?
- 음조는 어떤가? 일반적으로 거짓말을 할 때는 성대에 가해지는 스트레스 때문에 목소리의 높이가 올라간다.
- 어조는 어떤가? 비꼬는가, 형식적인가, 우호적인가, 긍정적인가, 부정적인가?
- 목소리는 얼마나 큰가? 말을 부드럽게 하는 편인가?
- 자주 망설인다면, 그들의 멈춤의 지속 시간과 빈도는 얼마인가?
- "음"과 "어"와 같이 대화 중 비는 공간을 채우는 필러 단어를 사용하는가?
- 혀를 차는 경향이 있는가? 이는 무슨 말을 해야 할지 생각하면서 주저하거나 지연시키는 전술일 수 있다. 단어를 현명하게 선택하려면 시간을 벌어야 하기 때문이다.
- 어떤 종류의 단어와 표현을 자주 사용하는가? 나는 이를

'애어(애착이 있어 자주 사용하는 단어)pet words'라고 부른다. 어떤 사람들은 항상 말을 "…를 당신은 절대로 믿지 않을 것이다"로 회피하는 반면, "그래서"라는 단어로 항상 말문을 여는 사람들도 있다. 이것들은 거짓말을 나타내는 지표가 될 수 있지만, 이 표현들이 기준인 사람들에게는 그렇지 않다.

기준선을 사용하는 동안 상황적인 전후 맥락을 고려해야 한다. 인터뷰 대상자는 인터뷰나 거짓말 탐지기 테스트를 앞두고 있기 때문에 긴장할 수도 있다. 인터뷰에 대해 걱정하고 긴장하고 있는 것인지, 거짓말을 하고 있는 것인지 판단할 필요가 있는데 차이점을 구별하는 방법은 어렵지 않다.

스트레스 때문일까, 거짓말 때문일까?

엄청난 스트레스를 받을 때 입과 눈은 건조해질 수 있다. 그 결과, 침이 없기 때문에 삼키거나 말을 하는 데 어려움을 겪고, 윤활 작용을 촉진하기 위해 눈을 빠르게 깜박이기도 한다. 안구건조증이나 콘택트렌즈의 문제 외에도, 나는 사람들이 거짓말을 할 때 눈을 깜빡이는 속도가 빨라진다는 것을 알아챘다.

투쟁-도피 반응 상태에 이르러 코르티솔이 분비되면 혈액과 산소가 몸 전체에 갑자기 증가해 얼굴과 목 피부가 가려워진다. 머리는 팔과 다리와 같은 근육을 가지고 있지 않기 때문에 피가 피부 표면에 더 가까워지고, 이것은 다시 가려운 느낌을 만들어낸다. 사람들은 스트레스를 받는 동안 눈물샘을 문지르거나 코를 만지는 경향이 있다. 수업을 가르칠 때 나는 랜스 암스트롱, 앤서니 와이너 Anthony Weiner, 조디 아리아스, 크리스 왓츠Chris Watts와 같은 유명한 거짓말쟁이들의 영상을 보여준다. 그들은 거짓말로 인해 스트레스를 받아 말할 때 모두 얼굴을 만졌다. 하지만 거짓말을 하는지 확신이 서지 않는다면 어떻게 해야 할까? 내가 보는 스트레스 지표가 거짓말의 결과인지 어떻게 해독할 수 있을까?

이 질문에 간단히 대답하는 방법이 있다. 거짓말의 징후가 보이고 들리면 거짓말을 하는 것이다. 속임수의 가장 정확한 지표는 행동 불일치behavioral incongruence이다.

속임수의 가장 정확한 지표, 행동 불일치

행동 불일치는 보디랭귀지가 말과 일치하지 않을 때를 말한다. 몇 가지 예를 들어보자.

어깨를 으쓱한다

인터뷰 대상자가 왜 자신에게 범죄에 책임이 있다고 하는지 전혀 모르겠다고 말하는 경우를 가정해보자. 그는 말하며 어깨를 으쓱한다. 어깨를 으쓱하는 동작은 언제나 불확실성을 의미한다. 어깨를 으쓱하면서 "전혀 모르겠어요"라고 하면 말과 행동이 일치하는 것이다. 말과 으쓱하는 어깨가 모두 불확실성을 나타내고 있다. "정확히 무슨 일이 일어났는지 알아요"라고 말하면서 어깨를 으쓱한다면 행동 불일치다. 그는 자신의 말을 의심하고 있다. 그러니 인터뷰 진행자인 나 또한 그를 의심해야 한다.

손바닥을 감춘다

"그것에 대해 솔직히 말씀드릴게요"라고 말하면서 팔과 발목을 꼬고 뒤로 기대어 앉아 있다고 하자. 이 3가지 동작은 닫힌 자세이므로 마음을 열고 대화하고 있지 않다는 의미다. 만약 그가 나와 허심탄회하게 민감한 문제를 논의하겠다고 한다면, 몸의 자세 또한 열려 있어야 한다.

자세뿐 아니라 손도 열린 동작과 닫힌 동작이 있다. 손을 써가며 말하고 손바닥을 보이면 마음이 열려 있고 진실함을 나타낼 수 있다. 손바닥을 숨기거나 몸을 향해 안으로 향하면 마음을 열지 않음을 뜻하고 따라서 부정직함을 나타낸다.

머리를 끄덕이거나 흔든다

대부분의 문화에서 고개를 끄덕이는 것은 '예'를 의미하고, 머리를 흔드는 것은 '아니오'를 의미한다. "저는 그 생각이 마음에 듭니다"라고 말하면서도 고개를 옆으로 흔들면, 사실은 마음에 들지 않는 것이다. 2010년 《데이트라인 스페셜》 진행자인 맷 라우어Matt Lauer가 브리트니 스피어스Britney Spears와 인터뷰를 하면서 "잡지 표

지에서 보니 임신과 이혼 문제로 시끄럽던데요"라고 말하자 브리
트니는 고개를 끄덕이며 "아니요, 둘 다 사실이 아니에요"라고 말
했다. 그녀는 또한 진실한 슬픔(입꼬리가 아래로 향하고 눈을 감
은 상태에서 아랫입술을 내민다), 경멸(이에 대해서는 곧 설명하
겠다), 분노와 같이 감정과 일치하지 않는 표정을 무의식적으로 내
보였다. 만약 잡지 기사의 내용이 정말로 사실이 아니라면, 왜 그
녀는 고개를 끄덕이면서 감정과 일치하지 않는 동작을 했을까?
(인터뷰 장면은 여기서 볼 수 있다. https://www.youtube.com/
watch?v=XPbqNReDETo.)

표정과 일치하지 않는 감정

심리학자 폴 에크만Paul Ekman은 감정과 표정 연구의 선구자이자 대
가다. 그는 감정과 표정이 범문화적이고 얼굴에 진실, 꾸밈, 거짓이
나타나는 방식 사이에 차이가 있음을 증명했다. 정직하지 않은 감
정인 꾸민 감정은 진실한 감정보다 얼굴에 오래 지속된다. 에크먼
에 따르면 속이기 위해 진정한 감정을 숨기려 하면 1초도 채 되지
않아 숨기고 있다는 것이 얼굴에 나타난다. 그는 이것을 '미세 표정
micro-expression'이라고 말한다. 하지만 이를 보려면 세심히 주의를 기
울여야 한다. 그리고 얼굴에 보이는 감정을 해독하여 꾸민 감정인
지 알아야 한다. 예를 들어 누군가가 말로는 나의 아이디어가 마음
에 든다고 하지만 표정으로는 혐오감을 흘린다면, 실제로는 혐오
한다는 의미다. 만약 누군가가 당신이 왜 특정한 결정을 했는지 이
해하지만 의심하는 표정을 짓고 동작을 하면(눈썹을 찡그리거나

치켜올리고, 눈을 가늘게 뜨며, 눈을 위로 또는 옆으로 향하게 하고, 머리를 한쪽으로 기울이며, 입술을 오므리는 등의 동작), 나의 결정을 이해하지 못하거나 동의하지 않는 것이다.

이제 에크만이 경멸이라고 부르는 감정에 대해 설명하려 한다. 앞에서 브리트니의 예에서 언급한 감정이다. 경멸은 도덕적 우월성을 의미한다. 사람들은 자신이 누군가보다 낫다고 느끼고, 자신이 우위에 있다고 생각하며, 존경받고 있음을 알고, 거짓말로 상황을 모면했다고 확신할 때 경멸(희미한 미소 또는 억지웃음)을 나타낸다. 나는 오랫동안 인터뷰하고 비디오를 분석하면서 대부분의 사람들이 거짓말을 한 후에 경멸감을 흘린다는 것을 알게 됐다.

미국인이라면 여전히 크리스 왓츠라는 이름을 기억하는 사람들이 있을 것이다. 2018년 8월 13일, 그는 아내 샤넌과 두 어린 딸 벨라, 셀레스트를 살해했다. 그는 이틀 후에 체포되었고 3건의 1급 살인 혐의로 기소되었다. 현재 5건의 종신형 선고를 받고 복역 중이다. 그의 가족이 사라진 날, 샤넌의 친구는 경찰에 신고했다. 그날 인터뷰 장면이 경찰의 바디캠에 포착됐다. 나는 즉시 왓츠가 거짓말을 하고 있음을 알아챘다. 인터뷰를 하면서 거의 시종일관 미소를 짓고, 경멸을 드러내며, 어깨를 으쓱하고, '아니요'를 의미하는 머리를 흔드는 동작이 말과는 달랐기 때문이다. 곧이어 경찰관은 왓츠에게 아이들의 이름을 묻는다. 그는 "벨라와 셀레스트요"라고 대답하고 나서 오랫동안 눈을 깜박거리면서 경멸을 흘린다. 오랫동안 눈을 깜박이는 것은 무언가를 시각화하거나 감정을 차단하려고 노력하고 있다는 의미다. 또한 부정적인 감정을 의미할 수 있다.

그리고 상대방을 속이려고 하기 직전에 그러기도 한다. 왓츠가 흘린 경멸은 딸들에 대해 우리가 모르는 무언가를 알고 있음을 나타낸다. 뒤에 밝혀진 내막은 실제로 그가 진실을 숨기고 있었고, 가족을 죽였다는 것이었다.

혀를 내미는 동작도 주목해야 한다. 어렸을 때 형제자매에게 혀를 내밀었던 기억을 떠올려보자. 성인들도 혀를 내밀긴 하지만 어린 시절처럼 분명하진 않다. 화나고 불편함을 느끼면 사람들은 입술을 오므린다. 분노를 경험하면 입술이 사라지고, 무언가를 좋아하지 않으면 혀를 내민다. 혀를 내미는 동작은 무언의 의견 불일치, 불신, 혐오, 불쾌감을 보여주는 보편적인 신호다. 만약 상대방의 혀가 나오는 것을 본다면, 건조함을 덜기 위해 입술을 핥는 것이 아니라, 내가 하는 말 또는 나를 좋아하지 않는다는 의미일 수 있다.

거짓말을 설득하는 보디랭귀지

이런 말이 있다. '거짓말쟁이는 설득하고, 진실을 말하는 사람은 전달한다.' 다음 장에서는 설득하는 언어에 대해 설명할 것이다. 이제 거짓말을 하는 사람이 거짓말을 설득하기 위해 어떻게 보디랭귀지를 사용하는지 이해하게 될 것이다.

거짓말쟁이들은 손가락으로 가리키면서 자신의 말을 납득시키려고 한다. 빌 클린턴은 "나는 르윈스키와 성관계를 하지 않았다"라고 말하면서 이 동작을 했다. 또한 그렇게 말하면서 말하는 속도가 극적으로 느려졌는데, 이는 거짓말을 설득하는 기술 중 하나다. 거짓말의 결과로 상대가 적대적이거나 방어적이 되면, 자신을 믿도록 겁을 주려고 말할 때 손가락으로 가리키기 시작할 것이다.

거짓말을 설득하는 또 다른 비언어적 행동은 '기도하는 손 praying hands'을 보일 때이다. 애원의 손pleading hand 또는 자비의 손 mercy hands이라고도 한다. 손바닥이 "제발 나를 믿어주세요!"라고 말하는 것처럼 간청하는 몸짓으로 위로 향할 때를 말한다. 진심일 수도 있지만 만약 거짓말을 설득하는 다른 몸짓이나 기만의 지표가 동반된다면, 거짓말을 믿게 하려고 노력하고 있음을 의미한다.

손바닥을 맞댄 손은 더 불안한 애원을 나타낸다. 이 동작은 손가락을 위로 향하게 한 명확한 기도 자세("제발 저를 해치지 마세요!")로 변형될 수 있으며, 손가락이 나를 향할 수도 있다.

눈이 비밀을 누설할 수 있음을 알기에, 거짓말을 할 때 상대를 마주하고 싶지 않아서 눈을 돌리는 대신에, 눈을 마주치지 않고 상대를 노려보는 거짓말쟁이들도 있다.

요약

보디랭귀지를 정확하게 분석하는 것은 어렵고 자기 인식이 필요한 작업이다. 속임수를 나타낼 수도 있지만 진실을 말하는 사람에게서도 나타날 수 있는 비언어적인 몸짓과 동작들이 많이 있다. 그러니 3가지 규칙을 사용하자. 첫째, 그 사람의 전반적인 행동에 기준을 두자. 둘째, 속임수를 나타내는 여러 징후를 찾자. 셋째, 상황과 환경의 전후 맥락을 고려하자. 사람들은 진실을 말할 때도 인터뷰에서 긴장한다. 불안과 스트레스의 징후가 보인다고 해서 성급하게 거짓말을 하고 있다고 가정하지 말자. 속임수의 지표를 봐야 한다. 거짓말을 식별하기 위해 행동 불일치를 찾자.

저명한 비언어 의사소통 전문가인 친구 제닌 드라이버와 함께 워싱턴 DC의 보디랭귀지 인스티튜트에서 1주일간 집중 훈련 수업을 가르쳤던 경험으로 이 장을 마치려고 한다. 마지막 날, 참석자 중 한 명인 롭은 진실게임에서 그의 이야기(하나는 사실이고, 다른 하나는 사실이 아니었다)를 들려줬다. 나는 반은 그에게 집중하고 반은 노트북 화면에 집중하며 검색을 통해 뭔가를 알아내려고 했다. 나머지 학생들은 그가 보이는 언어적 행동과 비언어적 행동의 기준을 얻기 위해 그에게 관련 없는 질문들을 했다. 몇 분간 롭의 마음을 편안하게 해준 후 진행자는 그에게 자신의 이야기를 들려달라고 했다. 나는 롭의 말을 듣고 그를 요모조모 관찰하면서 그가 들려준 두 번째 이야기가 거짓말임을 말해주는 몇 가지 사실을 바로 알아냈다. 그가 두 번째 이야기를 하기 시작하자, 말하는 속도가 그의 기준선과 첫 번째 이야기와 달리 극적으로 느려졌다. 목소리도 부드러워졌다. 그래서 나는 그에게 더 많은 집중하기 위해 고개를 들었다. 내가 그랬듯이 그는 혐오감을 드러내기 시작했다. 이야기의 내용은 즐거운 것이었지만 그는 부정적인 감정을 느끼고 있는 것처럼 보였다. 첫 번째 이야기를 할 때와는 전혀 달리 팔을 거의 움직이지 않았다. 그리고 마침내, 그는 거짓말을 하고 있음이 분명한 말을 했다. "저는 NBA에 진출하고 싶었어요. 그건 모든 사람이 꿈꾸는 거니까요." 정말 그의 꿈이었다면 이런 식으로 말했어야 했는데 그러지 않았다.

내가 내린 결론을 검증해야 했기 때문에 나는 학생들의 질문을 이어받았다. 첫 번째 이야기(진실한 이야기)에 대해 묻자, 그는 내가 이야기의 타당성을 의심한다는 걸 알아채고 대답하면서 경멸감을 흘렸다. 보통 경멸은 속임수를 의미하지만, 이 경우 진실을 말할 때 그가 경멸감을 흘린 것은 나를 속였다고 생각했기 때문이었다! 진실을 말하는데도 내가 거짓으로 의심하며 속아 넘어가고 있다고 생각한 것이다. 첫 번째 이야기는 마이클 조던, 케빈 베이컨과 함께 그가 광고에 출연한 것과 관련이 있었다. 누가 그걸 믿겠는가? 어떤 이야기가 거짓말인지에 대해 반은 반으로 나뉘었다. 학생들이 내게 어느 쪽이 거짓말이고 생각하는지를 물었을 때 나는 처음의 선택을 고수했다. 마이클 조던, 케빈 베이컨과 함께 광고에 출연했다는 것이 의심스러워 보이긴 했어도, 두 번째 이야기에 더 속임수의 지표가 많았다. 결과는 내 생각이 옳았다.

가끔 나 자신을 의심하게 되더라도, 나는 매번 결국 이 규칙들을 지킨다. 첫째, 자신을 의심하지 말자. 둘째, 속임수를 탐지하는 과학을 믿자.

"보디랭귀지와 말이 일치하는지를 보라.
만약 속이고 있다면 일치하지 않을 것이다."

가족을 살해하고 거짓말을 한 크리스 왓츠의 영상을 보라.
https://www.youtube.com/watch?v=ugoYkx04E2Q.

1분 35초까지 보고 스트레스와 거짓말을 보여주는 비언어적 신호를 모두
적어라. 답은 부록 C에 있다.

12장

기만적인
진술과 대답

커뮤니케이션의 93퍼센트는 비언어적 소통이고 7퍼센트는 언어적 소통이라는 말을 들어본 적이 있는가? 동의하는가? 이 말을 들어본 대부분의 사람들은 그렇게 알고 있다. 하지만 이 말의 기원을 알면 이야기가 달라진다. 1971년, 현재 미국 캘리포니아대학교 UCLA 심리학과 명예교수인 알버트 메라비안Albert Mehrabian이 진행한 커뮤니케이션 연구에서 이 통계가 나온 것은 맞다. 그러나 그의 실험이 모든 커뮤니케이션 상황에 맞는 것은 아니어서 종종 잘못 해석되고 있다.

다음은 체인징마인드ChangingMinds.org에 있는 실험 내용 요약이다.

그는 피실험자들에게 녹화 영상을 통해 9개의 단어에 대한 표현을 보고 듣게 했는데, 3개는 좋아함의 의미(자기, 소중한, 고마운) 3개는 중립(아마, 정말로, 아) 3개는 싫어함의 의미(하지마, 짐승 같은, 지독한)를 담고 있었다. 단어들은 각기 다른 어조와 표정으로 전달됐다. 피실험자는 화자의 어조를 듣고 표정을 봄으로써 화자가 보이는 감정을 식별하도록 요청받았다. 결과적으로, 어조는 메시지에서 개별 단어들 자체보다 더 유의미했고, 표정은 메시지 전달 시 어조와 단어보다 보는 이에게 감정을 더 정확하게 전달했다. 따라서 커뮤니케이션은 단어가 7퍼센트, 어조가 38퍼센트, 표정이 55퍼센트인 3가지로 이뤄진다고 결론 내렸다. 목소리 톤과 얼굴 표정을 합하면 93퍼센트로, 이는 그가 말한 기의적signified 비언어 커뮤니케이션

238

을 의미한다. 이로써 그는 비언어적 커뮤니케이션이 메시지 전달에서 우선을 차지함을 증명했다. 그러나 이것은 특정한 커뮤니케이션 맥락 내에서만 사실이었다. 사실 그는 『조용한 메시지Silent Messages』에서 다음과 같이 설명한다. "비언어적 메시지의 상대적 중요성에 관한 이 등식 및 기타 등식들이 감정과 태도(예: 좋아함-싫어함)의 커뮤니케이션을 다루는 실험에서 나왔다는 것에 주목하길 바란다. 의사소통하는 이가 자신의 감정이나 태도에 대해 노출하지 않는 한 이러한 등식들은 적용되지 않는다."

이 연구는 언어 대 비언어적 의사소통 수단에 관해 말해주는 유일한 통계 연구이기 때문에, 사람들은 인간이 모든 의사소통 맥락에서 93퍼센트의 비언어적 의사소통과 7퍼센트의 언어적 의사소통을 한다고 가정한다. 이 분석을 잘못 이해한 많은 사람은 속임수를 감지할 때, 언어에서보다 비언어적인 신체 언어에서 더 많은 기만적인 지표들을 발견하려고 한다. 기만적인 지표를 찾으면서 사람들은 말보다 보디랭귀지를 분석하는 것에 더 중점을 두는 것이다.

이 책은 정직한 대답을 얻는 것에 관한 것이기에, 인터뷰 대상자가 언제 진실하지 않고 언제 진실한지 알아야 한다. 이 책의 초점이 인터뷰와 협상에 맞춰져 있기 때문에 인터뷰 대상자가 보이는 반응의 실제 사례를 들고, 숨겨진 메시지를 분석해보겠다. 예전에 틀림없이 이러한 반응들을 들어본 적이 있을 것이다. 거짓말쟁이들은 모두 비슷하게 말하기 때문이다. 이 장을 읽고 나면 당신도 전문가처럼 진술 분석을 수행할 수 있을 것이라 확신한다. 진술 분석statement analysis은 어드밴스드 인터뷰잉 컨셉트Advanced Interviewing Concepts라는 회사를 설립한 전직 비밀경호국 요원 마크 맥클리시 Mark McClish가 만든 용어다. 2020년, 에릭 헌리의 팟캐스트인 〈언스트럭쳐드Unstructured〉에 마크와 함께 출연할 기회가 있었는데, 마크는 나보다 훨씬 이전부터 진술 분석을 하고 있었다. 나는 마크의 전문 지식을 이 책에서 소개하기 위해 인터뷰도 했다.

이 장에서는 거짓말을 하는 사람들이 어떻게 말하는지, 대답하고 싶지 않은 질문에 어떻게 대답하는 경향이 있는지에 대해 설명한다. 거짓말을 하는 사람들이 사용하는 8가지 기만적인 언어인 공식화하기(내가 발견해 용어로 만들었다), 축소하기, 거리두기, 설득하기, 누그러뜨리기, 당연시하기, 애매하게 말하기, 지어내기에 대해 다룰 것이다. 또한 흔히 속임수를 나타내는 언어적 지표들인 부풀리기(역시 내가 만든 용어로, 솔직하고 협조적인 체하지만 정작 중요한 것은 말하지 않는 것을 뜻한다), 불필요한 단어, 반복, 인칭 대명사 누락, 수동태 사용에 대해 설명한다.

코로나 19 팬데믹 기간 동안 나는 인간 행동 전문가인 3명의 여성들과 함께 프로파일러 태스크포스라는 프로젝트를 시작했다. 모두 보디랭귀지, 필적 분석, 심문 분야에서 최고의 권위자였다. 심문관으로서 내가 맡은 역할은 진실과 속임수를 나타내는 진술을 분석하는 것이었다. 나는 숨겨진 의미를 발견하기 위해 단어들을 분리하는 것을 좋아해서 나 자신을 '워드 너드'라고 지칭했다. 자,

이제 단어의 중요성부터 시작해보자.

사람들은 의도적으로 단어를 사용하지만, 무의식적으로 사용하기도 한다. 진실을 누설할 가능성이 있다는 의미다. 전 펜실베이니아 주립대 운동 코치이자 성범죄자로 유죄 판결을 받은 제리 샌더스키가 좋은 예다. 2013년, 샌더스키는 성적 학대로 유죄 판결을 받고 감옥에 가기 전에 뉴욕타임스의 조 베커 기자와 인터뷰를 했다. 인터뷰에서 기자는 전 펜실베이니아주 체육 감독인 팀 컬리가 샌더스키의 소아성애 혐의에 대해 들은 후 어떤 제약을 가했는지 물었다. 샌더스키는 이렇게 대답했다. "제가 더 이상 아이들에게 운동을 시킬 수 없다는 말을 듣고, '제가 그저 아이들에게 운동을 시킬 수 있을까요?' 라고 물었습니다." 제리는 분명히 2가지 의미를 가지고 "아이들에게 운동을 시킨다"라는 말을 했다. 그는 "아이들에게 운동을 시킨다"라고 말하기 직전에 "그저"라는 단어를 사용했다. 이는 축소하기 단어minimizing word로, 그가 다음에 하려는 말인 "아이들에게 운동을 시킨다"를 축소함을 의미한다. 그렇다면 첫 번째 "아이들에게 운동을 시킨다"는 아이들을 성적으로 학대하는 것을 의미했고, 그가 축소한 두 번째는 아이들에게 순수하게 체조 운동을 시키는 것을 의미했을까? 확실하게 알 수는 없지만, 샌더스키가 진술에서 단어들을 바꾸지 않은 이유가 있다. 그가 성적 학대와 체조 운동을 불법적인 것도 비도덕적인 것도 아닌 동일한 것으로 보았기 때문이라고 나는 분석한다.

우리는 의식적, 무의식적으로 말을 선택하는데, 대개 진실은 무의식적으로 입 밖으로 새어나오게 되어 있다는 것을 잊지 말자.

예를 들어 인신매매 조직의 일원으로 추정되는 용의자를 인터뷰하고 있다고 가정해보자. 국경을 넘나드는 인신매매 활동에 대한 질문을 받는 동안, 그는 당신에게 이렇게 말한다. "저는 절대로 아이들을 국경을 넘어 밀입국시키지 않을 겁니다. 저도 아이들이 있고 보호하고 있으니까요!" 첫째로, 그는 아이들을 밀입국시키지 "않을 것"이라고 말했지만, 밀입국시키지 않았던 것은 아니다. 그는 또한 성인 밀입국에 대해서는 아무 말도 하지 않는다. 그는 불법적으로 아이들을 국경을 넘어 데려오는 것을 "밀입국"시키는 것이 아니라 아이들의 고국에서의 삶으로부터 "보호"하는 것으로 생각할 수도 있다. 인터뷰 진행자인 당신은 그가 어떻게 아이들을 "보호"하고 성인들을 밀입국시키는지에 대해 질문할 필요가 있다.

왜 말이 속임수를 탐지하는 데 가장 중요한 요소인지 이제 이해하기 시작했을 것이다. 사람들은 거짓말을 할 때 나 같은 사람들이 보디랭귀지를 눈여겨본다고 생각하기 때문에 자신의 보디랭귀지를 통제하는 경향이 있다. 하지만 대부분의 사람들은 거짓말을 할 때 말을 통제하지 못해서 진실이 매번 새어나온다. 보디랭귀지와 말이 일치하는지의 여부는 행동의 불일치를 식별하는 데 필수적이며, 이는 거짓말을 나타내는 가장 정확한 지표다.

거짓말하는 사람들의 성향

11장에서 설명했듯이 연습한 거짓말을 기억해야 할 때, 또는 즉시 거짓말을 떠올려야 할 때 정신적 활동의 증가로 인지 과부하를 경험하게 된다. 그래서 진실을 대답하기 원하지 않는 사람이거나, 거짓으로 대답하기로 선택한 사람에게 질문을 하면 두 경우 모두 기만적인 성향으로 인해 인지 과부하를 보일 것이다. 먼저, 거짓말을 하기로 결정하고 진실을 억눌러야 할 때 이는 선택에 의한 것이다. 진실이 새어나가지 않기 위해서는 노력이 필요하다. 때때로 진실은 문장이나 구에 내재되어 있고, 다른 단어로 대체되기도 한다.

기만적인 대답으로부터 정직한 대답을 해독할 수 있도록, 거짓 진술을 만들어낼 때와 누락으로 거짓말을 할 때 거짓말쟁이들이 보이는 전형적인 반응을 설명하고자 한다.

잘못된 위치에 놓인 감정

5장에서 4가지 거짓 노출 질문에 대해 설명했었다. 그중 하나가 "기분이 어땠어요?"였다. 진실한 사람은 어떻게 느꼈는지 말하겠지만, 기만적인 사람은 어떻게 느꼈어야 했는지 생각해내야 한다. 이들의 대답에는 차이가 있다. 그러나 감정은 다른 방법으로도 속임수를 식별할 수 있다. 속임수의 지표는 이야기에 느낌과 감정을 덧붙이는 것을 잊었을 때뿐 아니라 잘못된 위치에 놓았을 때misplaced emotions도 나타난다. 진실한 설명을 하면 사람들은 사건 중이 아닌, 사건이 일어난 후의 감정을 표현한다. 그러므로 이야기의 극적인 부분에 감정이 포함된다면 때 이는 거짓말을 나타낸다. 예를 들어보자. "저는 서둘러 아래층으로 뛰어 내려갔어요I hurriedly ran downstairs." (기만) vs. "저는 아래층으로 급히 뛰어 내려갔어요I ran

243

"(진실)(보통이라면 '급히'의 의미인 in a hurry나 hurriedly를 문장 뒤에 두겠으나, 자신이 급히 내려갔다는 것을 강조하고 싶어 거짓 진술에서는 앞으로 가져 왔다. 이는 일반적인 구어체와는 달리 소설 속에서 볼 듯한 표현처럼 부자연스럽다)

하지 않은 것을 말할 때

아기가 울음을 그치지 않아 지나치게 세게 흔들어 살해한 남자의 진술 일부를 읽은 적이 있다. 그는 "아기가 울음을 그치게 하려고 했어요. 그래서 들어 올렸더니 야단법석을 치며 소리를 질렀어요. 아기를 진정시키려고 했는데 제 팔에서 벗어나려고 몸부림쳤어요. 그러다 몸이 바닥으로 곤두박질쳤어요"라고 했다. 기만으로 가득 찬 이 진술을 분석해보자. 먼저, 그는 아기가 우는 것을 막으려 했다고 진술했다. 아기가 울음을 멈추지 않았다는 의미일 것이다. 그는 당국에 아기가 야단법석을 치며 소리를 질렀다고 계속 말했기 때문에 나는 그 진술에 동의한다. 그 진술은 앞의 진술을 뒷받침하고, 우리는 아기가 여전히 울고 있다는 것을 안다. 그러고 나서 그는 "아기를 진정시키려고 했는데 제 팔에서 벗어나려고 몸부림쳤어요"라고 했다. 여기에 문제가 있다. 그가 다시 "하려고 했다"라고 말했기 때문에 아기를 진정시킬 수 없었음을 추론할 수 있다. 내가 가진 의문은 그가 정확히 무엇을 진정시키려고 했냐는 것이다. 울음이나 다른 어떤 것이었을까? 여기서 진실이 새어나온다. 그는 "그러다 몸이 바닥으로 곤두박질쳤어요"라고 진술했다. 뭔가 이상하지 않은가? 그가 아기의 이름 대신 "몸"이라고 진술한 것은 아기가 이미 죽었거나 반응이 없었다는 말이다. 살인 사건을 다루면서 나는 어떤 사람이 다른 사람의 사망 사실을 아는 순간, 죽은 자를 무생물로 언급한다는 것을 깨달았다. 밝혀진 사실에 따르면 남자는 아기가 울음을 멈추도록 심하게 흔들다가 심각한 뇌 손상을 입혔지만, 넘어져서 머리를 다친 것처럼 꾸며 은폐하려 한 것이었다.

앞서 든 예에서 누군가가 무엇을 "절대로 하지 않을 것"이라고 말한다고 해서, 그것을 하지 않았다는 의미는 아니라 설명했다. 같은 맥락에서 만약 어떤 사람이 무언가를 "해야 했다"고 말한다고 해서, 그것을 했다는 의미는 아니다. 조카가 새 남자 친구가 예전 여자 친구와 헤어지기로 결심했다고 말한 적이 있다. 나는 남자 친구를 차버리라고 조언하며 이렇게 말했다. "옛 여자 친구와 헤어지기로 결심했을 수는 있지. 하지만 실제로는 헤어지지 않았을 수도 있어. 너하고 옛 여자 친구 둘 다하고 데이트하고 있을지도 몰라." (결과는 내 말이 옳았고 조카는 그 다음 주에 남자 친구를 차버렸다.) 그러니 누군가가 무언가를 하기로 "결심했다"고 말하면 말 그대로 결심했다는 것이고 그게 다임을 잊지 마라. "시작했다"와 "애썼다"는 말도 마찬가지다. 모두 의도를 나타내지만 이루어졌다는 것을 의미하지는 않는다.

"하려고 (노력)했다, 원했다, 결심했다, 시작했다, 애썼다, 시작했다, 할 것이다"는 말들은 모두 행동할 생각(작정)과 행동하려는 의도를 나타낸다. 하지만 실제로 행동은 일어나지 않았다.

뜸 들이는 단어

거짓말을 하는 사람들뿐 아니라 진실을 말하는 사람들도 '그래서'

와 '글쎄요'와 같은 뜸 들이는 단어를 사용한다. 이 단어들은 앞으로 말할 무거운 내용을 위해 뜸을 들이는 단어다. 건설적인 피드백과 같이 기대하지 않은 것일 수도 있고, 감정적인 내용일 수도 있다. 무엇이든 간에 뜸 들이는 단어는 곧 말하려는 내용에 대한 가벼운 예고다. 하지만 이러한 단어들은 사람들이 자주 사용하는 애어일 수도 있다. 나는 "그래서 …"라고 자주 말한다. 그렇기 때문에 진실한 사람이 나를 속이고 있다고 오판하는 것을 피하기 위해 그 사람의 언어 패턴에서 기준선을 찾는 것이 중요하다. "그래서"와 "글쎄요"는 누군가가 자신에게 한 말을 소화할 시간을 벌어주거나, 진실일 수도 있고 거짓말일 수도 있는 대답할 말을 생각할 시간 끌기로 사용될 수도 있다.

2010년 《사이콜로지 투데이》 기사에서 저자이자 심리학자이며 은퇴한 FBI 요원인 잭 샤퍼Jack Schaffer는 "만약 어떤 사람이 '글쎄요'로 문장을 시작한다면 거짓말을 하고 있을 가능성이 크다"라고 말했다. 내가 기대하는 대답을 피하려고 한다는 것을 나타내기 때문이다. 샤퍼에 따르면 "글쎄요"라는 단어는 예, 아니요 질문에서만 효과가 있다.

지나친 일반화

세부적이고 구체적인 진술을 피하기 위해 거짓말쟁이들은 일반화를 사용하고 "항상, 절대, 가끔, 항상"과 같은 단어들을 사용하는 경향이 있다. 내가 질문을 던지는 상대는 직업, 지위, 역할, 관계, 관여 등으로 인해 특정 사안에 대해 세부 정보를 알고 있는 것이 분명한

데, 일반화를 사용해 대답하는 경우라면 이는 나에게 세부 정보를 공유하고 싶지 않음을 뜻한다.

무역 박람회에 참석해 경쟁사를 만나 대화를 시작한다고 가정해 보자. 그런데 독점적인 정보를 제공하지 않으려고 경쟁업체는 일반화를 사용할 수 있다. 경쟁업체에게 "새 소프트웨어에서 문제가 발생한 적이 있나요?"라고 물으면 "흔히 일어나는 일반적인 결함이요"라는 대답만 돌아올 수도 있다. 내가 아이의 양육권을 위해 싸우는 엄마를 대신해서 증인에게 "루시가 양육과 관련해서 긍정적인 성격 특성을 보여준 경우를 말씀해주세요"라고 요청한다고 하자. 증인은 "루시는 훌륭한 엄마예요. 끔찍이 딸을 사랑합니다"라고 대답한다. 이 말은 루시가 다른 엄마들과 특별히 다른 점을 담고 있지 않다. 증인은 실제로 보고 들은 구체적인 사례를 들어야 한다.

영업에서는 일반화로 인해 고객을 잃을 수 있다. 잠재 고객들은 내가 경험이 부족하기 때문에 얼버무리고 있다고 생각할 수 있다. 나의 말에 자신감을 보이지 않으면 신뢰를 잃을 수 있다. 만약 자신감이 부족하면 구매자의 신뢰를 잃을 수도 있다. 정확한 수치, 숫자, 통계를 제시하자.

질문에 대한 대답 회피

2009년, ABC 앵커 바바라 핀도는 드류 피티슨이 체포되기 전 인터뷰에서 실종된 아내에 대해 이렇게 물었다. "아내가 아이들을 그냥 버려두고 떠날 사람이라고 생각하세요?"라고 물었다. 드류는 대답하지 않았다. 대신 "당신은 누군가 제대로 아는 사람이 있나요?"라고 질문하면서 대답을 피했다. 숨길 것이 있는 사람들은 질문에 질문으로 답하거나, 질문을 반복하거나, 질문을 하는 이유를 묻는다. 만약 내가 인터뷰했다면 "아내가 아이들을 그냥 버려두고 떠날 이유가 있었을까요?"라고 쏘아붙였을 것이다. 나는 인터뷰 대상자에게 대답할 기회를 3번 주고, 만약 그가 세 번째에서 삼진을 당하면 침착하게 이렇게 묻는다. "당신에게 같은 질문을 세 번 했어요. 제질문에 대답하지 않는 이유라도 있나요?" 그러고 나서 나는 대답을 기다린다.

8가지 기만적인 언어

거짓말을 하는 사람들이 거의 항상 무의식적으로 사용하는 기만적인 언어에는 공식화하기, 축소하기, 거리두기, 설득하기, 누그러뜨리기, 당연시하기, 애매하게 말하기, 지어내기까지 총 8가지가 있다.

공식화하기

나는 속임수를 나타내는 이 언어적 지표를 2015년에 발견했다. 600명 이상의 세관 및 국경 순찰 요원들을 훈련시켰을 때였다. 연습을 위해 학생들은 교실 앞에 앉아 진실한 이야기와 거짓으로 지어낸 이야기를 각각 하나씩 말했다. 나머지 학생들은 어떤 이야기가 거짓말인지를 판단했다. 나는 학생들이 진실을 말할 때는 보통 "기억하기 힘들다I don't recollect" 대신에 "기억나지 않는다I don't remember"고 말하곤 했던 것과 반대로 거짓말을 할 때는 "기억나다remember" 대신 "떠오르다recall"라는 단어를 사용한다는 사실을 발견했다. 또한 "직장work" 대신 "근무처place of employment"를, "보수pay" 대신 "보상compensation"과 같이 공식적인 언어를 사용하곤 했다. 내게는 그들이 좀 더 공식적인 단어를 씀으로써 거짓말을 포장하려고 애쓰는 것처럼 들렸다.

옥스포드 사전에 따르면 '공식적'은 '관습이나 예절에 따라 행하는'을 의미한다. 거짓말을 하는 사람은 자신의 거짓말을 믿게 하려고 노력한다. 그러기 위해 자신의 말을 공식화함으로써 과장하는 것이다. 자신이 '관습이라는 규칙'을 따르고 있고 진실을 말하고 있음을 믿게 하려고 한다. 마치 자신이 말을 잘하기 때문에 사람들이 자신을 믿어야 한다고 생각하는 것 같다. 자신이 교육받은 사람처럼 말하면 사람들이 틀림없이 자신을 믿을 만한 사람으로 여길 거라 생각한다.

어떤 사람들과 특정 직업군의 사람들은 진실할 때 공식적인 단어를 사용하는 경향이 있기 때문에 그 사람의 언어적 패턴을 먼저 기준으로 삼아야 한다. 예를 들어 내가 법집행 기관에서 만난 모든 사람은 "기억나다recall"라는 단어를 사용한다. 그 직종에서 사용하는 단어 중 하니기 때문이다.

축소하기

축소하기는 말하는 내용의 중요성을 감소시킨다. 가장 쉬운 방법은 "그냥(그저)just"과 "단지only"라는 두 단어를 사용하는 것이다. 사람들이 "그냥"이라는 단어로 자신의 행동을 축소하면, 말한 것보다 실제로는 더 많은 것을 했을 가능성이 있다. 예를 들어 동료가 평소보다 더 긴 점심시간을 보냈지만 당신에게 "그냥 맥도날드 좀 갔다왔어요"라고 한다면 자신이 실제로 한 일을 축소했을 수 있다. 아마도 그는 이유 없이 그냥 맥도날드에 가지는 않았을 것이다.

"단지"라는 단어 또한 자신이 말하는 것을 축소하거나 경시한다. "그냥"과 "단지"를 사용해 말하는 사람들이 거짓말을 하고 있다는 의미가 아니라, 정보를 생략함으로써 거짓말을 하고 있을 수도 있다는 의미다. 또한 논쟁하길 원하지 않는다는 의미일 수도 있기 때문에 "그것은 큰 문제가 아니다"라고 미리 말하고 있을 수도 있다. 손실 방지와 관련해 내부 감사 중에 들을 수 있는 축소하기의 예를 들어보자. 감사팀 소속인 당신은 범죄 기록이 알려진 직원을 인터뷰하고 있다. 당신은 "매니저에게 연락하기 전에 새 재고 상자들을 연 이유가 뭔가요?"라고 묻는다. 직원은 "그냥 저희가 제대로 배송을 받았는지 확인하고 싶었어요"라고 대답한다. 나는 직원이 거짓말을 하고 있다고 말하는 것이 아니다. 하지만 직원이 축소하기를 사용했기 때문에 무엇을 왜 축소했는지 알아내는 것은 당신의 몫이다. 자신이 비도덕적인 목적으로 재고 상자를 열지 않았음을 알려주는 말을 한 것일 수도 있고, 아니면 숨기고 있는 다른 이유로 상자들을 열었던 것일 수도 있다.

거리두기

거짓말을 하는 사람들은 거짓말, 또는 거짓말과 관련된 사람, 사물, 사건으로부터 거리를 두려고 한다. 대부분의 사람들은 거짓말을 하는 것을 불편하게 느끼고, 남을 속이는 행위는 스트레스, 불안, 걱정, 죄책감, 수치심을 유발한다. 그래서 거짓말을 하는 사람은 거짓말과 자신을 분리시키는 언어를 사용하는 경향이 있다. 예를 들어 빌 클린턴 전 대통령은 악명 높은 연설("저는 그 여자와 성관계를 하지 않았습니다…")에서 모니카 르윈스키를 "그 여자"라고 언급했다. 르윈스키와 연관되는 것으로부터 벗어나고 싶었던 것이다. 오랫동안 형사 사건에서 인터뷰를 하고 법 집행을 보조한 결과, 어떤 사람이 자신이 죽였거나 알고 있는 사람을 언급할 때, 그 사람에 대해 과거 시제로 이야기한다는 것을 알게 됐다.

　아직 해결되지 않은 존 베네트 램지의 죽음을 예로 들어보자. 1996년 팻시 램지는 딸 존 베넷이 실종됐다고 주장한 날 아침 911에 전화를 걸었다. 녹음된 통화에 따르면 911 교환원은 "성함이 어떻게 되세요? 당신은…"라고 물었다. 팻시는 교환원의 말을 끊고 "팻시 램지요, 제가 엄마예요I'm the mother"라고 말한다. 그녀는 왜 "저는 엄마예요I'm her mother"라고 하지 않고 "엄마The mother?"라고 했을까? 이는 거리두기 언어의 전형적인 예다. 팻시는 딸이 살아 돌아오지 않을 것을 알고 있고, 자신이 저지른 살인에 대한 죄책감을 가지고 있기 때문에(적어도 나는 그렇게 확신한다), 자신의 범죄와 피해자로부터 거리를 두고 싶어 한 것이다. (미국에서 보통 부모가 자녀를 지칭할 때는 소유격을 사용하여 I'm her mother처럼 자연스럽게 표현하는 것이 일반적이다.

251

하지만 팻시는 the mother라는 표현으로 딸을 특정하지 않고 객관적으로 표현함으로써 딸과의 감정적 연결을 피하려는 모습을 보인다)

관사 'a'와 'the'는 생각보다 훨씬 더 많은 것을 말해줄 수 있다. 거리두기 언어의 또 다른 예는 정관사 및 부정관사와 관련이 있다.

정관사 'the'는 사람, 장소, 사물이 알려진 것일 때 그 앞에 사용된다. 부정관사 'a'를 사용한다는 것은 명사가 알려지지 않은 것임을 의미한다. 예를 들어 만약 인터뷰 중에 인터뷰 대상자가 "그가 제게 총the gun을 겨누었어요"고 말한다면, 이는 그가 당신에게 예전에 이야기 중 총을 언급했거나 총에 대해 알고 있음을 의미한다. 만약 "그가 저에게 총a gun을 겨누었어요"라고 말한다면, 이는 총이 알려지지 않았거나 인터뷰 대상자가 아직 소개하지 않았음을 의미한다. 문제는 인터뷰 대상자가 그 사람을 소개하거나 말하지 않고 알려진 실체로 지칭할 때 발생한다. 당신이 강도 피해자를 심문하는 형사라고 가정해 보자. 피해자인 남편은 누군가 자신의 집에 침입해 총구를 겨누고 아내의 고가 보석을 빼앗아갔다고 주장한다. 만약 그가 "어떤 남자A man가 집에 침입해 총구를 겨누고 아내의 보석을 빼앗아 갔어요."라고 말한다면 진실일 수 있다. "그 남자The man가 내 집에 침입해 총구를 겨누고 아내의 보석을 빼앗아 갔어요"라고 하면 그 남자를 알고 있었다는 이야기다. (보험금을 챙기려고 이런 짓을 하는 사람은 드물지 않다.)

일단 사람이나 물건이 소개되면 'the'를 사용해야 한다. "제가 버스 정류장에 서 있는데 한 남자a man가 다가와서 몇 시냐고 물었어요. 그러고서 그 남자the man는 제게 총을 겨누며 지갑을 내놓으라고 했어요." 여기서 화자는 "한 남자ᵃ ᵐᵃⁿ"를 소개하고, 그 다음에는 "그 남자ᵗʰᵉ ᵐᵃⁿ"를 사용해야 한다. 이것은 속임수의 차원이 아니라 문법의 규칙을 따르는 것이다. 그러나 만약 알려진 실체에 대해 "the"를 사용하지 않는다면 이는 거리두기 언어를 나타낸다.

드류 피터슨은 2008년 래리 킹과의 인터뷰에서 거리두기의 좋은 예를 보여준다. (https://www.youtube.com/watch?v=c_PRGT8N8YE) 아내의 실종과 관련된 인터뷰에서 드류는 다음과 같이 진술한다. "아시다시피 저는 경찰관이고 전화 회사나 전력 회사에서 일하는 게 아니어서 경찰관인 저희는 일반인과 같은 일을 할 능력이 없습니다. 아내와 가정 폭력 문제에 휘말리면 직장을 잃게 될 겁니다." 전화 회사나 전력 회사에서 일하는 사람들은 가정 문제에 휘말릴 수 있는 "능력"이 있다? 이 장의 앞부분에서 내가 한 말을 기억해보자. 말에는 의미가 있다. 드류는 왜 그런 말을 했을까? 진심으로 그는 "내 아내ᵐʸ ʷⁱᶠᵉ"나 "아내ᵗʰᵉ ʷⁱᶠᵉ"가 아니라 "아내ᵃ ʷⁱᶠᵉ"라고 말한다. 아마도 그는 과거의 아내들이나 미래의 아내들에 대해 이야기하고 있는 것 같다. 어느 쪽이든 이상하게 들린다. 특히나 인터뷰 전체가 현재 아내의 실종에 관한 것이었는데, 그가 "아내"라는 단어와 거리를 둔 이유는 무엇이었을까?

사람들이 자신의 배우자를 "아내ᵗʰᵉ ʷⁱᶠᵉ" 또는 "남편ᵗʰᵉ ʰᵘˢᵇᵃⁿᵈ"로, 그리고 자신의 결혼을 "결혼ᵗʰᵉ ᵐᵃʳʳⁱᵃᵍᵉ"으로 말하는 경우가 있다. 이는 자신의 배우자나 결혼으로부터 아마도 감정적이거나 육체적인 거리를 원한다는 것을 말해준다. 만약 누군가와 사귀고 있는데 그 사람이 나와의 관계를 "관계ᵗʰᵉ ʳᵉˡᵃᵗⁱᵒⁿˢʰⁱᵖ"라고 부른다면 상의해

볼 필요가 있다. 나와 거리를 두고 싶어 하는 것일 수 있기 때문이다. 사람들은 자신과 자신을 불편하게 만드는 것들 사이에 거리를 두고 싶어 한다.

설득하기

기만적인 사람들은 정보를 설득하려고 애를 쓴다. 반면 진실한 사람들은 정보를 전달한다. 나는 앞서 설득 전술이 언어적으로, 비언어적으로 나올 수 있다고 언급한 바 있다. 비언어적인 경우, 더 크고 더 많은 공간을 차지하기 위해 자신의 몸을 사용하려고 한다. 말할 때 검지로 상대를 가리키기도 한다. 노려볼 정도로 눈을 마주치기도 한다. 모두 구두로 납득시키고 있는 것을 믿도록 설득하려는 징후들이다. 때때로 기만적인 사람들은 자신의 말을 믿도록 설득하기 위해 언어적 전술을 보인다. 거짓말을 하는 사람들이 단어와 문구로 자신의 말을 과장하려고 하는 2가지 방법이 있다.

첫째는 비축약형 부인noncontracted denial이다. 축약형을 사용하지 않는다는 것은 자신의 말을 강조하고 믿도록 설득하려는 것일 수 있다. 예를 들면 "나는 하지 않았다I did not, 나는 하지 않을 것이다 I would not, 나는 하지 않았다I have not, …않을 것이다this will not, …일 수 없다that cannot"가 있다. 거짓말을 하는 사람들은 축약형을 사용하지 않음으로써 설득하려고 하는 것이다. 진실한 사람들이 보통 축약형을 사용하는 것과 다르다. 다시 빌 클린턴의 유명한 '나는-그 여자-미스-르윈스키와-성-관계를-하지-않았다' 연설을 살펴보자. 클린턴은 비축약형 부정을 사용했을 뿐 아니라 그렇게 말하면서 연설 속도를 늦추고 손가락을 가리켰는데, 이 모든 징후는 거짓말을 과장하려 할 때 나온다.

과장하는 두 번째 방법은 "절대 …않다never"와 "물론absolutely"을 사용하는 것이다. 예, 아니요 질문을 하면 '예, 아니요' 대답이 나와야 한다. 만약 서술적인 반응을 얻거나 "예"나 "아니요"를 대체하는 다른 대답을 듣는다면, 거짓말을 설득하려는 의미일 수 있다. 거짓말을 하는 것은 불편할 수 있고 대부분의 사람들이 거짓말을 할 때 긴장하기 때문에, 거짓말을 하는 사람들은 보통 거짓말을 해야 할 때 예, 아니오 질문에 대답을 회피한다. 확실한 '예, 아니요' 대답을 피하기 위해 거짓말을 하는 사람들은 "아니요"를 "절대 …않다"로, "예"를 "물론" 또는 "100퍼센트 확실"로 대체하는 경향이 있다. 랜스 암스트롱은 투르 드 프랑스 사이클 대회에서 우승하는 동안 7년간 스테로이드를 복용한 것에 대해 거짓말을 했다. 선서 후 질문을 받았을 때(오프라 인터뷰에서 자백하기 전), 그는 자신이 경기력 향상 약물 복용을 인정했다고 주장하는 간호사와 나눈 특정 대화를 부인하냐는 질문에 "물론이요, 100퍼센트 확실해요"라고 대답했다. 질문은 "인디애나 대학 주립 병원에서 앤드류 간호사가 당신과 나눴다고 한 진술을 부인하나요?"였다. 유도하는 질문인데다 헷갈리기 때문에 끔찍한 질문이긴 하지만, 랜스가 해야 할 선택은 "예"라고 말하는 것뿐이었다. 하지만 그러지 않았다. 그는 자신의 거짓말을 우리에게 납득시키려는 것처럼 "물론이요, 100퍼센트 확실해요"라고 말한다. 또한 이렇게 말하면서 렌스는 고개를 가로저었다! 속임수를 나타내는 2가지 지표를 드러낸 것이다.

누그러뜨리기

누그러뜨리기 언어는 불쾌한 상황이나 폭력적인 진실을 실제보다 덜 심각해 보이도록 사용된다. 인터뷰 진행자가 이를 사용하면 예의 있고 비난하지 않는 것처럼 보일 수 있다. 하지만 질문을 받는 상대가 누그러뜨리기 언어를 사용하면 일어난 일의 잔혹함을 은폐하려는 것일 수 있으므로 기만의 지표로 볼 수 있다. 누그러뜨리기 언어를 사용한다고 해서 반드시 거짓말을 의미하는 것은 아니지만, 완전히 정직하지는 않음을 뜻할 수 있다. 내가 TV 프로그램 《커플 법정》에서 소송 당사자들에게 애인이나 배우자를 속였는지 물어보면 그들은 "제가 좀 놀았어요"라고 말하곤 했다. "놀았다"가 무슨 의미인지 알아내는 것이 내 일이었다. 보통 그것은 섹스를 의미했다.

불편한 주제에 대해 이야기할 때 누그러뜨리기 언어를 사용할 수도 있다. 예를 들어 만약 당신이 직장에서 누군가를 해고해야 한다면, 그를 내보내야 한다고 말함으로써 누그러뜨리기 언어를 사용해 해고 소식을 전할 수 있다. 언쟁을 동의하지 않는 것으로, 싸움을 야단법석으로, 밀친 것을 부딪친 것으로 언급할 때가 또 다른 예다. 누그러뜨리기 언어를 사용하는 사람은 현실과 마주하고 싶지 않다는 의미다.

한때 전 세계 언론을 떠들썩하게 했던 아만다 녹스 사건에 대해 들어봤을 것이다. 아만다는 메러디스 커처의 룸메이트였고, 둘은 이탈리아 페루자에서 교환학생으로 유학 중이었다. 커처는 살해당했고, 녹스는 이탈리아인 남자친구이자 강도로 알려진 루디 게데와 함께 유력한 용의자 중 한 명이었다. 한때 녹스는 커처가 살해되었을 때 아파트에 있었다고 이탈리아 당국에 고백했지만, 자신의 진술을 철회했다. 그녀는 2015년에 무죄가 됐고, DNA 증거로 인해 게데는 커처를 살해한 혐의로 감옥에 갔다. 2014년 크리스 쿠오모와의 인터뷰에서 쿠오모는 녹스에게 살인에 대해 묻는다. 녹스는 이렇게 대답했다. "만약 루디 게데가 범죄를 저질렀다면, 실제로 그가 했고요, 그의 DNA가 메러디스의 몸 주위에 있고, 그녀의 피에 그의 손자국과 발자국이 있잖아요. 제 흔적은 없고요. 제가 만약 거기 있었다면 메러디스의 시체 주변에 제 흔적을 남겼을 거예요. 하지만 전, 전 거기 없어요. 제가 결백하다는 증명이에요." 그녀는 메러디스의 몸을 "부러진 몸"과 "시체"라고 부른다. 누그러뜨리기의 예이다. 녹스가 거짓말을 하고 있다는 것이 아니라 살인의 잔혹함을 완화시키고 있다는 것이다.

이제 문장 분석 전문가가 된 당신은 그녀의 더듬거림과 현재 시제 동사의 사용과 같은 다른 지표들을 알아챘을 것이다. 일반적으로 과거에 일어났던 이야기를 할 때 우리는 과거 시제로 말한다. 현재 시제로 이야기를 한다는 것은 그 이야기의 특정 부분을 현재에 지어냈다는 지표일 수 있다. 맥클리시는 "이야기를 지어내는 사람은 기억에 떠오르지 않기 때문에 말을 더듬을 것이다"라고 말한다. 기억에서 나오는 이야기는 분명하고 과거 시제로 전해진다. 살인에 연루된 사람은 정신적으로 잘 대처하지 못해서 살인을 죽음이라고 부를 수 있다.

다음은 답변에 사용되는 누그러뜨리기 언어의 예다.

Q "그녀가 살해당했을 때 당신은 어디에 있었습니까?"

A "그녀가 죽었을 때 저는 집에 있었어요."

Q "전 남자친구를 몇 번이나 찔렀나요?"

A "저는 도망치기 전에 그를 세 번 쳤어요."

Q "그녀를 협박한 이유가 뭔가요?"

A "저는 그녀에게 그러지 말라고 경고했어요."

당연시하기

이 언어는 많은 사람들이 이러한 단어나 문구를 일상적으로 사용하기 때문에 거짓을 가리키는 지표로 정확하게 식별하기가 까다로울 수 있다. 사람들은 이 언어를 애어로 적잖이 사용하고 있다. 당연시하기 언어assuming language로 간주될 수 있는 몇 가지 일반적인 예는 "아시다시피", "확실합니다", "이미 말씀드렸다", "당신은 이미 알고 있다"이다. 이렇게 말하는 사람들은 자신이 정직하다는 것을 상대가 당연하게 받아들이길 기대한다. 예를 들어 잘못을 부인하고 있는 소송 당사자에게 "저에게 정직하게 말씀하고 계신 겁니까?"라고 물었더니 "확실합니다"라고 대답한다고 하면 "그렇다"고 대답하는 것과 다르다. 이 말은 내게 거꾸로 "확실하지 않은" 것이 된다. 그가 "네"라고 대답하거나 "저는 정직합니다"라고 말할 때까지 나는 그를 믿을 수 없다. 5장에서 톰 브래디가 경기 전에 미식축구공의 바람을 뺀 혐의로 기소되었던 NFL 디플레이트 스캔들을 설명했던 것을 기억하는가? 기자회견 중에 한 기자가 브래디에게 "누군가가 책임을 지는 것이 당신과 이 팀의 유산에 중요한가요?"라고 물었다. 브래디가 한 대답을 다시 확인해 보자. "글쎄요, 아시다시피 저는 책임감을 강요하는 사람이 아니에요. 그건 아시다시피 징계이고, 아시다시피 그건 제 일이 아니에요." 이것은 당연시하기 언어일까, 아니면 톰이 애정하는 말일까? 안타깝게도 나는 그의 말의 기준선을 확인할 기회가 없었기 때문에 알 수가 없다.

애매하게 말하기

사람들은 자신의 말에 자신이 없을 때 애매모호한 언어noncommittal language를 사용한다. 이 말은 진실을 말하기도 하고 진실을 은폐하기도 한다. 애매모호한 언어는 불확실함, 의도적인 모호함 또는 거짓을 뜻한다. 말을 애매하게 얼버무리는 사람들은 예컨대 거짓말과 같이 자신을 불편하게 만드는 일에 책임질 필요가 없도록 일반적으로 애매모호한 언어를 사용해 진술한다. 인터뷰 진행자의 질문을 피하려는 사람은 애매모호한 언어를 사용하곤 한다. "좀", "…같다", "정도", "쯤", "약간"과 같은 단어와 구가 그 예다. "지구에서 국제 우주 정거장까지 몇 킬로미터인가요?"라는 질문에 "아마 500 킬로미터 정도 될 거예요"라고 대답하는 식이다. 사실은 정확한 정보를 몰라도 이렇게 대답할 수 있다. 《커플 법정》의 소송 당사자 중 한 명에게 인터뷰 도중 나는 "왜 여자 친구와 함께 있고 싶나요?"라고 물었다. 그는 "여자 친구를 사랑하는 것 같아요"라고 대답했다. 나는 둘의 관계가 끝났음을 알았다. 만약 상대방이 구체적인 세부 사항을 아는 것이 분명하지만 이렇듯 애매한 표현을 사용한다면 자신의 대답에 책임지지 않는 것이다. 심지어 대답 마지막 부분을 진술로 마무리하는 대신 도리어 질문을 던지는 것처럼 바꾸기도 한다.

2013년 11월, 뉴저지주 브리지워터의 한 아시안 식당에서 일하는 데이나 모랄레스라는 웨이트리스와 관련한 충격적인 뉴스가 방송되었다. 모랄레스는 한 가족이 팁을 주지 않고 대신 영수증에 불쾌한 메모를 남겼다고 주장했다. 모랄레스는 자신이 동성애자임을 공개한 사람이었다. 그녀는 영수증을 사진으로 찍어 페이스북에 올렸다. 사진에는 팁 지급액 부분에 그어진 줄과 함께 "죄송하지만 저는 당신의 라이프스타일에 동의하지 않기 때문에 팁을 줄 수 없습니다I'm sorry, but I cannot tip because I do not agree with with your lifestyle"라는 글이 적혀 있었다. (잠시 후 이 글을 하나씩 뜯어볼 것이다. 글에는 동의하다agree with 부분에 with가 with with라고 두 번 적혀 있다. 단순한 실수로 적은 것이 아니다.)

그녀가 페이스북에 올린 게시물은 입소문이 났고, 많은 이들이 모랄레스가 받은 대우에 분노했다. 그녀는 자신이 해병대 퇴역 군인이며, 생계를 위해 일하고 있고, 손님으로 온 낯선 사람들의 무례하고 무식한 태도를 견뎌야 했으며, 손님들이 팁을 떼먹고 증오에 찬 메시지를 남겼다고 주장했다. 방송국 NBC 4 뉴욕은 이 이야기를 듣고 인터뷰를 위해 그녀가 일하는 식당을 찾아갔다. 인터뷰를 보면 모랄레스는 화를 내지 않고 있고, 앙갚음을 하고 싶지 않다고 말한다. 하지만 그녀는 자신이 견뎌냈다는 것을 사람들이 알길 원한다고 했다. 뉴스를 본 후 그녀의 이야기에 공감하고 그녀가 제대로 된 대우를 받길 원하는 익명의 사람들이 그녀에게 돈을 보내기 시작해 3,000 달러가 넘는 돈이 모였다. 그녀가 그 돈을 자신을 위해 쓰지 않고 부상으로 퇴역한 군인들을 위한 비영리단체에 기부하기 위해 기금을 설립하자, 많은 사람들이 그녀를 정말 도덕적인 사람으로 생각했다. 나를 제외하고.

그런데, 약 일주일 후 NBC 4에서 이 뉴스를 보고 있던 한 커플이 화제의 청구서가 자신들 것임을 알게 됐다. 커플은 그녀에게 20퍼센트의 팁을 주었고 그런 글을 적지도 않았었다. 그래서 커플은 방송국에 연락해 인터뷰를 했고 그 내용이 방송되자 사람들은 누가 진실을 말하고 거짓말을 하고 있는지 혼란에 빠졌다. 밝혀진 사실은 모랄레스의 자작극이었다.

첫 번째 인터뷰에서 그녀는 팁 없이 영수증 위에 남겨진 글에 대해 어떻게 느꼈는지 질문받는다. 그녀가 한 대답은 "기분이 상했었던 것 같아요. 화가 났었거나. 어떻게 해야 할지 몰랐어요"였다. 만약 실제로 벌어진 일이었다면 자신의 감정을 정확히 알았을 것이다. 이 사건이 벌어지기 전 다른 식당에서 일하고 있던 모랄레스의 전 동료 중 한 명이 모랄레스가 어느 날 머리를 삭발하고는 동료들에게 뇌암에 걸렸다고 말한 적이 있다고 NBC 4와 인터뷰했다. 하지만 모랄레스는 뇌암에 걸린 적이 없었다. 또한 미 해병대에서는 불명예 제대했다. 거짓말쟁이였던 것이다.

영수증에 적힌 글을 다시 보자. "죄송하지만 저는 당신의 라이프스타일에 동의하지 않기 때문에 팁을 줄 수 없습니다." 우선, "죄송하지만I'm sorry"이라는 축약형과 "저는"으로 시작하는데 둘 다 진실함을 나타낸다. 그래서 나는 그녀가 자신이 하려는 거짓말에 대해 미안한 마음을 가지고 있다고 생각한다. 그런 다음 그녀는 "하지만"이라는 등위 접속사를 사용한다. 자주 사용되지만 앞에 한 말을 부정할 수 있어 마음의 변화가 심한 변덕스러운 상황을 나타낼 수 있는 단어다. 그래서 이론적으로 볼 때 모랄레스가 제시한 글의 "하지만"은 "죄송하다"를 부정한다. 그러고 나서 그녀는 2개의 비축약형 부인("I cannot…I do not")을 사용하는데, 이는 자신의 거짓말을 설득하는 기술이며, 마지막으로 그녀는 with를 두 번 연속 사용한다. 맥클리시가 한 말을 기억해보자. 만약 그녀가 기억에서 나오지 않은 이야기를 지어내고 있다면 말을 더듬게 된다. 그래서 모랄레스는 거짓말을 지어내면서 with라는 단어를 두 번 사용한 것이다.

지어내기

이야기는 실제 또는 가공의 일들에 대한 설명이다. 누군가가 어떤 일을 떠올리며 사용하는 다음 단어와 구문에 주목하자. "그 사이에", "그때", "한번", "그 당시에"를 사용하면 지어낸 이야기일 수 있다. "그 사이에"와 "그때"는 기억을 통해 말하거나 미리 준비한 이야기를 하는 것이 아니라, 세부 사항을 바꾸면서 이야기를 지어내고 있다는 단서가 될 수 있다.

　　인간인 우리는 지식이 필요하다. 모든 것을 이해하고 싶고, 이해할 수 없을 때는 퍼즐의 잃어버린 조각에 맞는 정보를 만드는 경향이 있다. 작가이자 학자인 조나단 고트샬Jonathan Gottschall은 《아틀란틱 먼슬리》에 기고한 〈거짓말쟁이가 거짓말을 하는 이유Why Storytellers Lie〉라는 제목의 기사에서 이렇게 설명한다. "이야기하는 인간의 마음에는 불확실성, 무작위성, 우연성에 알레르기가 있다. 인생이 우연적인 것이라고 믿고 싶어 하지 않는다. 모든 것은 이유가 있어서 일어난다고 믿고 싶어 한다. 이야기는 혼돈에 질서를 부여해준다." 거짓말을 하는 사람들은 타인과 자신 모두가 더 믿을 수 있게끔 거짓말에 질서를 부여하려고 지어내기 언어를 사용하기도 한다.

또한 거짓말을 하는 사람들은 혼잣말self-talk을 하곤 한다. "…라고 혼자서 중얼거렸어요." "어디까지 이야기했지?" 또는 "그러니까, 어디 보자…"라고 말할 때가 그 예다. 큰 소리로 혼잣말을 하는 사람은 이야기를 떠올리느라 고군분투하고 있다는 의미일 수 있다. 맥클리시는 "그 사람은 정보를 찾고 있는 겁니다. 기억에서 나온 이야기가 아니니까요"라고 말한다. 앤서니 와이너는 자신이 보낸 트윗에 대해 거짓말을 인정하기 전 인터뷰에서 "'누가, 어떻게 장난질을 했고, 어떻게 이 장난질이 끝나게 될지 알아보자'라고 혼잣말을 했어요"라고 말했다.

헛소리하기

앞서 언급했듯이 헛소리는 관련 있는 세부 사항을 제공하고 질문에 대답하는 것을 피하려고 상대에게 주는 관련 없고, 생뚱맞으며, 불필요한 정보이다. 진실한 사람들은 명확한 반응을 보인다. 기만적인 사람들은 때때로 진술에 관련 없는 정보를 덧붙인다. 자신이 협조적이며 정직한 것으로 보이기 위해서이다. 하지만 실제로는 당신이 요구하는 정보 제공을 회피하는 것이다.

나는 30여 명의 경찰관들이 반 학생들에게 거짓말을 설득하는 연습을 마치고 결과 보고를 듣던 어느 날, 갑자기 '헛소리'라는 단어를 생각해냈다. 나는 한 학생에게 "당신이 우리에게 말한 것은 헛소리뿐이어서, 그래서 거짓말을 하고 있다는 것을 알았어요"라고 말했다. 수업에 있던 모든 사람은 나를 재미있다는 듯이 쳐다보았다. 나는 계속해서 헛소리가 무슨 뜻인지 설명했다. 지금은 내게 훈련받은 모든 사람이 이 용어를 사용한다. 나는 헛소리가 재미있는 용어라고 생각한다. 왜냐하면 그 당시에 헛소리 외에는 내가 듣고 있는 말도 안 되는 말을 더 잘 설명할 수 있는 방법을 달리 생각할 수 없었기 때문이다.

헛소리를 본심을 감추기 위한 계략이나 위장인 연막smoke screens과 혼동해서는 안 된다. 거짓말쟁이들은 자신에게 맞춰진 초점을 흐려 다른 무언가 또는 다른 사람으로 옮기기 위해 연막 작전을 사용하는 경우가 있다. 예를 들어 내가 《커플 법정》에서 왜 상대가 자신을 바람을 피웠다고 고발했는지를 소송 당사자들에게 물었을 때 그들은 이렇게 말하며 연막을 치려 했다. "제 아내는 자신에 대해 자신감이 없어요. 아내는 제가 함께 일하고 있는 모든 사람들과 바람을 피우고 있다고 생각해요!" 그들은 연막을 통해 자신에게서 나의 초점을 떼어내고, 자신의 연인 또는 배우자가 얼마나 '미친 사람'인지에 대해 말했다. 사람들은 정직하고 진실해 보이려고 종종 이 기술을 사용한다.

해당 문제와 관련 없는 정보를 제공하거나 질문에 대답하지 않는 정보를 제공하는 사람은 어쨌거나 질문에 답함으로써 협조적인 것처럼 보이려는 것일 수 있다. 하지만 대답이 질문에 답하는 것이 아니거나 전후 맥락에 맞지 않는다면, 질문자는 계속해서 진실을 찾아야 한다. 때때로 사람들은 자신이 솔직해 보이도록 관련 없는 정보를 제공해 상대방이 질문을 멈추게 한다. 심지어 지나치게 친절하고 예의 바를 수도 있다. 하지만 속지 마라. 사람들은 진실하지 않을 때 자신이 협조적이고 진실하다고 설득하려고 할 가능성이 크며, 진실을 감추기 위해 헛소리를 사용할 것이다.

불필요한 단어

진술 분석을 가르칠 때 나는 불필요한 단어들의 예로 예전 트럼프 대학교(2005년부터 2010년까지 부동산 교육 프로그램을 운영한 미국의 회사) 강사였던 제임스 해리스의 CNN 영상을 사용한다. 영상에서 그는 자신이 무일푼에서 거부가 된 부동산 전문가라는 자신의 주장에 대해 질문을 받고 있다. 인터뷰 진행자는 해리스가 사실은 사기꾼이라는 증거를 들이대며 "부동산에 대해 무엇을 알고 있나요?"라고 질문했다. 좋은 개방형 질문이긴 하지만 약간 모호한 질문일 수 있어서 더 구체적인 후속 질문이 이어졌어야 했다. 해리스는 "어… 부동산은 아주 광범위하고 거대한 사업이에요. 음, 제 자신은 개인적으로 90년대에 부동산 관련 일을 하게 됐어요"라고 대답했다. 이는 헛소리하기와 불필요한 단어들의 좋은 예이다. 그는 질문에 대답한 것일까? 그렇지 않다. 그가 관련된 정보를 준 건일까? 그것도 아니다. 그의 대답은 자신이 부동산에 대해 잘 모른다는 사실을 말해주고 있다. 첫째로 알 수 있는 사실은 대답을 생각할 시간을 벌기 위해 "어"라는 필러 단어로 즉답을 피하기 때문에 당황했음을 알 수 있다. 만약 대답이 유용한 정보를 줬다면 필러 단어를 써도 상관없겠지만 필러 단어인 "어" 뒤에 오는 내용은 "부동산은 아주 광범위하고 거대한 사업이에요"이다. 그는 또 다른 필러 단어인 "음"을 사용하며 다시 머뭇거리다가 "제 자신은 개인적으로 90년대에 부동산 관련 일을 하게 됐어요"라고 말한다. 질문에 대한 답변이 아닐 뿐 아니라 "제 자신은 개인적으로personally myself"라는 불필요한 단어를 사용한다. 문장은 두 단어 중 어느 것이 있든 의미는 통했을 것이지만, 둘 다 필요하지 않은 단어다. 그렇다면 왜 사람들은 불필요한 단어를 사용할까? 무슨 말을 해야 할지 모르기 때문이다. 불안감이 밀려오고, 뇌가 과도하게 일하기 때문이다.

나는 마크 맥클리시에게 왜 거짓말쟁이들이 불필요한 단어를 사용하는지, 또는 재닌 드라이버가 말하는 '모호한 말double talk'을 사용하는지 물었다. 그는 이렇게 대답했다. "추가적인 단어들은 추가적인 정보를 줍니다. 가장 짧은 문장이 가장 좋습니다. 없앨 수 있는 단어가 있고 문장이 문법적으로 정확하다면 추가적인 단어가 필요하지 않습니다. 거짓말쟁이들이 추가적인 말을 사용하는 이유는 무언가를 납득시키려고 하기 때문입니다." 해리스는 자신이 부동산에 대해 알고 있다는 것을 스스로 확신하고 싶었기 때문에 "제 자신은 개인적으로"라고 말했다. 그는 자신의 주장을 과장하고 있다. 맥클리시는 이렇게 말을 이었다. "진실한 사람들은 형용사로 진실을 말합니다. 제가 즐겨 사용하는 예로 설명할게요. '나는 밥이 파란색 트럭을 타고 있는 것을 보았다'에서 '파란색'이라는 단어가 꼭 있어야 할 필요는 없지만, 우리에게 더 많은 정보를 줍니다. 이 말은 밥이 파란색이 아닌 또 다른 트럭을 가지고 있다는 것을 나타냅니다. 기만적인 사람들은 당신을 설득하기 위해 추가적인 단어를 사용합니다. '나는 그를 전혀 본 적이 없다'라는 문장에서 '전혀'는 필요 없는 단어예요."

반복하기

나는 TV 프로그램 ‹프로파일러 태스크포스›에서 '워싱턴 DC 스나이퍼 사건DC Snipers'을 다루었을 때 진술 분석을 수행했다. 그 당시 41세였던 존 앨런 무하마드와 그를 도운 17세의 의붓아들 리 보이드 말보는 2002년 10월 워싱턴 DC, 북버지니아, 메릴랜드 주변 지역을 공포의 도가니로 몰아넣었다. 약 3주에 걸쳐 그들은 차에 주유를 하고, 식료품점에서 쇼핑하며, 잔디를 깎고 있는 무고한 시민들에게 총을 쏘며 살인을 자행했다. 이들은 이 기간 동안 워싱턴 일원에서 10명의 사람들을 살해했다(다른 주에서 7명을 살해한 것 외에도). 결국 당국에 의해 검거돼 무하마드는 2009년 11월 10일 사형을 선고받았고 이는 집행되었다. 말보는 현재 종신형을 선고받고 복역 중이다.

리 보이드 말보가 감옥에 있는 동안 한 말 중 일부다. "우리는 이미 일어난 일을 절대 바꿀 수 없어요. 제가 드릴 수 있는 말도, 사과할 말도 없어요. 여러분이 저와 제 행동으로 평생 동안 계속해서 시달리지 않도록 하시라는 말 외에는 제가 할 수 있는 말이 없어요. 냉정하게 들릴지 모르지만 그렇지 않아요. 이 말이 유일하게 제가 드릴 수 있는 말이에요." 그는 "드릴 수 있는 말이 없다"라는 말을 반복해서 하고 있다. 단어와 구절을 반복한다는 것은 예민한 상태이거나 태도를 꾸미고 있음을 나타낼 수도 있고, 그 사람이 경멸하고 있거나 그 외의 다른 할 말을 모른다는 것을 나타낼 수도 있다. 꼭 속임수를 의미하는 것은 아니지만, 만약 질문에 대답하기를 거부한다면 속임수일 수 있다. 말보의 진술에서 나는 그가 "드릴 수 있는 말이 없다"라고 2번째로 반복하면서 여전히 다음과 같이 계속해서 말한 것을 이상하게 생각한다. "여러분이 저와 제 행동으로 평생 계속해서 시달리지 않도록 하시라는 말 외에는 제가 드릴 수 있는 말이 없어요. 냉정하게 들릴지 모르지만 그렇지 않아요." 사실 말보의 말은 냉정한 것이 맞다. 냉혹한 살인자니까 맞는 말이다. 나는 말보가 자신이 저지른 일을 대수롭지 않게 생각하고 진지하게 생각하지 않으려 하기 때문에 그 문구를 반복했다고 믿는다. 그 말을 반복한다고 해서 반드시 그가 거짓말을 하고 있다고 할 수는 없지만, 그의 행동과 그가 한 일에 대해 그가 어떤 태도를 가지고 있는지에 대해서는 많은 것이 드러난다.

수동태 및 대명사 사용

나는 흔히 속임수를 나타내는 2가지 정확한 지표에 대해 다루면서 이 장을 마치려 한다. 조디 아리아스가 벌인 사건을 다시 살펴보자. 그녀는 2008년에 남자친구 트래비스 알렉산더를 살해했다. 그녀는 처음 당국의 조사를 받았을 때 매우 빈약한 거짓 이유를 댔다. 그녀는 2명의 복면을 쓴 괴한이 자신과 남자 친구가 함께 있던 트래비스의 집에 침입해 자신은 건드리지 않은 채 그를 죽였다고 말했다. 거짓 이야기임이 밝혀지자 그녀는 또 다른 거짓말을 생각해냈다. 이번에 그녀는 트라비스를 죽인 것은 인정했지만 정당방위였다고 주장했다. 1급 살인 혐의로 재판을 받는 동안 그녀는 정부를 대신한 변호사의 대질 신문을 받으며 증언대에 섰다. 다음은 그녀와 변호사가 나눈 질의응답 중 일부다.

> 변호사 "그때 그가 풋볼의 라인배커 자세로 당신에게 달려
>   들고 있었죠, 그렇죠?"
> 조디 "그때쯤이었어요, 네."
> 변호사 "그때 당신이 그의 얼굴을 봤죠, 그렇죠?"
> 조디 "음… 네, 그때 총이 발사됐어요."

FBI 기만 전문가 프랭크 마시Frank Marsh는 재닌 드라이버와 나에게 "거짓말쟁이들은 적절한 문법을 사용하지 않습니다."라고 말했다. 그의 말이 맞다. 조디가 사용한 잘못된 문법을 살펴보자. 변

호사는 그녀에게 "그렇죠?"로 유도 질문을 했다. 그는 트래비스가 라인배커 자세로 그녀에게 덤벼들었다는 사실에 동의하도록 유도했다. 아마도 그녀가 전에 그렇게 이야기했기 때문일 것이다. 정부 측 변호사는 그것이 거짓임을 알고 거짓말로 그녀를 낚으려고 했다. 하지만 진술을 확인하는 "네"라고 말하는 대신 그녀는 "그때쯤"이라고 말한다. 그 대답은 "네"라는 말이 아니다. 그녀는 문장 끝에 "네"라고 말하지만, 거짓말을 하는 사람들은 자신의 거짓말을 납득시켜야 한다고 생각하기 때문에, 보통 필요 이상의 정보를 덧붙이곤 한다. 진실한 사람들은 보통 상대에게 진실임을 확신시킬 필요가 없다고 생각하기 때문에, 단순한 '예, 아니요' 질문에 문제없이 '예, 아니요'로 대답한다. 조디 아리아스가 진실을 말하고 있었다면 간단히 "네"라고 대답했을 것이다. 그녀의 기만적인 반응(단순히 생각을 전하지 않고 설득하려는 의도)은 트래비스가 아마 라인배커 포즈로 그녀에게 다가오지 않았음을 나타낸다.

다음으로 변호사는 또 다른 유도 질문을 던진다. "그리고 그때 당신이 그의 얼굴을 봤죠, 그렇죠?" 조디는 "음… 네, 그때 총이 발사됐어요"라고 대답하며 문법에 어긋난 말을 한다. 먼저, 그녀는 "음"이라는 필러 단어를 사용하며 말을 멈춘다. 그런 다음 사람들이 거짓말을 할 때 흔히 하듯이 능동태 대신 수동태를 사용한다. "…그때 총이 발사됐어요"라고 말한 것이다. 우선, 총은 저절로 발사될 수 없다. 누군가 방아쇠를 당겨야 한다. 따라서 그 진술은 거짓말이다. 그리고 그녀가 "저는 총을 쐈어요"(능동태)가 아니라 "총이 발사됐다"(수동태)고 말한 것은 속임수를 나타내는 일반적인 지표이자 문법에 어긋나는 것이다.

내가 수업 시간에 진술 분석을 가르칠 때 사용하는 또 다른 예가 있다. 이 발췌문은 실제 증인 진술에서 나온 것이다. 읽고 속임수를 나타내는 어긋난 문법을 찾아보라.

> 저는 청소하려고 총을 집어 들었어요. 총기 꽂을대를 잡으려고 총을 왼손으로 옮겨 잡았고요. 그런데 뭔가 방아쇠에 부딪혔어요. 총이 발사돼 제 아내를 맞혔어요.

조디 아리아스와 마찬가지로 이 사람은 수동태를 사용해서 "총이 발사됐다"라고 말한다. 이 네 문장에서 속임수를 나타내는 몇 가지 일반적인 지표를 살펴보자. 먼저, 그는 인칭 대명사 "저는"을 사용하며 진술을 시작한다. "저는"과 "저의"는 그 사람이 말하고 있는 것에 대한 책임, 소유를 나타낸다. 그런데 남편이 첫 문장에서 "저는 총을 집어 들었다"라고 진술한 것은 그가 분명 총을 집긴 했지만, 총의 소유권을 가지고 있지는 않음을 말했다. 그는 "제 총my gun"이 아니라 그저 "총the gun"이라고 말해 그렇다면 대체 누구의 총인 것인지 의문스럽다. 만약 총이 그의 것이었다면 "저는 청소하려고 제 총을 집어 들었어요"라고 말했어야 했다. 그는 총으로 아내를 의도적으로 살해해서 그렇게 말하지 않은 것이다. 의도적으로 아내를 살해했다는 사실로 총은 죄의식의 원천이 됐기 때문이다. 그는 범죄와 연관되는 것을 원하지 않기 때문에 자신의 총이라고 말하고 싶지 않은 것이다. 두 번째 문장 "총기 꽂을대를 잡으려고 총을 왼손으로 옮겨 잡았고요"에서 이를 다시 알 수 있다. 그는 "왼손으로 옮겨 잡았다"라고 말하며 소유격 인칭 대명사를 피한다. "제 왼손"이라고 말했어야 했는데 단지 "왼손"이라고 진술했다. 이 역시 유죄를 피하기 위해서였다. 그는 자신이 "나의my" 대신에 정관사 "the"를 사용했다는 사실을 전혀 깨닫지 못했을 것이다. 거짓말을 하는 사람들은 대부분 자신이 어떻게 말하고 있는지 전혀 모른다. 그들은 구어가 아니라 보디랭귀지에 집중하기 때문이다. 거짓말을 하는 사람들은 자신도 모르게 '나'와 '나의'를 피하므로 주의 깊게 들어야 한다. 이 진술문에서 한 가지 더 잘못된 것이 있다. 그는 "저는"으로 시작하지 않고 그저 동사로 시작하며 "왼손으로 옮겨 잡았다"라고 진술했다. 자신의 말에 대한 책임이 부족하다는 또 다른 예이다. 사람들이 '나는'을 빼놓는 데는 이유가 있다. 무의식적인 것이지 우연이 아니다.

세 번째 문장인 "뭔가 방아쇠에 부딪혔어요"를 보자. "부딪쳤다"는 누그러뜨리기 언어다. 방아쇠는 부딪치는 게 아니라 당겨지는 것이기 때문이다. 그는 또한 뭔가 방아쇠에 부딪쳤다고 말한다. 총이 왼손에 있었는데 방아쇠에 부딪친 것이 무엇인지 어떻게 모를 수 있을까? 부딪친 것은 다름 아닌 그의 검지였다!

그리고 마지막 문장인 "총이 발사돼 아내를 맞혔어요"에서 그는 전형적인 거짓말쟁이의 언어인 수동태를 사용한다. 하지만 아내를 말할 때는 "제 아내my wife"라고 하며 소유격 인칭 대명사를 사용한다. 그의 진술이 거짓임을 보여주는 지표는 총 6가지인데 실제로 거짓으로 드러났다. 이 남자는 아내를 총으로 쏴 살해했고 이후

1급 살인죄로 유죄 판결을 받았다.

능동태는 대상이 행동하는 것을 강조하고, 수동태는 대상이 행동을 받는 것을 강조한다. 거짓말을 하는 사람들은 범죄나 자신이 죄의식을 가지고 있는 사건으로부터 거리를 두기 위해 수동태를 사용하는 경향이 있다. 수동태는 자신인 주체를 배제하고 책임을 숨길 수 있게 해준다.

거짓말을 하는 사람들이 자신에 대한 언급을 줄이는 또 다른 방법은 인칭 대명사 "내가"와 "나의"를 "당신이", "그 사람들이", "그 사람들을", "우리를"과 같은 다른 대명사로 대체하는 것이다. 그 예로 X(당시 '트위터')로 외설적인 사진을 보낸 것에 대해 거짓말을 한 정치인의 악명 높은 사례를 보자. 7선 국회의원으로 뉴욕 시장 선거에 출마했던 앤서니 와이너는 거짓말을 하며 21세 여성에게 자신의 성기 사진을 트윗한 혐의를 부인했다. 그는 이 인터뷰가 보도된 후 기자회견에서 "트윗을 보냈나요?"와 같은 직설적인 예, 아니요 질문들을 받았다. 앤서니는 전혀 "예"나 "아니요"라고 대답하지 않았는데, 이는 진실하지 않음을 정확히 드러내는 또 다른 지표이다. 유도 질문이지 않은 한, 정직한 사람이라면 딱 부러지게 대답하는 데 문제가 없다. 실제로 몇몇 기자들은 "앤서니, 당신 말이 정말이라면 '아니요'라고 대답해야죠!"라고 외쳤다. 하지만 그는 "아니요"라고 말하지 않았다. 그리고 기자들이 압박할수록 더욱 호전적이 되어 결국 침착함을 잃었고 방어 자세를 취했다. 거짓말을 하는 사람과 마주치게 되면 그 사람을 궁지에 몰아넣지 않는 게 좋다. 혐의를 제기하는 말투를 사용하지 않으면서 정직하게 대답할 수 있도록 나를 신뢰하고 안심할 수 있는 환경을 만들어야 한다. 와이너의 경우에 정직한 대답은 "예"일 것이다.

다음은 수동태의 몇 가지 예이다.

- "제가 금고를 잠그지 않았습니다"가 아닌
  "금고가 잠기지 않은 채 있었습니다."
- "제가 발송을 승인했습니다"가 아닌
  "발송이 승인되었습니다."

나는 진술 분석을 할 때 수동태와 인칭 대명사의 유무에 특히 주목한다. 1인칭 단수 대명사는 앞에서 든 조디 아리아스와 살인을 저지른 남편의 예에서 보았듯이 중요한 단서다. 인칭 대명사 "나는"은 과도하게 사용하지 않는 한 정직함을 나타내는 정확한 지표다. 하지만 거짓말을 설득하려는 사람들은 "나는"을 남용하곤 한다. 거짓말을 하는 사람들은 대부분 세부적인 진술을 강요받으면 인지 과부하를 경험하기 때문에, 복잡한 문장을 사용하지 못하고 "나는"을 반복하며 짧은 문장으로 말한다.

"나는"을 사용하지 않고 "당신이"나 "우리가"와 같은 다른 대명사를 사용하는 사람은 의도적인 이유가 있다. 말에 대한 책임을 지거나 자신이 설명하고 있는 사건과 연관되고 싶지 않아서이다. 앤서니 와이너의 경우는 기만적인 지표를 보여주는 좋은 사례이기 때문에 관련한 예를 더 들어보겠다. 자신의 성기 사진을 트윗했다는 것을 인정하기 전에 그는 기자에게 "우리는 누가 이런 짓을 했는지 알아내려 하고 있습니다"라고 말했다. 문제점을 쉽게 찾을 수 있다. "나는"을 "우리는"으로 바꾼 것이다. 그는 거짓말과 연관되고 싶어 하지 않았기 때문에 "저는 제 트위터 계정에서 누가 이 트윗을 보냈는지 알아내려 하고 있습니다"라고 말하지 않은 것이다.

"커뮤니케이션에서 가장 중요한 것은
상대가 말하지 않는 것을 듣는 것이다."
-피터 드러커-

친구, 동료 또는 잘 아는 사람에게 거짓말로 이야기를 지어내 손으로 써달라고 부탁하라. 믿을 만한 거짓말(초능력을 가지고 있다는 둥의 이야기 말고)을 꾸며달라고 하라. A4 크기의 종이 한 면 정도면 된다. 컴퓨터로 작성하지 않고 손으로 써야 하는 이유는 수정할 수 없도록 하기 위해서이다. 작성된 이야기를 가지고 진술 분석을 실시해 이 장에서 다룬 속임수의 언어적 지표를 찾아보라. 재미있게 해볼 수 있을 것이다. 하지만 남편이나 아내를 대상으로 이 과제를 하지는 마라!

에필로그

마지막으로 나의 생각을 남기며 이 책을 마무리하고 싶다. 커뮤니케이션은 기술이며 과학이다. 우리 회사를 소개하는 문구는 "상호작용의 기술과 과학이 만나는 곳"이다. 인터뷰 진행자와 인터뷰 대상자는 서로를 속이고 서로의 행동에 영향을 미치기 때문에 이들의 말과 행동은 조수의 흐름처럼 밀려갔다 밀려오며 변화를 반복한다. 인터뷰 진행자는 인터뷰 대상자의 영향을 받아 인터뷰 기법을 사용하고, 인터뷰 대상자는 인터뷰 진행자의 영향을 받아 솔직하고 정직할지를 결정한다.

인터뷰와 협상은 정신적 스파링 게임이다. 무슨 말을 해야 할지, 언제 말해야 할지, 어떻게 말해야 할지 알아야 한다. 그러려면 연습과 자기 인식, 상황 인식이 필요하다. 자기 인식을 통해서 우리는 외부에서 자신을 바라볼 수 있다. 상황 인식을 통해서 우리는 객관적인 렌즈를 통해 다른 사람들을 볼 수 있다. 이러한 인식이 없으면 우리는 솔직하고 정직하도록 타인을 설득하지 못하고 친밀하고 신뢰하는 관계를 맺을 수 없다.

자기 인식과 상황 인식을 통해 미묘한 언어적, 비언어적 의미를 알 수 있기 때문에, 이를 잘 활용하면 스트레스를 줄이고 좋은 관계를 만들 수 있다. 그러려면 유연해야 하고, 자신과 타인에게 인내심을 가져야 하며, 연습한 기술을 사용할 수 있다고 자신의 능력을 믿어야 한다. 그렇게 한다면 어떤 인터뷰나 대화도 능숙하게 진행하게 될 것이다.

살면서 분명 이 책에서 얻은 정보를 사용할 때가 있을 것이다. 나의 좌우명은 언제나 지식을 배우는 학생이자 지식을 추구하는 사람으로 남는 것이다. 내게 주어진 의무는 내가 가진 지식을 다른 사람들과 공유해 그들의 성공을 돕는 것이다. 당신을 위해서도 그럴 수 있기를 바란다. 교육과 컨설팅 서비스에 대해 문의하려면 lenasisco@thecongruencygroup.com으로 연락하길 바란다.

"인식하지 못하는 사람은
타인의 행동에 자신의 의도를 투영하고서
자신을 객관적이라고 할 것이다."
-스티븐 코비-

부록 A

11단계
전략적 인터뷰 흐름도

심문과 인터뷰를 할 때 내가 어떤 '흐름도'를 갖고 하는지 묻는 질문을 여러 번 받았다. 인터뷰 방법에 대해 전략적으로 생각하기 전까지는 내게 흐름도가 있다는 것을 깨닫지 못했다. 인터뷰 흐름은 모래시계 기법을 따른다. 항상 친밀한 신뢰 관계에 초점을 맞추고, 인터뷰 대상자들이 편안하게 정직한 대답을 할 수 있도록 안심할 수 있는 환경을 만들어야 한다.

모래시계 기법을 바탕으로 인터뷰의 중간 지점에서 인터뷰 대상자의 신뢰를 얻은 후에 본격적으로 질문을 해야 한다. 인터뷰 대상자는 협력하다가도 저항한다. 다시 마음을 열었다가 도로 입을 다물 수도 있다. 마치 파도가 해안에 밀려왔다가 나가는 것과 같다. 그의 태도와 행동의 흐름과 함께해야 한다. 그래서 나는 이를 '인터뷰 흐름도'라고 부른다. 5단계 도중에 2단계로, 9단계 도중에는 4단계로 돌아가야 할 수도 있다.

11단계 흐름도는 다음과 같다.

1   인터뷰 대상자의 관심을 즉시 얻는다.
2   친밀한 신뢰 관계를 통해 신뢰를 얻는다.
3   해당 주제로 대화를 신중하게 조절한다.
4   본격적으로 질문을 시작한다.
- 직간접적인 질문을 한다.
- 질문 기법을 사용한다.
- 친밀한 신뢰 관계를 강화한다.
- 모든 정보를 활용한다.

- 진실성 및 기만의 지표를 식별하고, 진술 분석을 시행한다.
- 인터뷰 대상자가 인지 과부하 상태가 되도록 자연스럽게 유도한다.

5 방 안에 있는 코끼리를 불러낸다(거짓말을 하고 있음을 알고 있다고 말한다).

6 인지 과부하를 유발해 인터뷰 대상자로 하여금 한계점에 이르게 한다.

7 긍정적인 특성을 부여한다.

8 인내심을 갖고, 경청하고, 공감하고, 언제 밀고 당겨야 하는지 알아낸다.

9 대상자가 진실을 말하기 시작한 후에는 모든 세부 사항을 활용한다.

10 친밀한 신뢰 관계를 강화하고, 인터뷰 대상자가 긍정적으로 느끼게 하며, 추후에 다시 이야기하자고 말한다.

11 추후 인터뷰 일정을 짠다.

부록 B

인터뷰
체크리스트

인터뷰하기 전에 다음 사항을 작성하라.

- 목표
- 시간
- 위치
- 전략적 집중 사항
- 인터뷰 대상자의 정보(행동 및 태도 등 자세히 기술)
- 메모
- 녹화(오디오/비디오)
- 인터뷰 진행자
- 통역사
- 강의실 설정
- 시나리오 목록 만들기

인터뷰하기 전에 인터뷰 대상자와 친밀한 신뢰 관계를 어떻게 구축할 것인지 생각해보자.

● 공통점은 무엇인가?
  처음 5분 안에 어떻게 그와 친밀한 신뢰 관계를 형성할 것인가? 유사성 편견을 이용하자.
● 그의 행동을 어떻게 미러링할 것인가?
● 비난하지 않고 그가 할 수 없는 것을 그에게 말하지 않도록 하기 위해 나의 언어를 어떻게 바꿀 것인가?
● 이 사람에게 어떤 긍정적인 특성을 부여할 수 있는가?
● 적이 아니라 팀이 되자.
● 필요한 경우 장소를 변경하자.
● 인터뷰 대상자에 대해 사전에 최대한 많은 정보를 수집하자.

인터뷰하기 전에 다음 질문에 답해보자.

- 인터뷰 대상자가 내향적인가, 외향적인가?
- 사다리 기법을 어떻게 사용할 것인가?
- 상대가 진실을 말하게 되는 동기는 무엇인가?
  진실을 말하게 하려면 어떤 욕구를 충족시켜줘야 하는가?

5장 질문 기법 마스터하기

6장 말하지 말고 질문할 것

7장 정보를 요구하지 말고 끌어내기

인터뷰하기 전에 질문을 계획하자.

- 물어볼 구체적인 질문들을 작성하자.
- 진실성을 확인하기 위해서만 물을 '예, 아니요' 질문을 작성하자.
- 어떤 반복형 의문문과 통제형 의문문을 사용할 것인가?
- 후속 질문을 통해 주제를 완전히 활용해야 한다.
- 유도 질문, 선택 강요 질문, 모호한 질문, 복합 질문, 부정형 질문을 하지 말자.
- 상대가 한 일과 이유를 억측해서 먼저 말하지 말고, 다음과 같이 질문하자. "어떤 일이 있었나요?", "왜 그렇게 했나요?"
- 질무이 불편한 분위기를 만들었다면 도출 기법(간접 질문)을 사용하자. 관련 있는 정보를 끌어내기 위해 도출 기법으로 전환해 인터뷰 대상자의 스트레스를 완화하고 긴장을 풀도록 해야 한다.
- 진실을 얻기 위한 5가지 질문 기법을 사용하는 법
  1 인터뷰 대상자의 긴장을 풀어주기 위해 주제와 관련 없는 어떤 질문을 할 것인가?
  2 인터뷰 대상자에게 답변할 시간을 주기 위해 잠시 멈추자.
  3 인지 과부하를 증가시키기 위해 잇따라 질문을 쏘아댈

286

수 있는 주제는 무엇인가?

4 콜롬보 접근법을 사용하자.

5 시간표 기법을 사용하자.

● 4가지 거짓 노출 질문을 사용하자.

1 기분이 어땠어요?

2 제가 왜 당신을 믿어야 하죠?

3 당신은 …하는 사람은 어떻게 돼야 한다고 생각하나요?

4 당신은 거짓말을 하고 있나요? 저한테 거짓말을 했나요?

목표 대상을 프로파일링한다.

● 협상 상대의 유형은 무엇인가?
  냉철하고 경험이 많은 외향적 유형, 냉철하고 경험이 많은 내
  향적 유형, 냉철하고 경험이 적은 외향적 유형, 냉철하고 경험
  이 적은 내향적 유형, 부드럽고 경험이 많은 외향적 유형, 부드
  럽고 경험이 많은 내향적 유형, 부드럽고 경험이 적은 외향적
  유형, 부드럽고 경험이 적은 내향적 유형으로 분류해보자.

공감을 이용한 협상 접근 방식을 계획한다.

● 만나서 협상하자.
● 다른 사람의 입장에서 생각하자.
● 친밀감을 형성하자.
● 미리 사실, 수치를 준비하자.
● 상대의 반대에 준비를 하자.
● 공감을 나타내는 말로 안심할 수 있는 분위기를 만들자.
● 상대방이 마음을 터놓도록 유도하는 기술을 사용하자.
● 취약성을 드러내는 것을 두려워하지 말자.
● 자신 있는 목소리를 사용하자.
● 내가 편견을 가졌는지 확인하자.

대화를 계획한다.

- 나의 목표는 무엇인가?
- 나의 본드는 무엇인가?
- 그가 협상에 응할 이유는 무엇인가?

한계점을 효과적으로 처리해 인터뷰 대상자가 입을 다무는 대신 진실을 말하게 하려면 그가 자백할 동기가 무엇인지를 파악해야 한다. 내가 그의 거짓말을 발견했음을 인터뷰 대상자가 알았을 때 한계점이 올 수 있다. 비난하지 않는 방식으로 인터뷰 대상자가 거 짓말을 했다는 것을 알고 있다고 알려야 한다. 이를 위해서 다음과 같이 말할 수 있다.

"제가 보기에…"

- "…말하고 싶은 것이 더 있어 보이네요."
  "당신이 나에게 말하지 않은 것이 있다"는 말은 피하라. 왜냐 하면 비난이 될 수 있는 말이며 그의 입을 다물게 만들 수 있 기 때문이다.
- "…이야기하실 게 더 있어 보이네요."
- "…이야기하고 싶은 뭔가가 있어 보이네요."
  "당신이 나에게 말하지 않은 것이 있다"는 말은 피하라. 비난 이 될 수 있는 말이며 그의 입을 다물게 할 수 있다.

또한 "제가 틀릴 수도 있지만…"이라고 말할 수 있다.

- "…대답에서 망설임이 느껴집니다."

- "…마음이 불편해 보이시네요."

  그가 대답한 후에, 덧붙여서 다음과 같이 후속 질문을 할 수 있다. "저를 신뢰하시려면 제가 어떻게 하면 될까요?" 또는 "마음이 편해지시려면 제가 무엇을 할 수 있을까요?"

잠입 명령어를 사용해 한계점을 깨도록 설득할 수도 있다. 예를 들어 "[주제]에 대해 질문했을 때 …라는 것을 알았습니다"라고 말한다.

- "…당신은 긴장했습니다."
- "…죄책감을 느끼는 것 같았어요."
- "…저에게 뭔가 말하고 싶어 하는 것처럼 보였어요."

"이제 제가 당신의 이야기에서 진술의 불일치를 발견했다는 것을 아셨으니…"라고 말할 수 있다.

- "…당신은 죄책감을 느끼고 있습니다."
- "…당신은 자백하기를 원합니다."

"결국…"이라고 말할 수 있다.

- "…저에게 진실을 말하실 겁니다. 그게 옳은 일이니까요."
- "…거짓말에 따른 부담감을 감당하기가 버거울 겁니다."

- "…거짓말한 게 드러났다는 것을 받아들이실 겁니다. 우리에 겐 증거가 있으니까요."

다음과 같이 말할 수도 있다.

- "거짓말하는 것은 쉽지 않아요. 혼란스러워지실 겁니다."
- "미리 연습한 거짓말을 다 기억할 수 있는 사람은 없어요. 당신 은 세부 사항을 잊어버릴 겁니다."
- "지금 얼마나 두려운지 곧 느끼시게 될 거예요."
- "거짓말을 한 건 실수였다고 곧 생각하시게 될 거예요."
- "아마도 지금이 진실을 털어놓을 때라고 생각하고 계실 겁 니다."
- "거짓말을 나타내는 지표를 드러내지 않는 사람은 없어요. 저는 그걸 아는 훈련을 받았습니다."
- "제가 왜 당신을 믿지 않는다고 생각하는지 이유를 말해보 세요."

인터뷰 진행자는 인터뷰 대상자가 자신에게 만족감을 느끼고 결국 옳은 선택을 내리도록 해야 한다.

부록 C

모범 답안

과제. 아래의 부정적이고 비난조의 언어를 비난하지 않는 언어로 바꿔
보자.

- "무례하군요"라고 비난하는 말을 바꿔 이렇게 말하자. "예의를
  지켜주시면 좋겠어요."
- "저를 그런 식으로 대하시면 안 되죠"라는 부정형 말을 긍정형
  으로 바꿔 이렇게 말하자. "저를 존중해서 대해주세요."
- "자네는 마감일을 지키지 못할 거야"라는 말을 비난하지 않는
  말로 바꿔 이렇게 질문하자. "마감일을 지킬 수 있겠나?"
- "내가 보고서를 받을 때까지 자네는 갈 수 없어"라는 말을 비난
  하지 않는 말로 바꿔 이렇게 말하자. "보고서만 제출하면 바로
  퇴근해도 좋네."
- "제가 하는 말을 전혀 듣지 않고 있군요"라는 말을 긍정형 언어
  로 바꿔 이렇게 말하자. "제가 드리는 말씀을 이해하실 수 있
  을 거예요." 또는 "제가 드리는 말씀을 귀 기울여 들어주셔서
  감사드립니다."
- "당신은 내가 어떻게 생각하는지 전혀 신경 쓰지 않아"라는 말
  을 비난하지 않는 말로 바꿔 이렇게 말하자. "내 말을 귀담아
  듣고 있다는 걸 알아."
- "당신이 변했다고 말하지 마세요"라는 말을 긍정형 언어로 바
  꿔 이렇게 말하자. "당신이 어떻게 변했는지 말해주세요."

- "제게 목소리를 높이지 마세요"라는 말을 비난하지 않는 말로 바꿔 이렇게 말하자. "목소리를 높이지 말고 이야기하죠."
- "제 말을 잘못 이해했군요"라는 말을 비난하지 않는 말로 바꿔 이렇게 말하자. "아마 제 말이 분명하지 않았나 봐요."
- "왜 그렇게 화가 나셨죠?"라는 말을 비난하지 않는 말로 바꿔 이렇게 말하자. "지금 기분이 어때요?"

과제. 사다리 기법

다음 3가지 시나리오에서 인터뷰 대상자의 동기를 파악하기 위한 탐색 질문을 5개 이상 제시하라.

시나리오 1

인터뷰 대상자는 수업 중 가방에서 떨어진 담배 때문에 학교 교장과 면담을 하고 있는 17세 여학생이다. 학생의 어머니는 옆에 앉아 있다. 학생은 담배가 어떻게 가방에 들어갔는지 전혀 모른다고 주장하고 있다. 나는 그녀가 거짓말을 하고 있다고 생각한다. 학생에게 어떤 탐색 질문을 할 수 있겠는가? 나의 목표는 진실을 실토할 그녀의 동기와 욕구를 알아내는 것이다.

- 선생님이 담배가 네 가방에서 떨어지는 것을 본 것에 대해 어떻게 생각하니?
- 10대들이 담배 피우는 것에 대해 어떻게 생각하니?
- 왜 우리 학교 학생들이 담배를 피운다고 생각하니?
- 담배에 대해 어떻게 생각하니?
- 담배를 피우고 있다는 사실을 숨기려는 사람의 이유는 뭘까?

나는 채용 대행 담당자이며, 잠재 고객인 한 구직자와 연락이 되지 않는 상황이다. 그가 내가 소개한 고객사에 입사하기 위해 현재 근무 중인 회사 상사와 퇴사 시기를 논의하겠다고 말한 지 일주일이 지났다. 그는 마침내 전화를 받아 그동안 바쁘고, 아팠으며, 차가 고장 났었기 때문에 부득이하게 통화할 수 없었다고 사과한다. 나는 그의 말을 믿지 않는다. 그가 소리 없이 잠수를 탔던 이유를 알기 위해 어떤 탐색 질문을 할 수 있는가? 그가 현 직장을 그만두고 새로운 직장에 입사할 동기와 욕구를 알아내야 한다. 그가 들뜬 기대감으로 내가 제시하는 비용을 지불하고 새로운 고객으로 가입하는 것이 궁극적인 목표이다.

- 지난 한 주 동안의 커뮤니케이션을 어떻게 생각하세요?
- 저희가 지난 주부터 통화를 못한 이유가 뭐라고 생각하세요?
- 새로운 기회/직업에 대해 어떻게 생각하세요?
- 새로운 이 기회가 좋은 변화일거라고 생각하시는 이유는 뭔가요?
- 새로운 이 일을 맡아야 한다고 생각하시는 이유는 뭔가요?

시나리오 3

기업가인 나의 올해 목표는 고객 수와 매출을 모두 크게 증가시키는 것이다. 나는 소셜 미디어에서 내가 만든 교육 프로그램을 네트워킹하고 마케팅하고 있다. 잠재 고객이 내게 연락하여 일대일 코칭 프로그램 가격이 얼마인지 알고 싶어 한다. 나는 가격을 말한다. 그는 비싸다며 가격을 협상하려고 하지만, 그가 제시하는 가격은 협상할 수 없을 정도로 터무니없다. 내가 요구한 가격을 지불하기 싫어하는 이유를 알기 위해 물어볼 수 있는 탐색 질문은 무엇일까? 목표는 이 사람이 기대감을 안고 내가 요구하는 가격을 선뜻 지불하여 새로운 고객으로 가입하는 것이다.

- 가격이 합리적이지 않다고 생각하시는 이유는 뭔가요?
- 가격을 협상하시려는 이유는 뭔가요?
- 고객님은 어떨 때 합리적인 가격이라고 생각하시나요?
- 가격을 협상할 수 있다고 생각하시는 이유는 뭔가요?
- 협상할 수 없는 것은 어떻게 협상하시나요?

과제 A. 다음의 비효율적인 질문을 효과적인 질문으로 변경하라.

- "화났니?"는 "지금 기분이 어때?"로 바꾼다.
- "아침에 버스를 타고 출근하세요, 아니면 차를 몰고 출근하세요?"는 "아침에 어떻게 출근하세요?"로.
- "일찍 도착해?"는 "언제 도착해?"로.
- "불평 좀 그만할래?"는 "불평은 언제 멈출래?", "뭐가 불만이니?"로.
- "어머니가 해주신 요리가 좋아, 할머니가 해주신 요리가 좋아?"는 "가족 중에 누구 요리가 더 좋아?"로.
- "그 일로 그분들이 화가 났나요?"는 "그분들은 그 일에 대해 어떻게 느끼셨나요?"로.
- "물었더니 그녀가 "아니오."라고 대답했다고 말하지 않았나요?"는 "그녀에게 물었을 때 뭐라고 대답했나요?"로.
- "그녀는 구직을 하고 있나요?"는 "그녀는 어떤 직업에 지원했나요?"로.

과제 B. 2분 이내에 한 작가에게 물어볼 10가지 구체적인 의문형 질문을 작성하라.

1   책을 집필하시는 데 얼마나 걸렸나요?

2   책의 주제는 어떻게 생각해내셨나요?

3   책을 쓰게 된 계기는 뭔가요?

4   출판사는 어디인가요?

5   책 출간으로 어느 정도의 수익을 생각하시나요?

6   책을 출판한 출판사의 이름은 뭔가요?

7   책은 어디서 구입할 수 있나요?

8   언제 구입이 가능한가요?

9   다음 책은 언제 쓰실 생각이신가요?

10 집필은 얼마나 어려웠나요?

과제. 3가지 시나리오를 읽고 '말하지 말고 질문하라' 기법으로 다시 작성하라.

시나리오 1. 회사에서의 충돌

좋은 아침입니다, 신임 COO로서 이 회사를 성공적으로 만들기 위해 함께 일하게 되어 기쁩니다. 그러기 위해서는 부서장님의 도움이 필요합니다. 지금 모두가 매우 바쁜 시기지만, 상사인 제게 이번 주에 15분간 회의할 수 있는 시간을 주시면 감사하겠습니다. 한 팀으로 효율적으로 일할 수 있도록 부서장님의 역할과 책임에 대해 간략하게 설명해 주셨으면 합니다. 부서장님의 솔직한 소통을 소중하게 생각합니다. 감사합니다.

시나리오 2. 입을 다물고 있는 목격자

당신은 이웃의 범죄를 본 목격자를 인터뷰하는 형사이다. 당신은 이렇게 말한다. "본 것을 말하지 않으시면 이 사람들은 계속해서 이웃에 해를 끼칠 것이고 사람들을 다치게 할 수도 있습니다. 어떻게 생각하시나요?" 응답을 기다렸다가 계속해서 인터뷰를 이어나간다.

시나리오 3. 진통제에 중독된 환자

"수술을 마치고 이렇게 오랫동안 통증이 있는 경우는 없습니다. 진통제는 중독성이 있어서 장기간 복용하면 장기에 매우 위험합니다. 진통제를 1주일간 끊어보시고 그 후에 어떤 느낌인지 지켜보도록 하죠. 어떻게 생각하세요?" 대답을 기다렸다가 계속해서 인터뷰를 이어나간다.

과제. 다음 11개의 질문을 도출 기술을 사용해 서술문으로 바꿔라.

다음은 모범 답안이지 정답은 없다. 당신은 더 많은 기술을 사용할 수 있고 따라서 정보 도출을 자극하는 다른 서술문을 사용할 수도 있다.

1   어디 사시나요?
순진한 연기하기: 말씀하시는 것으로 볼 때 확실히 이 근처에서 운전해서 오신 것 같지는 않네요.

2   어디에서 일하세요?
관심 보이기: A에 대해 알고 계시니 관련 분야 직업을 가지고 계신 게 분명한 것 같습니다.

3   10대들이 셀카에 집착하는 것에 대해 어떻게 생각하시나요?
순진한 연기하기: 10대들이 왜 그렇게 셀카를 많이 찍는지 저에게 이해시켜줄 수 있는 어린 친구가 있었으면 좋겠어요.

4   운동을 하시나요?
아첨하기: 몸이 좋으시네요. 운동하시나 봐요.

5   취미 생활로 어떤 것을 하고 계신가요?

퀴드 프로 쿼: 스트레스를 풀고 싶을 때 시간이 나면 저는 춤을 추러 가요!

6   가장 좋아하는 노래는 뭔가요?

퀴드 프로 쿼: 매일 아침 저는 가장 좋아하는 노래로 하루를 시작해요.

7   집을 수리해서 그렇게 높은 수익을 보고 다시 파신 비결이 뭔가요?

아는 척하기: 그렇게 높은 수익을 보고 파신 비결이 분명히 있을 것 같네요.

8   왜 항상 모든 대화에서 당신이 결론을 지으며 대화를 마무리하려 하죠?

비판하기: 일방적으로 대화의 결론을 내리는 것은 비효율적인 의사소통 습관이에요. 대부분의 사람이 무의식적으로 그렇게 해요.

9   기회가 있었는데 왜 진실을 말하지 않았나요?

불신 표현하기: 진실을 말하실 기회가 있었습니다. 정직하게 말씀하려 하지 않는 이유를 이해할 수 없습니다.

10   별명이 뭔가요?

잘못된 정보 제공하기: 고등학교 때 육상을 잘해서 별명이 '총알 탄 사나이'였겠어요.

11   지난 두 달 동안 테슬라 충돌 사고가 네 건 발생했습니다. 무 슨 문제가 있나요?

비판하기: 분명 테슬라 측의 제조 문제로 최근 충돌 사고가 발생한 걸로 보이네요.

시나리오에서 벌어진 문제를 해결하라.

밥의 프로그램 매니저인 당신은 매트와 만나 코로나로 인한 마스크 착용에 관련해 그가 한 말에 대한 의견을 전달하려 하고 있다.

- "매트, 계속해서 바뀌는 규칙에 모두가 힘들어하고 있어요. 어떻게 생각하고 있는지 의견을 좀 더 듣고 싶어요."
  매트의 말을 듣고 안심할 수 있는 분위기에서 그가 답답한 마음을 배출할 수 있도록 하라. 그런 다음 이렇게 말하라.
- "매트, 당신의 생각과 의견에 동의해요. 저 또한 힘들었으니까요. 하지만 힘들어한다고 해서 해결이 되는 것도 아니고 비생산적일 뿐이에요. 계속해서 바뀌는 회사 정책에 화내고 힘들어하지 않을 수 있는 방법을 같이 찾아보죠."
  뒤이어 이렇게 말하라.
- "언제든 의견을 주시면 밥과 저는 귀 기울여 들을 겁니다. 우리는 한 팀이니까 어려움을 함께 해결하고 어려운 시기에 서로 도움이 돼야죠. 제가 도와드릴 게 더 있으면 말씀하세요."

크리스 와츠가 보인 기만의 지표 분석 답안

인터뷰 내내 와츠는 숨소리를 내며 말하는데, 이는 극심한 스트레스를 받을 때 발생하는 가쁜 호흡을 의미한다. 코르티솔 증가로 인해 입이 말라 입술을 연신 핥고 마른 침을 힘겹게 삼키고 있다. 와츠는 거짓말로 인해 스트레스를 받고 있다. 쉴 새 없이 어깨를 으쓱하고 고개는 "아니요"를 의미하며 반복해서 좌우로 흔든다. 진술과 일치하지 않는 감정 표현을 하나씩 살펴보자.

- 00:44 경멸
- 00:54 의심
- 01:12 혐오
- 01:24 경멸

또한 다음과 같은 스트레스와 속임수의 지표를 드러냈다.

- 00:17 오래 지속되는 눈 깜빡임
- 00:34 혀 내밀기
- 00:44 오래 지속되는 눈 깜빡임
- 00:51 깊게 숨을 들이마심
- 01:11 오래 지속되는 눈 깜빡임
- 01:22 혀 내밀기
- 01:23 오래 지속되는 눈 깜빡임
- 01:28 오래 지속되는 눈 깜빡임과 마른 침 삼키기
- 01:33 빠른 눈 깜빡임
- 01:34 입술 핥기
- 01:35 입술 오므리기

1분 35초부터 1분 57초까지 추가로 기만적인 지표를 확인할 수 있다.

- 01:39 어깨를 으쓱하고 "아니요."를 의미하는 고개 젓는 동작을 하며 "그녀에게 세 번 정도 전화했어요… 문자는 세 번 정도 보냈고요"라고 말한다. 그는 거짓말을 하는 사람들이 잘 사용하는 세 번을 사용한다. 거짓말을 하는 사람들은 정보를 수량화해야 하고 그 자리에서 바로 말해야 할 때 보통 세 번, 3시간, 3킬로미터 등 숫자 3을 사용한다. 크리스 와츠가 그녀에게 세 번 전화하고 문자를 보냈다고 말한 것은 우연이 아니다. 거짓말을 하고 있는 것이다.

- 01:43 말을 더듬거리며(인지 과부하) "아니요"를 의미하는 고개 젓는 동작을 한다.

- 01:46 오른쪽을 보며 어깨를 으쓱한다.

- 01:47 웃고 있다.

- 01:50 얼굴을 닦는다. 스트레스로 인한 가려움증이다.

감사의 말

'두 번째 책이라는 고비'를 넘을 수 있도록 도와준 모든 분에게 감사를 표하고 싶다. 두 권이나 책을 펴냈다는 사실에 만족하지 않을 수 없다.

나의 존재 이유와 내가 일을 하는 이유는 사람들이 더 많은 정보를 얻어 어떤 상황에서도 자신을 보호하는 결정을 내릴 수 있게 하기 위해서이다. 투자, 범죄 수사, 새로운 관계의 시작 등 다양한 상황에서 유용하게 쓰일 도구를 전하는 것이 나의 사명이다. 이 일을 가능하게 해준 모든 분에게 감사드리고 싶다. 그들의 노력과 우정, 지지는 나에게 매우 소중하다.

모든 삶의 과정을 가족들과 함께하기에 먼저 가족들에게 감사의 마음을 전한다. 로드아일랜드까지 9시간 동안 차를 몰고 가는 색다른 경험을 하게 해준 엘리에게 감사를 전한다. 두 번째로, 나의 에이전트인 마리안 카린치에게 감사를 전한다. 나의 곁에서 계속해서 지지해준 마리안이 없었다면 이 책을 펴내지 못했을 것이다.

열정을 담은 책을 출판할 수 있게 해준 하퍼 콜린스 앤 뉴워스 앤 어소시에이츠 출판사에 감사를 전한다. 하퍼 콜린스에 계신 분들 중 특히 사라 켄드릭과 린다 알릴라에게 감사드린다. 정말 완벽하게 협업할 수 있었다. 또한 제프 파, 베스 메트릭, 노아 퍼킨스의 노고에 감사드린다.

그리고 원고를 다듬는 어려운 작업을 해준 루이스 그린스타인에게 특별한 감사를 전한다.

나의 동료이자 친구인 재닌 드라이버에게도 진심으로 감사를 전한다. 그녀의 긍정적인 에너지, 강인한 성격, 엄청난 관대함과 연민에 크게 영향을 받았다. 코로나로 고생하는 가운데에서도 서문을 써주어 특별히 감사하다. 영원히 고마울 것이다.

인터뷰에 응하고 지혜를 나눠준 마크 맥클리시에게 정말 감사하다는 말을 전한다.

나에게 영감을 준 모든 친구들에게 감사드린다. 특별히 몇 사람을 언급하고 싶다. 나에게 새로운 여정을 열어준 목요일 저녁 식사 토론 자리를 마련해주었던 주딧에게 감사를 전한다. 다른 사람들을 돕고 자신의 문화적 지식을 공유하려는 토니의 열정에 또한 감사를 전한다. 협력하여 함께 진실 자매 아카데미Truth Sisters Academy를 설립한 엘리에게, 많은 것을 가르쳐준 수잔에게, 뛰어난 식견을 보태어준 로렌에게, 긍정적인 사고로 나를 깨우쳐주었으며 재능이 많고 지혜로운 알리에게도 감사를 전한다.

또한 법 집행, 소방 및 구조, 의료계, 군에서 복무하는 모든 분께 역시 깊은 감사를 전한다. 세상을 안전하게 지키기 위한 그들의 봉사와 용기, 헌신에 감사드린다.

이 글을 읽고 있는 모두에게 감사드린다. 내가 가진 지식을 계속해서 전할 수 있는 것은 여러분 덕분이다.

존경의 마음을 담아,
리나

찾아보기

ㄱ

가상의 상황 hypothetical situations 165
감정 선호자 Feeler(F) 24
강력한 거짓말쟁이 powerful liar 219
강박적 거짓말쟁이 compulsive liar 220
개방형 질문 open-ended questions 38, 97, 170, 265
개인적 동인과 동기 personal drivers and motivators 59, 76-90, 178, 207
거울 신경세포 mirror neurons 66-67, 77, 134
거짓 노출 질문 lie-exposing questions 122, 243
거짓 자백 false confessions 16, 50
거짓말 탐지기 polygraph machines 64, 190, 218-220, 227
거짓말쟁이가 거짓말을 하는 이유 Why Storytellers Lie(고트샬Gottschall) 262
냉철하고 경험이 많은 협상가(내향적)
Hard Experienced (introverted) (HE-i) negotiator 196
냉철하고 경험이 많은 협상가(외향적)
Hard Experienced (extroverted) (HE-e) negotiator 195
냉철하지만 경험이 부족한 협상가(내향적)
Hard Inexperienced (introverted) (HI-i) negotiator 198
냉철하지만 경험이 부족한 협상가(외향적)
Hard Inexperienced (extroverted) (HIe) negotiator 197
공감을 이용한 협상 기술 empathic negotiation skills 176 202
관타나모 수용소 Camp Delta 14-15, 25, 29, 37, 46, 81, 107, 116, 125, 144, 169, 178
기능적 가치 functional value 87
기능적 동기 functional motivators 77
기만적인 언어 deceptive languages 249

ㄴ

내향 집중형 사람 inward focused (IF) people 79-82
노르에피네프린 norepinephrine 164
누그러뜨리기 언어 softening language 135-136, 256-257, 272

ㄷ

당연시하기 assuming 240, 248, 258

대화의 문 conversational gates 54

데이나 모랄레스 Morales, Dayna 260

데이트라인 스페셜(TV 프로그램) Dateline Special(TV show) 229

도움 요청 기술 Help Me technique 144

도출 기법 elicitation 16, 53, 55, 61, 143-148, 155

동기부여 등식 Motivation Equation 89

동일 행동 isopraxism 64

드류 피터슨 Peterson, Drew 247-248, 253

디플레이트 게이트 Deflategate 124

뜸 들이는 말 set up words 245-246

ㄹ

래리 킹 King, Larry 119, 253

랜스 암스트롱 Lance Armstrong 189, 228, 255

로널드 코툴락 Kotulak, Ronald 219

로버트 한센 Hanssen, Robert 220

루디 게데 Guede, Rudy 256-257

리 보이드 말보 Malvo, Lee Boyd 268

ㅁ

마음챙김 mindfulness 24, 183

마크 맥클리시 McClish, Mark 240, 266

말초 신경계 peripheral nervous system 218

말하지 말고 질문하라 기법 Don&t Tell, Ask technique 133-134, 137

맷 라우어 Lauer, Matt 229

메러디스 커처 Kercher, Meredith 256-257

모니카 르윈스키 Lewinsky, Monica 251

모래시계 기법 hourglass technique 55

모호한 말 double talk 266

몸을 둥글게 말기 balling up, physical 206

미 해병대 전쟁 포로 심문 학교
Marine Corps Interrogation Prisoners of War School 14

미국 국립행동의학임상응용연구소

National Institute for the Clinical Application for Behavioral Medicine 163

미러링하기 mirroring 64-66, 134

미세 표정 micro-expressions 230

ㅂ

바바라 핀토 Pinto, Barbara 247

바트나, 협상에 의한 합의의 최선의 대안
Best Alternative to a Negotiated Agreement 191-193, 196

반복형 의문문 repeat interrogatives 100-101

배리 민코우 Minkow, Barry 87

벤자민 프랭클린 Franklin, Benjamin 56

변연계 limbic system 162-164, 166, 218-219, 221

병적인 거짓말쟁이 pathological liars 220-221

보디랭귀지 인스티튜트 Body Language Institute 8, 234

보디랭귀지 지능 Body Language Intelligence(BLI) 213-214

본드, 협상된 합의의 최상의 결과 Best Outcome in a Negotiated Deal 192-193, 196

부드러우면서 경험이 많은 협상가(내향적)
Soft Experienced (introverted) negotiator 199

부드러우면서 경험이 많은 협상가(외향적)
Soft Experienced (extroverted) negotiator 199

부드러우면서 경험이 부족한 협상가(내향적)
Soft Inexperienced (introverted) negotiator 201

부드러우면서 경험이 부족한 협상가(외향적)
Soft Inexperienced (extroverted) negotiator 200

부신 adrenal glands 115, 164

불신 표현하기 기법 disbelief technique 156

브리트니 스피어스 Spears, Britney 229

비난하지 않는 언어 nonaccusatory language 68-70, 86

비언어적 언어 nonverbal language 183, 196, 200, 225

비언어적 지표 nonverbal indicators 206, 218, 200

비축약형 부인 noncontracted denials 254

빌 클린턴 Clinton, Bill 233, 251, 254

뿔 효과 horns effect bias 189, 190

ㅅ

사건형 기억 episodic memories 221-222, 226

사고형 Thinker(T) 23

사다리 기법 laddering 82-86, 89

사다리 이론, 방법, 분석과 해석 Laddering Theory, Method,
Analysis and Interpretation(레이놀즈, 거트만 공저Reynolds and Gutman) 82

사이콜로지 투데이 Psychology Today 115, 246

샤넌 왓츠 Watts, Shanann 231

서류철 채우기 기법 padding the file technique 47

선택 강요 질문 forced-choice questions 110

셀레스트 왓츠 Watts, Celeste 231

소시오패스 sociopaths 220

속사포 질문 rapid-fire questions 114, 116

순진한 척 연기하기 기법 naivete technique 150

스티븐 코비 Covey, Stephen 21, 30, 32, 59, 126, 278

시간표 기법 timelining 118

시상하부 hypothalamus 163-164

신경계 nervous system 218

심리적 가치 psychological value 87

심리적 동기 요인 psychological motivators 77

ㅇ

아는 척하기 assumed knowledge 154

아드레날린 adrenaline 164

아만다 녹스 Knox, Amanda 256

아첨하기 기법 flattery technique 150

알리 듀소 Deuso, Ali 25

알버트 메라비안 Mehrabian, Albert 238

알카에다 Al-Qaeda 14

암호작성(해독)법 cryptography 213

애나 몬테스 Montes, Ana 220

애매하게 말하기 non-committal 259

애어(애정하는 단어) pet words 227, 246, 258

애원의 손 pleading hands 233

앤서니 와이너 Weiner, Anthony 228, 263, 273

어깨 으쓱하기 slumping shoulders 228-229, 231

어떻게 생각하세요? 접근법 'What do you think' approach 47

언스트럭쳐드 Unstructured(podcast) 240

언어 유도 Verbal Judo 171

에릭 헌리 Hunley, Eric 240

에이미 커디 Cuddy, Amy 214

에이브러햄 매슬로우 Maslow, Abraham 84-85

엘리 존슨 Johnson, Elly 219

엘리자베스 로프터스 Loftus, Elizabeth 49

연막 smoke screens 264

영업 비밀(놀란) Confidential(Nolan) 144

예, 아니오 질문 yes-or-no questions 99, 108, 124, 246, 255, 270

오정보 효과 misinformation effect 16, 49-50

오정보의 착오 유발 Creating New Memories That Are Quickly Accessed and Confidently Held (Loftus et al.) 49

올드리치 에임스 Ames, Aldrich 220

와트나, 협상에 의한 합의의 최악의 대안 Worst Alternative to a Negotiated Agreement(WANTA) 191-193

외향 집중형 사람 outward focused (OF) people 79-82

외향형 Extroverts(E) 23

욕구 단계 이론 Hierarchy of Needs 84-85

우린 다 알고 있어 기법 'We Know All' approach 47-48

유대 편향 bond bias 190

유도 질문 leading questions 105-109, 270

의미형 기억 semantic memories 222-224, 226

이지 에이트(도출 기법) Easy Eight(elicitation techniques) 149

인간정보 수집 운영 현장 매뉴얼 Human Intelligence Collector Operations Field Manual 143

인지 과부하 cognitive overload 118, 220, 223-224, 243, 274

인터뷰 대상자 person of interest (POI) 7

인터뷰 체크리스트 interview checklist 282

인터뷰 흐름도 interview flow 279

ㅈ

자각 awareness 43

자기 인식 self-awareness 43

자비의 손 mercy hands 233

작업 기억 working memory 223

잠입 명령어 embedded commands 70, 209

재닌 드라이버 Driver, Janine 8, 63, 266, 269

잭 샤퍼 Schaffer, Jack 246

전략적 법 집행 인터뷰 코스
Strategic Law Enforcement Interviewing Course(SLIC) 78

전략적 인터뷰 기술 역량
Strategic Interviewing Skills and Competencies(SISCO) method 15

전략적 증거 제시 Strategic Use of Evidence(SUE) 48

점화 priming 71

정서 지능 emotional intelligence(EI) 213

정형화된 편견 stereotype bias 188

제리 샌더스키 Sandusky, Jerry 241

제임스 파일 Pyle, James 94

제임스 해리스 Harris, James 265

조 베커 Becker, Jo 241

조나단 거트만 Gutman, Jonathan 82

조나단 고트샬 Gottschall, Jonathan 262

조나단 코헨 Cohen, Jonathan 157

조나단 W. 스쿨러 Schooler, Jonathan W. 49

조디 아리아스 Arias, Jodi 131, 228, 269-271, 274

조지 버나드 쇼 Shaw, George Bernard 174

조지 톰슨 Thompson, George 171

존 놀란 Nolan, John 144

존 램지 Ramsey, John 119

존 앨런 무하마드 Muhammad, John Allen 267

존 F. 케네디 Kennedy, John F. 202

존 베네트 램지 Ramsey, JonBenet 251

중추신경계 central nervous system 218

지어내기 storytelling 240, 248, 262

직관형 Intuitive(N) 23

진술 분석 statement analysis 265, 267, 271, 274
진실한 첩보 truthful intelligence information 178
질문의 힘 Find Out Anything from Anyone, Anytime(Pyle) 94

ㅊ

체인징마인드.org ChangingMinds.org 238
최소화 기법 minimization technique 130, 137
축소하기 minimizing 241, 248, 250
취약점 vulnerability 186
친밀한 신뢰 관계, 라포르 rapport 14, 58, 63, 74, 78, 98, 113, 125, 144, 155, 169, 188, 225
캐런 돈더스 Donders, Karen 48

ㅋ

커플 법정(TV 프로그램) Couple's Court(TV show) 259, 264
코르티솔 cortisol 115, 164, 183, 215, 227
퀴드 프로 쿼 quid pro quo 29, 59, 61, 152-153
크리스 왓츠 Watts, Chris 228, 231
크리스 쿠오모 Cuomo, Chris 257

ㅌ

탈레반 Taliban 14, 37
팀색 질문 probing questions 85
테오도르 루즈벨트 Roosevelt, Theodore 211
토마스 레이놀즈 Reynolds, Thomas J. 82
톰 브래디 Brady, Tom 124, 258
통제형 의문문 control interrogatives 100
투르 드 프랑스 Tour de France 189, 255
투쟁-도피 반응 fight-or-flight response 162
트래비스 알렉산더 Alexander, Travis 131, 269

ㅍ

파워 포즈 power poses 214
판단형 Judging(J) 23
팻시 램지 Ramsey, Patsy 119, 251

편도체 amygdala 163, 183, 215
폐쇄형 질문 closed-ended questions 98-99, 106, 111
폴 에크만 Ekman, Paul 230
프랭크 마시 Marsh, Frank 269
프로파일러 태스크포스 Profiler Task Force 10, 267
프린스턴 신경과학 연구소 Princeton Neuroscience Institute 157
피터 드러커 Drucker, Peter 275
필러 단어 filler words 124, 226, 266, 270

ㅎ
한계점 breaking point 78, 204-211, 224
해마 hippocampus 183, 221
행동 불일치 behavioral incongruence 228, 234
헌터 G. 호프만 Hoffman, Hunter G. 49
협상 파트너 유형 negotiation partner types(NPTs) 193
형사 콜롬보 기법 Columbo approach 116
호감 편향 similar-to-me bias 60
확증 편향 confirmation bias 190
후광 효과 halo effect bias 189
후속 질문 follow-up interrogatives 103, 111, 114, 209, 265

결국엔 정직함이 이긴다
HONEST ANSWERS

초판 1쇄 인쇄   2024년 11월 29일
초판 1쇄 발행   2024년 12월 9일

지은이   리나 시스코
옮긴이   고영훈

책임편집   김혜영
디자인   6699프레스
책임마케팅   김서연, 김예진, 김소희, 김찬빈, 박상은, 이서윤, 최혜연,
노진현, 최지현, 최정연, 조형한, 김가현, 황정아
마케팅   최혜령, 도우리
경영지원   백선희, 권영환, 이기경
제작   제이오

펴낸이   서현동
펴낸곳   ㈜오팬하우스
출판등록   2024년 5월 16일 제2024-000141호
주소   서울특별시 강남구 테헤란로 419, 11층
(삼성동, 강남파이낸스플라자)
이메일   info@ofh.co.kr

© LENA SISCO
ISBN 979-11-94293-48-4(03320)